U0137877

朱鸿召 著

文化价值观

华东师范大学出版社

·上海·

图书在版编目（CIP）数据

文化价值观／朱鸿召著. 一上海：华东师范
大学出版社,2023
　ISBN 978 - 7 - 5760 - 4265 - 8

　Ⅰ.①文…　Ⅱ.①朱…　Ⅲ.①文化研究—中国　Ⅳ.
①G12

中国国家版本馆 CIP 数据核字（2023）第 198919 号

文化价值观

著　　者　朱鸿召
责任编辑　朱妙津
责任校对　时东明
装帧设计　卢晓红

出版发行　华东师范大学出版社
社　　址　上海市中山北路 3663 号　邮编 200062
网　　址　www.ecnupress.com.cn
电　　话　021 - 60821666　行政传真 021 - 62572105
客服电话　021 - 62865537　门市（邮购）电话 021 - 62869887
地　　址　上海市中山北路 3663 号华东师范大学校内先锋路口
网　　店　http://hdsdcbs.tmall.com

印 刷 者　上海新华印刷有限公司
开　　本　787 毫米×1092 毫米　1/16
印　　张　20
字　　数　280 千字
版　　次　2023 年 9 月第 1 版
印　　次　2024 年 4 月第 2 次
书　　号　ISBN 978 - 7 - 5760 - 4265 - 8
定　　价　88.00 元

出 版 人　王　焰

（如发现本版图书有印订质量问题,请寄回本社客服中心调换或电话 021 - 62865537 联系）

自 序

朱鸿召

　　文化是一种生活日常,享用文化很容易,一般说说也容易,要把文化讲清楚却很不容易。因为文化的根本属性是价值观。荷花与玫瑰,茶叶与咖啡,旗袍与牛仔,没有高低贵贱之分,可以美美与共。但是,只要有选择,就会有取舍。选择与取舍,就有了好恶判断,更见出价值观念。

　　价值观,是一种功能性存在。文化的本质,也是一种功能性存在,通过发挥好恶判断,选择取舍,显示出文化主体的价值观念。这种文化价值功能性存在方式,决定了价值观具有隐蔽性、规定性、赋能性、传承性特征。

　　文化价值观的隐蔽性特征,是其从来不写在生活的明处,而是润物无声,为人们日用而不觉。如果说从裸猿到衣冠人类是文明进程,那么多彩多姿的衣冠族群就是文化表征。以人化文,以文化人,是为文化。人类在长期文明进化过程中,逐渐形成自己的生产方式和生活方式,并各自遵守集体的规则规范和规矩习俗,积淀成一系列价值观念。做什么,不做什么;说什么,不说什么;吃什么,不吃什么……就是选择,就是取舍,就是价值观的功能作用。

　　文化价值观的规定性特征,是其在隐蔽中影响着选择的倾向,制约着取舍的方向。中华文明建立在农耕社会基础上,与游牧文明相比,农耕文明重土难迁,在漫长的历史岁月里形成家国情怀,注重集体利益,强调组织秩序,服从领导权威,推崇道德君子。每当灾难来临,其优秀子孙决然奋起反抗，把鲜活的个体生命凝聚成民族精神长城，抗击外敌侵略，推翻腐朽政权，抵御自然灾害，追求更理想的社会生活。正如生物学意义上遗传基因，文化价值观的规定性就是人类社会学意义上的民族精神密码，决定着人们行为的基本价值取向。

文化价值观的赋能性特征，是其具有赋予意义的功能。有意义的岁月才能进入历史，有意义的日子才叫生活，有意义的人生才有体面和尊严。而意义源自文化价值观的赋能作用。天长地久，出生入死。人生天地之间，其生死浮沉歌哭的终极目标在于生命的价值意义。中华文明在如此时空场域展开，一条历史衍变的横轴线，一条道德人性的纵轴线，一条文明进化的竖轴线，构成一个三维坐标体系，承载着古往今来一切人生活动。判断人生的价值意义不是某个人的主观臆测，而在于将某个具体生命定位在文化坐标中，从而寻找到其在横轴线、纵轴线、竖轴线上的价值意义。人生如此，行动、事件、政权组织亦然。

文化价值观的传承性特征，是其具有相对稳定性、持久性，甚至永恒性，在漫长的历史长河中基本遵循着立足如来，不忘本来，吸收外来，面向未来的进化原则。人不能选择自己的出身，也就不能完全抛弃文化烙印。曾经多少所谓的彻底反传统，最终却在另一层面上落在文化传统的窠臼里。只有创造性转化，创新性发展，才是文化发展的正经坦途。如何正视传统，善待传统，创化传统，其前提条件是能否具备文化自信精神。自卑与自负，都是偏离自信的非正常状态。健康的生命是正常的生命，自信，从容，优雅，是其应有的人生风采。中华民族伟大复兴的文化价值范本，就是如此生命，如此人生。

基于这样的文化价值观考量，我将近年来有关文化问题的文章述论，按照核心价值观进一步提炼与升华、上海城市文化价值取向、红色文化传承弘扬、现代文学艺术审美等问题进行衰辑编排，继续我对中国现代化进程中文化问题的思考和探究，俾以呼应新时代坚定文化自信，创造中华民族现代文明。文化主权观、文化主体观、文化价值观,文化民生论、文化创新论、文化交往论,我称之为构建新时代中国现代文化体系的"三观""三论"。《文化民生论》已经出版,此为《文化价值观》,文章持续写作,先后发表,成册出版,却存深远思虑,不揣简陋,抛砖引玉,就正方家,以俟后鲲。

朱鸿召

2021 年 11 月 8 日　复旦光华楼

2022 年 11 月 19 日　修订于沪上

2023 年 7 月 18 日　沪上暑热中

目　录

第一章
价值理念：三德两化

第一节　价值观与价值体系

说"明德"①

习近平总书记在看望参加全国政协会议的文艺界社科界委员时的讲话,首次提出"要坚持用明德引领风尚"的要求。明德,就是明大德、守公德、严私德,是对培育和践行社会主义核心价值观的进一步深化细化具体化。

早在 2006 年 10 月,中共十六届六中全会正式提出"建设社会主义核心价值体系"的重大命题和战略任务,明确这是社会主义意识形态的本质体现,是全党全国各族人民团结奋斗的共同思想基础。它包括四个方面基本内容:马克思主义为指导思想,中国特色社会主义的共同理想,以爱国主义为核心的民族精神和以改革创新为核心的时代精神,以"八荣八耻"为主要内容的社会主义荣辱观。

2012 年 11 月,中共十八大报告提出,在思想文化领域"倡导富强、民主、文明、和谐,倡导自由、平等、公正、法治,倡导爱国、敬业、诚信、友善,积极培育社会主义核心价值观"②。这是在"社会主义核心价值体系"基础上,提出了"社会主义核心价值观"概念。

2013 年 12 月,中共中央办公厅印发《关于培育和践行社会主义核心价值观的意见》,明确指出,"富强、民主、文明、和谐是国家层面的价值目标,自由、平等、公正、法治是社会层面的价值取向,爱国、敬业、诚信、友善

---

① 本文首发《中国青年报》(京),2019 年 3 月 11 日。

② 胡锦涛:《坚定不移沿着中国特色社会主义道路前进,为全面建成小康社会而奋斗》,《十八大以来重要文献选编》,上卷第 25 页,北京:中央文献出版社,2014 年 9 月版。

是公民个人层面的价值准则。这 24 个字,是社会主义核心价值观的基本内容"①。显然,社会主义核心价值观的基本内容,还不能完全等同于社会主义核心价值观。

2014 年 2 月 24 日,习近平在中共十八届中央政治局第 13 次集体学习会上讲话,要求把培育和弘扬社会主义核心价值观作为凝魂聚气、强基固本的基础工程,不断夯实中国特色社会主义的思想道德基础。同年 5 月 4 日,习近平在参加北京大学师生座谈会上强调:富强、民主、文明、和谐,自由、平等、公正、法治,爱国、敬业、诚信、友善,传承着中国优秀传统文化的基因,寄托着近代以来中国人民上下求索、历经千辛万苦确立的理想和信念,也承载着我们每个人的美好愿景②。5 月 23 日,习近平在上海考察工作时,指示上海一定要把培育和践行社会主义核心价值观工作做得更细、更实、更深入人心,努力在这方面走在全国前列。并特别强调:"培育和践行社会主义核心价值观,贵在坚持知行合一、坚持行胜于言,在落细、落小、落实上下功夫。要注意把社会主义核心价值观日常化、具体化、形象化、生活化,使每个人都能感知它、领悟它,内化为精神追求,外化为实际行动,做到明大德、守公德、严私德。要面向全社会做好这项工作,特别要抓好领导干部、公众人物、青少年、先进模范等重点人群。"③

这次重要谈话,指明了培育和践行社会主义核心价值观的明确目标、有效路径、方式方法和重点人群。尤其是用"明大德、守公德、严私德",对应国家层面的价值目标,社会层面的价值取向,公民个人层面的价值准

① 中共中央办公厅:《关于培育和践行社会主义核心价值观的意见》,《人民日报》(京),2013 年 12 月 24 日。
② 习近平:《青年要自觉践行社会主义核心价值观》,《十八大以来重要文献选编》,中卷第 4 页,北京:中央文献出版社,2016 年 6 月版。
③ 中共中央文献研究室编:《习近平关于社会主义文化建设论述摘编》,第 118 页,北京:中央文献出版社,2017 年 10 月版。

则,是对核心价值观内容的进一步提炼。"内化为精神追求,外化为实际行动",是对核心价值观实施有效路径的新概括。目标已经锁定,路径非常清楚,最需要的是具体贯彻落实执行。

此后,习近平总书记在多种场合不断强调培育和践行社会主义核心价值观。2017年10月,在中共十九大报告中进一步明确,"社会主义核心价值观是当代中国精神的集中体现,凝结着全体人民共同的价值追求。要以培养担当民族复兴大任的时代新人为着眼点,强化教育引导、实践养成、制度保障,发挥社会主义核心价值观对国民教育、精神文明建设、精神文化产品创作生产传播的引领作用,把社会主义核心价值观融入社会发展各方面,转化为人们的情感认同和行为习惯"①。人心是最大的政治,共识是奋进的动力。社会主义核心价值观就是新时代凝聚全体中国人心,增进文化认同,提高思想共识的共同价值基础,最大思想公约数。

所以,"三德两化,知行合一",是习近平总书记关于培育和践行社会主义核心价值观一系列重要讲话的精神实质,是对社会主义核心价值观内容表述的进一步提炼升华。此次习近平总书记在与文艺界社科界全国政协委员座谈时,采用协商民主的方式,针对文化艺术界和哲学社科界的精英人士,提出要坚持用明德引领生活风尚,就是希望从事精神文化产品创造生产的知识分子代表人物,要有更高觉悟、更严要求,要以明德为新使命新担当、新情怀新责任。

以明德为使命担当,源自于对文艺社科工作的崇高定位。"一个国家、一个民族不能没有灵魂。文化艺术工作、哲学社会科学工作就属于培根铸魂的工作。"②文艺工作者和哲学社会科学工作者肩负着启迪思想、

---

① 习近平:《决胜全面建成小康社会,夺取新时代中国特色社会主义伟大胜利》,《习近平谈治国理政》,第3卷第33页,北京:外文出版社,2020年6月版。
② 习近平:《一个国家、一个民族不能没有灵魂》,《求是》(京),2019年第8期。

陶冶情操、温润心灵的重要职责,承担着以人化文、以文育人、以文培元的使命。人能弘道,非道弘人。使命在肩,责任在肩,唯有脚踏实地,胸怀人民,修炼顶天立地的人格精神,弘扬烛照古今的真理光辉,才能引领时代社会求真向善趋美。

以明德为情怀责任,源自于对中国特色社会主义进入新时代的文化自觉。要记录新时代、书写新时代、讴歌新时代,要回答时代课题、破解发展难题、创新文明主题,必须坚持以人民为中心的创作导向,在为谁创作、为谁立言这个根本问题上,做到立场不改,情怀不变。而能够证明自己立场情怀的,唯有奉献出文化艺术精品和思想理论精品。只有立足中国现实,植根中国大地,不忘本来、吸收外来、面向未来,下苦功、炼真功,才能用中国理论讲好中国故事,用中国故事阐明中国精神,用中国精神引领时代社会和人类未来。

世界期待着中国,中国呼唤着明德之士。

三德两化,知行合一

——社会主义核心价值观的进一步提炼与升华①

培育和践行社会主义核心价值观,是新时代文明实践中心建设的重要内容,是社会主义精神文明建设的中心任务,是增进文化认同,凝聚人心力量,提高中国特色社会主义文化自信的重要举措。经过十余年的倡导实践,特别是党的十八大以来,习近平总书记多次强调,社会主义核心价值观传承着中国优秀传统文化的基因,寄托着近代以来中国人民上下求索、历经千辛万苦确立的理想和信念,也承载着我们每个人的美好愿景。全国上下学习贯彻社会主义核心价值观已经形成风尚,尤其是创建全国文明城市活动中,见诸环境和考核,卓有成效。在此基础上,无论是更便于普及传播推广,还是思想内容表述,都有了进一步提炼升华的理论空间和现实可能。

2019 年 11 月 29 日,中共上海市委办公厅印发《关于建设新时代文明实践中心试点工作的实施意见》通知,强调"以培养担当民族复兴大任的时代新人为重点,推动上海在培育和践行社会主义核心价值观方面始终走在全国前列"。这是对五年前,2014 年 5 月习近平总书记在上海考察工作时,指示上海一定要把培育和践行社会主义核心价值观工作做得更细、更实、更深入人心,努力在这方面走在全国前列的积极响应和具体落实。

---

① 本文首发《解放日报》(沪),2020 年 3 月 3 日,题为《用"三德两化"动员和激励人民——朱鸿召特约研究员在上海社会主义学院的演讲》。《精神文明导刊》(人大复印资料)2020 年第 5 期全文转载。

2019 年 3 月 4 日全国"两会"期间,习近平总书记在北京看望参加全国政协会议的文艺界、社科界委员时讲话,提出"要坚持用明德引领风尚",希望文化艺术界和哲学社会科学界知名人士自觉践行社会主义核心价值观。明德,就是明大德、守公德、严私德,内化为精神追求,外化为实际行动,简称"三德两化,知行合一"。这是对培育和践行社会主义核心价值观的进一步升华表达,更深化,更具体,更易于推广传播。

一、核心价值观进一步提炼升华的必要性和可能性

从"社会主义核心价值体系"到"社会主义核心价值观的基本内容",社会主义核心价值观的文字概括,经过十余年的倡导实践,不断提炼并逐渐完善。

2006 年 10 月,党的十六届六中全会第一次正式提出"建设社会主义核心价值体系"的重大命题和战略任务,明确社会主义核心价值体系,是社会主义意识形态的本质体现,是全党全国各族人民团结奋斗的共同思想基础。社会主义核心价值体系包括四个方面基本内容:马克思主义为指导思想,中国特色社会主义的共同理想,以爱国主义为核心的民族精神和以改革创新为核心的时代精神,以"八荣八耻"为主要内容的社会主义荣辱观。

2007 年 10 月,党的十七大进一步明确指出,"社会主义核心价值体系是社会主义意识形态的本质体现"①。2011 年 10 月,党的十七届六中全会强调,社会主义核心价值体系是"兴国之魂",建设社会主义核心价值体系是推动文化大发展大繁荣的根本任务。

2012 年 11 月,党的十八大报告明确提出"三个倡导",即"倡导富强、

---

① 胡锦涛:《高举中国特色社会主义伟大旗帜,为夺取全面建设小康社会胜利而奋斗》,《改革开放三十年重要文献选编》,下卷第 1730 页,北京:中央文献出版社,2008 年 12 月版。

民主、文明、和谐,倡导自由、平等、公正、法治,倡导爱国、敬业、诚信、友善,积极培育社会主义核心价值观"①。这是在"社会主义核心价值体系"的基础上,提出"积极培育社会主义核心价值观"的概念。但是,"三个倡导"的内容并不等同于"社会主义核心价值观"。

2013年12月,中共中央办公厅印发《关于培育和践行社会主义核心价值观的意见》,明确提出,"富强、民主、文明、和谐是国家层面的价值目标,自由、平等、公正、法治是社会层面的价值取向,爱国、敬业、诚信、友善是公民个人层面的价值准则。这24个字,是社会主义核心价值观的基本内容"②。显然,社会主义核心价值观的基本内容,也还不能完全等同于社会主义核心价值观。

2014年2月24日,中央政治局第13次集体学习会上,习近平总书记指出:要把培育和弘扬社会主义核心价值观作为凝魂聚气、强基固本的基础工程,继承和发扬中华优秀传统文化和传统美德,广泛开展社会主义核心价值观宣传教育,积极引导人们讲道德、尊道德、守道德,追求高尚的道德理想,不断夯实中国特色社会主义的思想道德基础。③ 同年5月4日,习近平总书记在参加北京大学师生座谈会上强调:我们要在全社会牢固树立社会主义核心价值观,全体人民一起努力,通过持之以恒的奋斗,把我们的国家建设得更加富强、更加民主、更加文明、更加和谐、更加美丽,让中华民族以更加自信、更加自强的姿态屹立于世界民族之林④。

5月23日,习近平总书记在上海考察工作时对培育和践行社会主义

① 胡锦涛:《坚定不移沿着中国特色社会主义道路前进,为全面建成小康社会而奋斗》,《十八大以来重要文献选编》,上卷第25页,北京:中央文献出版社,2014年9月版。
② 中共中央办公厅:《关于培育和践行社会主义核心价值观的意见》,《人民日报》(京),2013年12月24日。
③ 习近平:《培育和弘扬社会主义核心价值观》,《习近平谈治国理政》,第1卷第163页,北京:外文出版社,2018年1月版。
④ 习近平:《青年要自觉践行社会主义核心价值观》,《十八大以来重要文献选编》,中卷第4页,北京:中央文献出版社,2016年6月版。

核心价值观提出更高目标、更具体要求。他指示,培育和践行社会主义核心价值观,贵在坚持知行合一、坚持行胜于言,在落细、落小、落实上下功夫。要注意把社会主义核心价值观日常化、具体化、形象化、生活化,使每个人都能感知它、领悟它,内化为精神追求,外化为实际行动,做到明大德、守公德、严私德。要面向全社会做好这项工作,特别要抓好领导干部、公众人物、青少年、先进模范等重点人群。①

这次重要讲话,指明了培育和践行社会主义核心价值观的明确目标、有效路径、方式方法和重点人群。特别是用"明大德、守公德、严私德",对应国家层面的价值目标,社会层面的价值取向,公民个人层面的价值准则,是核心价值观内容的进一步提炼。"内化为精神追求,外化为实际行动",是核心价值观有效路径的新概括。

此后,习近平总书记还在多种场合不断强调培育和践行社会主义核心价值观。2017年10月,在十九大报告中进一步明确,"社会主义核心价值观是当代中国精神的集中体现,凝结着全体人民共同的价值追求。要以培养担当民族复兴大任的时代新人为着眼点,强化教育引导、实践养成、制度保障,发挥社会主义核心价值观对国民教育、精神文明建设、精神文化产品创作生产传播的引领作用,把社会主义核心价值观融入社会发展各方面,转化为人们的情感认同和行为习惯"。② 2018年5月,中共中央办公厅《关于建设新时代文明实践中心试点工作的指导意见》,把深入推进社会主义核心价值观宣传教育列入主题教育内容。2019年10月,中共十九届四中全会关于坚持和完善中国特色社会主义制度、推进国家治理体系和治理能力现代化建设,强调"坚持以社会主义核心价值观引领文

---

① 中共中央文献研究室编:《习近平关于社会主义文化建设论述摘编》,第118页,北京:中央文献出版社,2017年10月版。

② 习近平:《决胜全面建成小康社会,夺取新时代中国特色社会主义伟大胜利》,《习近平谈治国理政》,第3卷第33页,北京:外文出版社,2020年6月版。

化建设制度"①。

所以,三德两化,知行合一,是习近平总书记关于培育和践行社会主义核心价值观一系列重要讲话的精神实质,是对社会主义核心价值观内容表述的进一步提炼升华。

二、核心价值观基本内容 24 个字的历史逻辑与理论逻辑关系

社会主义核心价值观基本内容 24 个字,由 12 个词组构成,分为三个价值层面。"富强、民主,文明、和谐;自由、平等,公正、法治;爱国、敬业,诚信、友善",有其内在的逻辑关系,共同构成一个完整的价值体系。

首先,国家层面的价值目标"富强、民主,文明、和谐",是 1840 年中国近代社会历史以来惨痛经验教训凝结成的两组价值观念。没有富强、民主,中国就被别人打败欺辱;当中国有了一定的富强和民主,如果没有文明、和谐,中国就将被自己人搞乱拖垮。在生存竞争,优胜劣汰的近现代世界,富强是生存权、话语权的基本保障。而实现一个国家社会富强的最宝贵资源,是人力资源和人才智慧,端赖于可以激发社会创造力和创新力的制度体系和民主精神。中国社会主义制度是在生产力落后,现代经济不发达的半封建半殖民地国家实现的,我们将长期处于社会主义初级阶段,解放和发展社会生产力是执政党始终奉行的基本路线。在这个漫长的历史阶段,追求"富强、民主,文明、和谐",精确概括了中国社会和中国人民历经苦难,前赴后继,必须始终牢记并努力实现的理想目标和价值理念。建立完全独立主权国家,不断解放和发展社会生产力,全面贯彻落实"五位一体"新发展理念,建设富强民主文明和谐美丽的社会主义现代化强国愿景,让中国人民站起来,富起来,强起来,更要贵起来,这是国家层

---

① 《中共中央关于坚持和完善中国特色社会主义制度,推进国家治理体系和治理能力现代化若干重大问题的决定》,《十九大以来重要文献选编》,中卷第 284 页,北京:中央文献出版社,2021 年 10 月版。

面的价值目标,谓之"大德"。

其次,社会层面的价值取向"自由、平等,公正、法治",是维护社会公平正义,推进社会治理体系和治理能力现代化的两组价值观念。自由,是社会人的权利,属于基本人权。我国宪法规定国家尊重和保障人权,中华人民共和国公民在法律面前一律平等。每个公民都享有自己的自由人权,每个人的自由人权都是平等的。在现实生活中,如何区分和处理公民个体之间自由人权的边界?答案是,我的自由,以你为界,以不影响他人的自由为底线。公民群体之间,群体与个体之间,如何维持社会公平正义?答案是,我们的自由,以法为界,以不逾越法律所规定的准则和道德所约定的伦理为底线。不负社会,不负卿。这些社会生活规则和人伦道德规矩,具体表现为现实生活中诸如斑马线、盲道线、红绿灯、禁烟令……等等条条框框,是对生命安全的基本保障,是对社会秩序的根本保障,谓之"公德"。

再次,公民个人层面的价值准则"爱国、敬业,诚信、友善",是关于公民个人生命成长与事业发展的两组价值观念。从理论逻辑上说,大局观在前;从实践逻辑上说,个体存在在先。其实践逻辑起点在"诚信",而诚信的底线是对自己,对自己的肉体生命诚信,按照个体生命健康准则,吃该吃的饭,做该做的事,是为生命自觉。只有身心健康,才能对他人承担责任,与人为善,与人友善。然后,进入工作岗位,兢兢业业,敬岗爱业,创新业绩,创造奇迹。爱国的底线,就是老婆(公)孩子热炕头,眷爱自己的家人,善待身边的邻里,敬重自己的职业,热爱脚下的土地。越是事业有成,功成名就,越是需要守住爱国的底线,否则会有进错门上错床的危险。从诚信个体生命的肉体和灵魂,到对他人友善,对工作敬重,对国家做贡献做奉献,体现了公民个人品德、家庭美德、职业道德、社会公德的递进式人生修为价值追求,谓之"私德"。

作为当代中国社会价值取向最大公约数,对于公民来说,国家层面的价值目标之"大德",只要知晓明了,躬行不违即可;社会层面的价值取向之"公德",需要坚守底线,追求上线;个人层面的价值准则之"私德",最需要严格遵守,慎独慎微。大德、公德、私德,"三德"是对社会主义核心价值观基本内容的进一步概括提升。内化为精神追求,外化为实际行动,"两化"是培育和践行社会主义核心价值观,将其落细落小落实的有效路径。恪守社会主义核心价值观,做到"三德两化,知行合一",就是"明德之士"。

三、核心价值观培育践行中的文化资源与实施路径

在新时代文明实践中心建设过程中,培育和践行社会主义核心价值观,最有利便捷的途径是发掘核心价值观中包含着的中华优秀传统文化基因,打通社会主义核心价值观与中华优秀传统文化的精神血脉,对中国古代和近代社会核心价值观作创造性转化,创新性发展。

任何时代社会都有明确倡导的核心价值观,作为社会治理的深厚支撑。自由平等博爱,是从法国大革命开始逐渐形成的西方近现代社会核心价值观。孝悌忠信,礼义廉耻,是近代中国社会多个政权确立的核心价值观。三纲五常,是中国古代社会核心价值观。其中君为臣纲、父为子纲、夫为妻纲已经明显被现代社会所抛弃,仁义礼智信始终是中国人信奉的价值观念,百姓日用而不知。将社会主义核心价值观进一步概括提炼为"三德两化,知行合一",在精神思想上与中华优秀传统文化资源更加畅通衔接起来。

"三德",明大德,守公德,严私德,贯穿着中华优秀传统文化价值精神。私德之"私"字,汉代许慎编纂《说文解字》之时,为其添加"禾"偏旁,此前甲骨文和铭文中的"私"字,只有右边部分"厶",其本意为胳臂向里弯曲,关注一己之私心与私利。公德之"公"字,在"厶"的上边加了一个指意符号"八",是老祖先希望子孙后代们学会张开自己的双臂,尽情拥抱

眼前一切的人与事,非常生动形象地表示与"厶"相对应而相反的意思,即一己私利私心之外的公共利益,公道之心。人之初,是动物,自私是存活之道,动物本能。从幼年童年到少年青年,人生接受教育阶段,知识技能是学习的表征,养成公道之心才是学习的根本。因为,公道之心是人类社会的根本属性,动物只有在恋爱和哺乳期间,才表现出爱情的谦让和母爱的无私品质。只有人类社会经过漫长的历史进化才形成崇尚公道、公益与公理的文化精神,并成为人类文明所共有的价值取向。无论经商、从政或治学,一个人的心胸境界有多大,公道之心有多少,其事业发展空间就有多大。汉字"大"是一个顶天立地的人,敬而无失,恭而有礼,讲信修睦,襟怀天下,是为大写的人。严守私德,遵守公德,明察大德,由小至大,知微见著,"天行健,君子以自强不息;地势坤,君子以厚德载物"①。人以化文,文以化人。以文育人,以文培元。"大学之道,在明明德,在亲民,在止于至善。"②中华文明的远古祖先用寓意深刻的汉字符号,寄托着对中华民族后代子孙们的谆谆教诲,殷殷期盼,遵循私德、公德、大德的修身养性之道,裨益每个人都成就君子人格,完善大写的人生。

君子爱财,取之有道。人有私心不为过。在发展社会主义市场经济条件下,我们实行的是按劳分配制度。一切手中掌握社会公权力或公共资源者,都必须妥善处理好公与私的关系,严私德,守公德,明大德,既严以修身、严以用权、严以律己,又谋事要实、创业要实、做人要实,党员领导干部要率先垂范,身体力行。名乃天下之公器③。公众人物、先进模范典型占用并享有社会荣誉公共资源,必须恪守公序良俗,维护社会公共利益,增进国家民族人民福祉。青少年代表社会未来,少年强则中国强,教育引导青少年接受践行社会主义核心价值观,事关培养什么人,为谁培养

---

① 《周易》。
② 朱熹:《四书集注·大学》。
③ 《庄子·天运》。

人的教育根本问题。

　　人心是最大的政治,共识是奋进的动力。培育践行社会主义核心价值观,是在全面建成小康社会新时代,把好日子过好,让每个人都生活得有意义有意思,有体面有尊严。价值观迷茫迷失,感觉生活没意义没意思,人生就堕落成行尸走肉。价值观是文化精神之所在,核心价值观属于社会人生意义范畴。从一个动物的人,发育成长为一个社会的人,在这个社会化过程中,风俗习惯、规矩规范、文化价值等意义世界日渐浸润化入个人的言行举止,内化为精神追求,外化为实际行动,构成其文化存在。文化关乎生活与生命意义,意义源自人生观与价值观。培育和践行社会主义核心价值观,需要从上到下,率先垂范,一级做给一级看,一代做给一代看;更需要明德之士言为士则,行为世范,引领新时代新风尚,回应时代社会关切,呼应世界发展期待。

第二节　文化思想体系与价值功能

新时代文化思想体系架构刍议①

　　中共十九大提出新时代中国特色社会主义思想,是以习近平同志为核心的党中央治国理政的思想理论与实践经验的总结概括。坚定文化自信,推动社会主义文化繁荣兴盛,是经济、政治、文化、社会、自然"五位一体"总体布局中的重要内容之一。从十八大以来,以习近平同志为核心的党中央在治国理政的成功实践过程中,形成了关于新时代中国特色社会主义文化建设比较完整的思想体系。其基本架构可以总结概括为:文化主权观、文化主体观、文化价值观,与文化创新论、文化民生论、文化天下论,即新时代中国特色社会主义文化建设"三观"与"三论"。这是对中国新民主主义文化和中国特色社会主义文化的继承与发展,更是新时代中国特色社会主义文化建设的历史逻辑与理论逻辑之必然。

　　文化主权观,是文化的意识形态属性所决定的文化前进方向和发展道路,关系到国家文化主权独立与完整。从资本主义社会到社会主义社会,只要民族国家还存在,文化就被赋予维护国家主权利益的职责与使命。文化主权观,突出表现为文化领域里的意识形态斗争与较量。意识形态关乎旗帜、关乎道路、关乎国家政治安全。党的十八大以来,习近平总书记就意识形态领域的方向性、根本性、全局性问题作出一系列重要论

---

① 本文首发《上海理论界》(沪),2018 年第 9 期,题为《新时代中国特色社会主义文化思想体系架构》。

述和重大部署。习近平总书记在党的十九大报告中强调，必须"牢牢掌握意识形态工作领导权"，因为"意识形态决定文化前进方向和发展道路"。中国特色社会主义文化在意识形态领域的鲜明主题和使命担当，"就是以马克思主义为指导，坚守中华文化立场，立足当代中国现实，结合当今时代条件，发展面向现代化、面向世界、面向未来的，民族的科学的大众的社会主义文化，推动社会主义精神文明和物质文明协调发展"。为此，"必须推进马克思主义中国化时代化大众化，建设具有强大凝聚力和引领力的社会主义意识形态，使全体人民在理想信念、价值理念、道德观念上紧紧团结在一起"①。维护国家和平稳定，促进社会文明进步，是新时代中国特色社会主义文化主权观的基本要求。这是中国所处的近现代社会国际环境所决定的文化属性。

文化主体观，就是文化人民性，是由国体属性决定的文化发展为了谁、依靠谁，如何实现文化领域里的人民当家作主的问题。习近平总书记《在哲学社会科学工作座谈会上的讲话》中明确指出，"坚持马克思主义为指导，核心要解决好为什么人的问题。为什么人的问题是哲学社会科学研究的根本性、原则性问题。"党和国家一切工作的出发点和落脚点，是为了实现好、维护好、发展好最广大的人民根本利益。作为党和国家事业的一部分，"我国哲学社会科学要有所作为，就必须坚持以人民为中心的研究导向"②。《在全国宣传思想工作会议上的讲话》中，习近平强调，"做好宣传思想工作，必须讲人民性。坚持人民性，就是要把实现好、维护好、发展好最广大人民根本利益作为出发点和落脚点，坚持以民为本、以人为本"。做好宣传思想工作，必须解决好"为了谁、依靠谁、我是谁"这个根本问题。在文艺工作座谈会的讲话中，习近平指出，"社会主义文艺，从本

---

① 习近平：《决胜全面建成小康社会，夺取新时代中国特色社会主义伟大胜利》，《人民日报》（京）2017 年 10 月 28 日。

② 习近平：《在哲学社会科学工作座谈会上的讲话》，《人民日报》（京），2016 年 5 月 19 日。

质讲,就是人民的文艺",必须坚持以人民为中心的创作导向。① 从战争年代的文艺为工农兵服务,到社会主义建设时代的文艺为人民服务,新时代中国特色社会主义文艺是人民的文艺,必须始终坚持以人民为中心的创作导向、生产导向、传播导向和服务导向,歌颂真善美,鞭挞假恶丑。这是中国社会主义政治制度决定的文化属性。

文化价值观,是由文化的价值判断、是非褒贬功能所形成的思想引领、精神教化、情感激励作用,推动社会文明进步。习近平总书记在会见第四届全国文明城市、文明村镇、文明单位和未成年人思想道德建设先进代表时说,"人民有信仰,民族有希望,国家有力量","一个国家,一个民族,要同心同德迈向前进,必须有共同的理想信念作支撑"②。一个时期以来,很多人患有精神上的"软骨病"。习近平在文艺工作座谈会上的讲话中说,"其中比较突出的一个问题就是一些人价值观缺失,观念没有善恶,行为没有底线,什么违反党纪国法的事情都敢干,什么缺德的勾当都敢做,没有国家观念、集体观念、家庭观念,不讲对错,不问是非,不知美丑,不辨香臭,浑浑噩噩,穷奢极欲"③。文化肩负着提高人民思想觉悟、道德水准、文明素养,提高社会文明程度的责任使命。在省部级主要领导干部学习贯彻党的十八届五中全会精神专题研讨班上,习近平总书记明确要求,"要坚持社会主义先进文化前进方向,用社会主义核心价值观凝聚共识、汇聚力量,用优秀文化产品振奋人心、鼓舞士气,用中华优秀传统文化为人民提供丰润的道德滋养,提高精神文明建设水平"④。人无精神

---

① 习近平:《在文艺工作座谈会上的讲话》,《十八大以来重要文献选编》,中卷第127页,北京:中央文献出版社,2016年6月版。

② 习近平:《论党的宣传思想工作》,第132页,北京:中央文献出版社,2020年11月版。

③ 习近平:《在文艺工作座谈会上的讲话》,《十八大以来重要文献选编》,中卷第133—134页,北京:中央文献出版社,2016年6月版。

④ 习近平:《深入理解新发展理念》,《十八大以来重要文献选编》,下卷第162页,北京:中央文献出版社,2018年5月版。

不立，国无精神不强。2013年12月，习近平在十八届中央政治局第十二次集体学习时就指出，"价值观念在一定社会的文化中是起中轴作用的，文化的影响力首先是价值观念的影响力。世界上各种文化之争，本质上是价值观念之争，也是人心之争、意识形态之争"①，所以，要坚决打好价值观念之争这场硬仗。2014年2月，习近平在十八届中央政治局第十三次集体学习时再次强调，"核心价值观是一个国家的重要稳定器，能否构建具有强大感召力的核心价值观，关系社会和谐稳定，关系国家长治久安"②。同年5月，习近平总书记在北京大学与师生座谈时说，社会主义核心价值观，"传承着中国优秀传统文化的基因，寄托着近代以来中国人民上下求索、历经千辛万苦确立的理想和信念，也承载着我们每个人的美好愿景"③。小德川流，大德敦化。社会主义核心价值观是当代中国精神的集中体现，凝结着全体中国人民共同的价值追求，是新时代中国特色社会主义文化的核心要义。这是文化的社会功能决定的文化属性。

文化主权观、文化主体观、文化价值观，是新时代中国特色社会主义文化本体，分别从外部环境特征、内部形态特征、核心品质特征三个方面，形塑了新时代中国特色社会主义文化体征特色。文化创新论、文化民生论、文化天下论，则是新时代中国特色社会主义文化实体，分别从价值功能、内部功能、外部功能三个方面，确定了新时代中国特色社会主义文化功能属性。

文化创新论，是文化的生命在创造，文化的价值在创新。衡量文学艺术创作的最终价值标准，是看其有没有提供此前人类社会没有过的审美境界。衡量人文社会学术研究的最终价值标准，是看其有没有破解此前

① 《习近平关于社会主义文化建设论述摘编》，第105页，北京：中央文献出版社，2017年10月版。
② 同上书，第106页。
③ 习近平：《青年要自觉践行社会主义核心价值观》，《十八大以来重要文献选编》，中卷第4页，北京：中央文献出版社，2016年6月版。

人类社会没有破解过的命题难题，提供此前没有过的精神境界。没有创新就没有文学艺术的发展繁荣，没有创新就没有文化事业和文化产业的繁荣发展，没有文化创新就没有人类社会的文明进步。习近平总书记在全国哲学社会科学工作座谈会上的讲话中指出，"马克思主义是随着时代、实践、科学发展而不断发展的开放的理论体系，它并没有结束真理，而是开辟了通向真理的道路"。只有真问题，才有真学问。"坚持问题导向是马克思主义的鲜明特色。问题是创新的起点，也是创新的动力源。只有聆听时代的声音，回应时代的呼唤，认真研究解决重大而紧迫的问题，才能真正把握住历史的脉络、找到发展规律，推动理论创新。"①创新是在继承传统基础上的开拓进取，是实现文化传统创造性转化、创新性发展的动力引擎。创新是哲学社会科学发展的永恒主题，更是文学艺术创作的永恒动力。习近平总书记在全国文艺工作座谈会上讲话中强调，"推动文艺繁荣发展，最根本的是要创作生产出无愧于我们这个伟大民族、伟大时代的优秀作品"。当前文艺界存在的有数量缺质量、有"高原"缺"高峰"的现象，是文化创新能力不足的问题。"要把创新精神贯穿文艺创作生产全过程，增强文艺原创能力。"②在党的十八届五中全会第二次全体会议上的讲话中，习近平指出，"我们必须把创新作为引领发展的第一动力"，"把创新摆在国家发展全局的核心位置，不断推进理论创新、制度创新、科技创新、文化创新等各方面创新，让创新贯穿党和国家一切工作，让创新在全社会蔚然成风"③。

文化民生论，是由文化内部形态特征规定的对内功能属性，是文化人

---

① 习近平：《在哲学社会科学工作座谈会上的讲话》，《人民日报》(京)，2016年5月19日。

② 习近平：《在文艺工作座谈会上的讲话》，《十八大以来重要文献选编》，中卷第125页，北京：中央文献出版社，2016年6月版。

③ 习近平：《在党的十八届五中全会第二次全体会议上的讲话(节选)》，《求是》(京)，2016年第1期。

民性的实现途径和形式。"人民对美好生活的向往,就是我们的奋斗目标。"①习近平在十八届中央政治局常委同记者见面会上的讲话,开宗明义表达了治国理政的根本原则,也是文化民生的思想理论依据。习近平总书记在文艺工作座谈会上一再强调,"以人民为中心,就是要把满足人民精神文化需求作为文艺和文艺工作的出发点和落脚点"。"人民的需要是文艺存在的根本价值所在。能不能搞出优秀作品,最根本的决定于是否能为人民抒写、为人民抒情、为人民抒怀。一切轰动当时、传之后世的文艺作品,反映的都是时代要求和人民心声。"②在党的十八届五中全会第二次全体会议上讲话中,习近平明确指出,"全面建成小康社会突出的短板主要在民生领域,发展不全面的问题很大程度上也表现在不同社会群体民生保障方面"③。其中精准扶贫任务中如何扶贫而不养懒,在经济扶贫同时如何有效精神扶贫与文化扶贫,如何促进文化民生的均衡发展、品质提升,就属于需要补齐的短板。在中国特色社会主义进入新时代,社会主要矛盾已经转化为人民日益增长的美好生活需要和不平衡不充分的发展之间的矛盾,文化民生成为日益凸显的社会发展问题。党的十九大报告进一步提出,"满足人民过上美好生活的新期待,必须提供丰富的精神食粮"④。给予不同文化需求的人们以同等满足的机会和有效供给,是新时代文化民生的基本准则。

文化天下论,是要加强中外人文交流,以我为主,兼收并蓄,推进国际传播能力,讲好中国故事,提高国家文化软实力。习近平总书记在哲学社

---

① 《习近平谈治国理政》,第 1 卷第 3 页,北京:外文出版社,2018 年 1 月版。
② 习近平:《在文艺工作座谈会上的讲话》,《十八大以来重要文献选编》,中卷第 127、129 页,北京:中央文献出版社,2016 年 6 月版。
③ 习近平:《在党的十八届五中全会第二次全体会议上的讲话(节选)》,《求是》(京),2016 年第 1 期。
④ 习近平:《决胜全面建成小康社会,夺取新时代中国特色社会主义伟大胜利》,《人民日报》(京),2017 年 10 月 28 日。

会科学工作座谈会上的讲话中指出,发展繁荣中国特色哲学社会科学,"要坚持古为今用、洋为中用,融通各种资源,不断推进知识创新、理论创新、方法创新。我们要坚持不忘本来、吸收外来、面向未来,既向内看、深入研究关系国计民生的重大课题,又向外看、积极探索关系人类前途命运的重大问题;既向前看、准确判断中国特色社会主义发展趋势,又向后看、善于继承和弘扬中华优秀传统文化精华"①。党的十九大报告中更明确提出,中国共产党人"既是中国先进文化的积极引领者和践行者,又是中华优秀传统文化的忠实传承者和弘扬者"②。新时代中国特色社会主义文化使命是,为全面小康社会后的中国人,探寻把好日子过好的健康生活方式和生产方式;为走向社会主义现代化强国的中国人,探索如何实现天地人和的精神世界;为越来越走向人类命运共同体的人类社会健康永续和平发展,提供中国方案和中国智慧的价值意义体系。

习近平总书记多次强调,没有高度的文化自信,没有文化的繁荣兴盛,就没有中华民族伟大复兴。文化自信是更基本、更深沉、更持久的力量。如果说全面建成社会主义小康社会是富起来,全面建成社会主义现代化强国是强起来,那么,实现中华民族伟大复兴的中国梦就是让中国人民贵起来,让每个中国人活在世界上都有自己的体面尊严。新时代中国特色社会主义文化思想体系,是近代以来中国走向世界新格局,从站起来、富起来到强起来,再到贵起来的历史进程中,在实践创造中进行文化创造,在历史进步中实现文化进步的文化使命与历史成就,迫切需要理论研究加以总结提炼,日臻完善,为文化自信提供理论支撑。

---

① 习近平:《在哲学社会科学工作座谈会上的讲话》,《人民日报》(京),2016 年 5 月 19 日。
② 习近平:《决胜全面建成小康社会,夺取新时代中国特色社会主义伟大胜利》,《人民日报》(京),2017 年 10 月 28 日。

人民文艺发展繁荣的逻辑与路径①

人民文艺是社会主义文艺的本质属性,其基本特征是站在人民的立场上,代表最广大人民的利益,表达人民的审美意愿,创作出人民群众喜闻乐见的文艺作品,满足人民群众对美好生活的精神文化需要。从改革开放新时期,到中国特色社会主义现代化建设新时代,坚持文艺为人民服务、为社会主义服务的根本方向,坚持以人民为中心的创作导向,历史发展与时代感召都期待着广大文艺工作者拥抱新时代,投身新时代,观照新时代,写出中国人民从站起来、富起来,到强起来、贵起来的心路历程与伟大史诗,推动新时代人民文艺大发展大繁荣,用文学艺术讲好新时代的中国故事。这是人民文艺的历史逻辑、理论逻辑与实践逻辑的必然指向和时代要求。

历史逻辑,人民文艺进入新时代

人民文艺进入新时代,是中国现代革命文艺、社会主义建设时期文艺和改革开放新时期文艺发展的历史逻辑的时代指向。

中国现代文学艺术诞生在五四新文化运动中,以中国现代知识分子为主体的“人”的觉醒,带来“人的文学”爆发式生长,开启五四新文学和新文艺的发展繁荣。“不同于欧洲近代社会知识分子发动文艺复兴和启蒙运动,是在饱食了所属资产阶级的丰厚乳汁长大后,代表本阶级利益和要求,参与历史创造;中国近现代知识分子,在科举制度废除后,成了自由

---

① 本文首发《上海文化》(沪),2021 年第 2 期。

的飘忽不定的社会阶层。他们生死歌哭于这片土地,秉承着浓厚的民族情感、国家意识和以天下为己任的优良精神传统,处在近现代世界环境中,主要起着调剂中西方文化的时代历史落差的文化移介作用,担负着为民族思考出路的历史使命。"①1921 年 7 月,中国共产党在上海成立,其早期成员几乎都是新式知识分子。他们在共产国际的帮助下,把中国现代革命自觉地融入现代世界民族国家体系,选择为中国人民谋幸福、为中华民族谋复兴的人生理想。"过去的一切运动都是少数人的或者为少数人谋利益的运动。无产阶级的运动是绝大多数人的、为绝大多数人谋利益的独立的运动。"②共产党人的初心和使命,孕育着革命文学的精神气度。

大革命失败后,革命知识分子汇聚上海,发起"革命文学"论争,在共产党的领导下,顺应国际共产主义运动左翼文化潮流,团结进步文艺人士,高举反帝反封建革命旗帜,成立"左联",开展左翼文艺运动,策应中央苏区军事上的反"围剿"斗争,开展反击国民党当局的文化"围剿"斗争,倡导"普罗大众文艺",反应劳苦大众心声,呼唤社会公平正义,抨击反动黑暗政治,让白色恐怖下的社会民众看到光明和希望。"这是东方的微光,是林中的响箭,是冬末的萌芽,是进军的第一步,是对于前驱者的爱的大纛,也是对于摧残者的憎的丰碑。一切所谓圆熟简练,静穆幽远之作,都无须来作比方,因为这诗属于别一世界。"③鲁迅评价"左联五烈士"之一殷夫(白莽)的作品,点明了"左翼"革命文学独特的审美品质。

抗日战争时期,在抗日民族统一战线旗帜下,大批爱国青年奔赴延

---

① 朱鸿召:《在"人"的旗帜下——论五四文学的背景、发生和发展》,《社会科学研究》(四川),1992 年第 5 期。中国人民大学书报资料中心复印报刊资料《中国现代、当代文学研究》1992 年第 10 期转载。
② 马克思、恩格斯:《共产党宣言》,《马克思恩格斯选集》,第 1 卷第 262 页,北京:人民出版社,1972 年 5 月版。
③ 鲁迅:《且介亭杂文末编·白莽作〈孩儿塔〉序》(1936 年 4 月),《鲁迅全集》,第 6 卷第494 页,北京:人民文学出版社,1981 年版。

安,形成革命文艺大集结,抗战文艺大繁荣。为了解决文艺队伍与革命队伍之间的思想矛盾,以及文艺队伍内部的团结问题,1942 年 5 月,中共中央决定召开延安文艺座谈会,通过座谈研讨、争论协商的方式,求大同存小异,最后达成共识,一致接受毛泽东关于"文艺为政治服务,文艺为工农兵服务"的意见"结论"。同时强调,当时中国最大的政治,就是抗击日本帝国主义侵略,夺取中国人民抗日战争的最后胜利。文艺所服务的"政治",是阶级的政治、群众的政治,不是少数政治家的政治,更不是一时一地的某项"政策"。在共产党领导的抗日民主根据地,一切有出息的文艺家们,纷纷深入工农兵生活,创作出一大批反映火热斗争生活的文艺作品,涌现出以赵树理、孙犁为代表的人民艺术家。

　　1945 年 9 月,中国人民抗日战争胜利,历史进入解放战争时期。国内阶级斗争上升为社会主要矛盾,"工农兵文艺"逐渐发展衍变为"人民文艺"。1943 年预热,1944 年火热的延安春节秧歌活动,"既为工农兵所欣赏而又为他们所参加创造的真正群众的艺术行动,创作者、剧中人和观众三者从来没有像在秧歌中结合得这么密切"。新秧歌生动地表现了"新的群众的时代","是人民的集体舞,人民的大合唱"①。从抗日民主根据地到解放区,以工农兵为主体的人民群众经过土地改革,成为新社会的主人,获得"人民"的称谓。"一个新的人民文艺的时代正待我们创造,我们需要写!"②

　　1949 年 7 月,中华全国文学艺术工作者代表大会在北平(北京)召开。周扬代表解放区文艺工作者所作关于解放区文艺报告中,进一步明确提出,"解放区的文艺是真正新的人民的文艺"。③ 为此次会议召开,周

---

① 周扬:《表现新的群众的时代——看了春节秧歌以后》,《解放日报》(延安),1944 年 3 月 21 日。

② 周扬:《谈文艺问题》(1947 年 5 月),《周扬文集》,第 1 卷第 501 页,北京:人民文学出版社,1984 年 12 月版。

③ 周扬:《新的人民的文艺》(1949 年 7 月),《周扬文集》,第 1 卷第 513 页,北京:人民文学出版社,1984 年 12 月版。

扬根据毛泽东的意见,组织有关人士以"中国人民文艺丛书社"的名义,编辑出版"中国人民文艺丛书"共计 177 部作品,包括抗日战争、解放战争时期各种形式的表现中国人民反帝反封建斗争,以及工农业生产等题材内容,集中展示了革命文艺队伍贯彻执行延安文艺座谈会精神,实践工农兵文艺方向所取得的优秀成果。工农兵文艺就是人民文艺的主体内容。

新中国建立社会主义制度,人民文艺是当代中国文学艺术发展的主流。但是,在探索社会主义现代化建设历程中,曾经走过艰难曲折的弯路,人民文艺受极"左"思潮影响,局限在阶级斗争思维定势里。1979 年10 月,邓小平在中华全国文学艺术工作者第四次代表大会上致词,重申社会主义文艺性质:"我们的文艺属于人民","我们要继续坚持毛泽东同志提出的文艺为最广大人民群众,首先为工农兵服务的方向"①。满足人民群众日益增长的物质文化需求,解放和发展文化生产力,聚焦各行各业的改革者,讴歌改革开放的时代精神,就是人民的利益、国家的利益、党的利益,也就是中国最大的政治。

经过文艺理论界研究探讨,在第四次全国文代会精神基础上,文艺界形成了一个被广泛接受的思想共识,社会主义文艺工作的总任务和根本目的是:"文艺为人民服务,文艺为社会主义服务。"②"文艺为人民服务"的含义,就是为最广大的人民群众,首先是为工农兵服务。"文艺为社会主义服务"的含义,就是为社会主义的政治、经济、文化、军事等各个方面的根本需要服务。③ 中共中央同意并批准了这个理论概括。江泽民、胡锦涛都继续坚持以人民为中心的文艺"二为"发展方向。

从改革开放新时期,到中国特色社会主义现代化建设新时代,习近平

---

① 邓小平:《在中国文学艺术工作者第四次代表大会上的祝词》,《邓小平文选》,第 2 卷第209、210 页,北京:人民出版社,1994 年 10 月第 2 版。

② 《文艺为人民服务,为社会主义服务》,《人民日报》(京)社论,1980 年 7 月 26 日。

③ 参见徐庆全:《"文艺为人民服务,为社会主义服务"的提出》,《学习时报》(京),2004 年8 月 16 日。

总书记高度重视文艺工作,强调指出:"社会主义文艺,从本质上讲,就是人民的文艺。"人民是历史的创造者和见证者,也应该是文艺创作的主题和主体。"文艺要反映好人民心声,就要坚持为人民服务、为社会主义服务这个根本方向。这是党对文艺战线提出的一项基本要求,也是决定我国文艺事业前途命运的关键。"①一个国家、一个民族不能没有灵魂。文学艺术事业,就属于培根铸魂的工作。文艺工作者要坚持与时代同步伐,要坚持以人民为中心,要坚持以精品奉献人民,要坚持用明德引领风尚。与时俱进,拥抱新时代,"深刻反映我们这个时代的历史巨变,描绘我们这个时代的精神图谱,为时代画像、为时代立传、为时代明德",这是知变明变善变;同时,坚持以人民为中心的根本方向不动摇,在为谁创作、为谁立言的问题上,立场不变,情怀不改,"文化文艺工作者要走进实践深处,观照人民生活,表达人民心声,用心用情用功抒写人民、描绘人民、歌唱人民"②。这是择善固执,变中有不变,在坚持中发展,在继承中创新。

新时代人民文艺的根本任务,是要极大地繁荣发展社会主义文艺,满足人民群众对美好生活的精神文化需要,增进人类命运共同体的精神文化认同。这是从五四新文化运动"人"的文艺,到中国特色社会主义现代化建设"人民文艺"的历史逻辑之大脉络大趋势。

理论逻辑,人民文艺为人民服务新要求

文艺为人民服务、为社会主义服务,是社会主义文艺的存在论、功能论、价值论理论所决定的发展方向。新时代中国特色社会主义现代化建设事业,对文艺为人民服务提出新的更高要求。

---

① 习近平:《在文艺工作座谈会上的讲话》(2014 年 10 月),《十八大以来重要文献选编》,中卷第 127 页,北京:中央文献出版社,2016 年 8 月版。

② 《习近平在看望参加政协会议的文艺界社科界委员时强调,坚定文化自信把握时代脉搏聆听时代声音坚持以精品奉献人民用明德引领风尚》,《人民日报》(京),2019 年 3 月 5 日。

文艺和文艺工作的社会定位,决定了新时代人民文艺为人民服务的社会职责和使命担当。社会主义文艺源自革命文艺。革命文艺是革命事业的一部分,社会主义文艺是社会主义事业的一部分。文艺存在的社会定位和地位,决定了文艺的社会职责和要求。从"文学革命"到"革命文学",改造人生,改造社会,始终是中国现代文学的使命担当。毛泽东称五四新文化运动中萌生的新文艺,是与"中国政治生力军"相互策应的"文化生力军"。"革命文化,对于人民大众,是革命的有力武器。革命文化,在革命前,是革命的思想准备;在革命中,是革命总战线中的一条必要和重要的战线。"①在共产党领导中国人民进行反帝反封建斗争过程中,逐步实现了把军事武装队伍与文化斗争队伍整合起来的任务,让"手里拿枪的队伍"与"手里拿笔的队伍"团结一致,形成合力,从而实现革命的目标。毛泽东在延安文艺座谈会上的讲话中,明确指出,"我们要把革命工作向前推进,就要使这两者完全结合起来。我们今天开会,就是要使文艺很好地成为整个革命机器的一个组成部分,作为团结人民、教育人民、打击敌人、消灭敌人的有力的武器,帮助人民同心同德地和敌人作斗争"②。革命战争年代是这样,进入社会主义建设时期,人民文艺是社会主义建设事业的一个组成部分。

人民文艺在陪伴中国人民从站起来、富起来到强起来的历史发展进程中,其社会定位和地位是更加重要了。习近平在文艺工作座谈会上说,为什么要高度重视文艺和文艺工作,这个问题首先要放在中国和世界发展大势中审视。实现中华民族伟大复兴,是近代以来中国人民最伟大的梦想。"今天,我们比历史上任何时期都更接近中华民族伟大复兴的目

---

① 毛泽东:《新民主主义论》(1940年1月),《毛泽东选集》,第2卷第697、708页,北京:人民出版社,1991年6月第2版。

② 毛泽东:《在延安文艺座谈会上的讲话》(1942年5月),《毛泽东选集》,第3卷第848页,北京:人民出版社,1991年6月第2版。

标,比历史上任何时期都更有信心、有能力实现这个目标。而实现这个目标,必须高度重视和充分发挥文艺和文艺工作者的重要作用。"文化是民族生存和发展的重要力量,"文艺是铸造灵魂的工作,文艺工作者是灵魂的工程师"①。优秀的文艺作品,能够发挥启迪思想、温润心灵、陶冶人生,引领风尚的作用。"一个国家、一个民族不能没有灵魂。文化文艺工作、哲学社会科学工作就属于培根铸魂的工作,在党和国家全局工作中居于十分重要的地位,在新时代坚持和发展中国特色社会主义中具有十分重要的作用。"②革命战争年代,为了取得革命事业的胜利,"手里拿枪的队伍"和"手里拿笔的队伍"齐心协力,相互策应;改革开放,发展社会主义市场经济新时期,物质文明和精神文明两手硬,双丰收,始终是我们的指导思想。社会主义现代化建设新时代,在发展国家经济政治军事等"硬实力"的同时,必须高度重视发展国家文学文艺文化文明等"软实力",彼此呼应,相得益彰,才能实现民族复兴的中国梦。"我们说要坚定中国特色社会主义道路自信、理论自信、制度自信,说到底是要坚定文化自信。文化自信是更基本、更深沉,更持久的力量。"③没有全体中国人民的文化自觉、自省、自信,就没有中华民族的伟大复兴。

文艺和文艺工作的功能属性,决定了新时代人民文艺为人民服务的价值取向。文艺生产与消费的过程,具有愉悦精神,陶冶情操的功能。文艺作品是一种精神文化消费产品,人民文艺要满足人民群众文化消费需要,在文化消费过程中,坚持把社会效益放在首位,追求社会效益与经济效益的统一,充分发挥净化心灵,振奋精神,崇尚真善美,鄙弃假恶丑的正

---

① 习近平:《在文艺工作座谈会上的讲话》(2014年10月),《十八大以来重要文献选编》,中卷第119、134页,北京:中央文献出版社,2016年8月版。

② 《习近平在看望参加政协会议的文艺界社科界委员时强调,坚定文化自信把握时代脉搏聆听时代声音坚持以精品奉献人民用明德引领风尚》,《人民日报》(京),2019年3月5日。

③ 习近平:《在哲学社会科学工作座谈会上的讲话》,《人民日报》(京),2016年5月19日。

能量。改革开放新时期,中国当代文学艺术创作迎来了新的春天,产生了大量脍炙人口的优秀作品;同时,也存在着有数量缺质量、有"高原"缺"高峰"的短板现象,在一定程度上存在着低俗媚俗、是非不分、善恶不辨、以丑为美的恶劣现象。随着小康社会全面建成,生活水平不断提高,人民群众对文艺作品和文化产品的质量、品位、风格等的要求也不断提高。在文艺生产消费领域,同样存在着"供给侧改革"的问题,存在着"人民日益增长的美好生活需要和不平衡不充分的发展之间的矛盾"①。所以,进入新时代的人民文艺,必须不断提高文艺产品的质量和品位,不断提高文艺为人民服务的水平和水准。文艺创作要在扎根本土、深植时代的基础上,切实提高文学艺术作品的精神高度、文化内涵和审美价值,创造出无愧于伟大时代的伟大文艺。

文艺创作与传播的过程,具有增进文化认同,促进人心相通的社会功能。在革命战争年代,人民是阶级斗争学说中的革命阶级。在社会主义现代化建设新时代,人民是最广大人民群众,是一切承认中国特色社会主义道路,维护国家主权和领土完整的中华人民共和国公民。人民是中国特色社会主义社会的主体,文艺为人民服务与为社会主义服务在思想精神上是一致的。随着社会主义市场经济发展,社会经济多元,社会组织多样,思想潮流多变,在思想大活跃、观念大碰撞、文化大交融的时代环境下,也出现了一些人价值观缺失、思想没有善恶、行为没有底线,什么违反党纪国法的事情都敢干,什么伤天害理的勾当都敢做,没有国家观念、集体观念、家庭观念,不讲对错,不问是非,不知美丑,只讲效率最大化,只求眼前功利的拜金主义、享乐主义、极端个人主义等腐朽没落现象泛滥。近代社会以来,中华民族在屈辱中求生存,在逆境中谋发展,逐步实现从站

---

① 习近平:《决胜全面建成小康社会,夺取新时代中国特色社会主义伟大胜利:在中国共产党第十九次全国代表大会上的报告》(2017 年 10 月),第 11 页,北京:人民出版社,2017 年 10 月版。

起来、富起来,到强起来、贵起来的中华民族伟大复兴的中国梦。无论是革命文艺,还是人民文艺,中国近代现代当代文学艺术发展,始终是贯穿着这个主题,围绕着这根主线展开的。当我们在"硬实力"上越来越接近理想的目标,更需要在"软实力"上补齐短板。人民文艺承载着对内增进文化认同,对外讲好中国故事,促进人心相通,美美与共,为实现人类命运共同体贡献中国智慧、中国方案的文化使命。

文艺和文艺工作的立场态度,决定了新时代人民文艺为人民服务的审美倾向。战争年代,"为什么人服务"和"如何去服务"是革命文艺必须首要解决的问题。社会主义建设时期,"为谁创作"和"为谁立言"是人民文艺必须回答的根本问题。新时代人民文艺,坚持以人民为中心的创作导向。"以人民为中心,就是要把满足人民精神文化需求作为文艺和文艺工作者的出发点和落脚点,把人民作为文艺表现的主体,把人民作为文艺审美的鉴赏者和评判者,把为人民服务作为文艺工作者的天职。"新时代人民文艺和文艺工作者,肩负着用文艺净化心灵、启迪思想、提炼精魂、重新塑造中国精神和中国形象的新使命。"文艺工作者要想有成就,就必须自觉与人民同呼吸、共命运、心连心,欢乐着人民的欢乐,忧患着人民的忧患,做人民的孺子牛。"①这是人民文艺发展的唯一正确道路,也是作家艺术家们的生命价值之所托。

人民文艺选择人民的立场,就是要站在最广大人民群众的立场,用文学艺术创作维护好、发展好时代社会的根本利益、长远利益和整体利益。天是世界的天,地是中国的地,眼睛向着人类最先进的方向聚焦,双脚扎进中国人民生生不息的现实生活土壤,新时代中国文艺才能为世界贡献出特殊的声响色彩和审美风范。

---

① 习近平:《在文艺工作座谈会上的讲话》(2014年10月),《十八大以来重要文献选编》,中卷第127、130页,北京:中央文献出版社,2016年8月版。

实践逻辑，新时代人民文艺审美特征

文学艺术创作过程所遵循的审美规律，就是文艺的实践逻辑。文艺实践逻辑内在地决定着文艺作品的品质和质量，是文艺的历史逻辑和理论逻辑得以实现的根本保证。新时代人民文艺，同样必须遵循文艺创作的实践逻辑，站在人民的立场观照人的文学。

文艺的审美特征，要求人民文艺必须充分尊重作家艺术家的创作自由。无论是革命文艺，还是人民文艺，其社会定位与功能属性都是对文艺作品的意义分析，是文艺的外部特征。只有审美经验才是文艺的内部特征，是文艺实践的内在逻辑规定性。外部特征与内部特征相互制约，但决定文艺之所以成其为文艺的决定性要素是文艺审美的内部特征。列宁在谈论党的文学事业时说，"绝对必须保证有个人创造性和个人爱好的广阔天地，有思想和幻想、形式和内容的广阔天地"[①]。文艺创作过程，是一种艺术生命孕育生长的经验，伴有强烈的个体生命情感活动。只有在充分自由的状态下，作家艺术家才能完成文学艺术构思、孕育、创作过程。毛泽东在延安文艺座谈会上的讲话，提出"文艺为政治服务"的主张，同时强调指出："我们所说的文艺服从于政治，这政治是指阶级的政治、群众的政治，不是所谓少数政治家的政治。"在当时抗日战争环境下，"文艺服从于政治，今天中国政治的第一个根本问题是抗日"[②]。凡是拥护抗日政治主张，就可以参加文艺界抗日民族统一战线，就是进步的文艺，就是团结的对象。这是一种恪守底线思维的文艺工作方式，是被历史证明为成功有效的经验。

---

① 列宁：《党的组织和党的出版物》（1905 年 11 月），《列宁全集》，第 12 卷第 94 页，北京：人民出版社，1987 年版。

② 毛泽东：《在延安文艺座谈会上的讲话》（1942 年 5 月），《毛泽东选集》，第 3 卷第 866、867 页，北京：人民出版社，1991 年 6 月第 2 版。

改革开放新时期,第四次全国文代会后,邓小平谈及,"文艺界刚开了文代会,我们讲,对写什么,怎么写,不要横加干涉,这就加重了文艺工作者的责任和对自己工作的要求。我们坚持'双百'方针和'三不主义',不继续提文艺从属于政治这个口号,因为这个口号容易成为对文艺横加干涉的理论根据,长期的实践证明它对文艺的发展利少害多"①。沿着这个文艺工作指导原则,历任中共领导人都强调尊重和遵循文艺规律,保护文艺工作者的创作个性和创造精神,政治上充分信任,创作上热情支持,营造有利于文艺创作发展繁荣的良好环境。

文艺的审美特征,要求人民文艺必须倾情观照具体的现实的人的生活和生命状态。"人民"是复合概念,生活中的你、我、他,个人不等于人民。但是,文艺审美的基本特征必须建立在个体人的生命经验基础上。所以,人民文艺作为一种文艺类型,人民是其上线,人是其底线。这样的人,就是经过五四新文化运动启蒙,受过革命斗争洗礼,参与社会主义建设事业,具有现代公民自觉意识的生命个体。"人民不是抽象的符号,而是一个一个具体的人,有血有肉,有情感,有爱憎,有梦想,也有内心的冲突和挣扎。"②他们经历的生死浮沉、苦难辉煌,他们参加的革命斗争、艰辛劳动,他们创造的英雄业绩、工作奇迹,他们对美好生活的憧憬向往,都是文学艺术表现的审美对象。文艺家们只有进入到他们的生活中,深入到他们的心里去,融入到他们的心灵深处,才能写出鲜活的文字,塑造出

---

① 邓小平:《目前的形势和任务》(1980 年 1 月),《邓小平文选》,第 2 卷第 255 页,北京:人民出版社,1994 年 10 月第 2 版。

　　"双百"方针是指"百花齐放,百家争鸣"的文艺工作指导方针。"三不主义"是指"不抓辫子,不戴帽子,不打棍子"。"我们要广开言路,广开才路,坚持不抓辫子,不戴帽子,不打棍子的'三不主义',让各方面的意见、要求、批评和建议充分反映出来,以利于政府集中正确的意见,及时发现和纠正工作中的缺点、错误,把我们的各项事业推向前进。"邓小平:《新时期的统一战线和人民政协的任务》(1979 年 6 月),《邓小平文选》,第 2 卷第 187 页,北京:人民出版社,1994 年 10 月第 2 版。

② 习近平:《在文艺工作座谈会上的讲话》(2014 年 10 月),《十八大以来重要文献选编》,中卷第 130 页,北京:中央文献出版社,2016 年 8 月版。

生动的形象,把握时代的脉搏,唱响时代的心声。

新时代人民文艺创作,应该是题材无禁区,品质有高低,情怀境界有大小,思想观念可以褒贬。题材无禁区,是倡导主流,尊重个性,在写什么、怎么写的问题上,完全尊重文艺家个人选择,政府主管部门或有关组织可以积极引导文艺家的创作方向和题材选项,鼓励文艺家的创作倾向和艺术成就。通过文艺审美创作出的文艺作品,存在审美品质的高低上下之分。通过负责任的文艺评论,可以对文艺作品进行多方面、多角度、形式多样的褒奖评价,推动先进文化发展繁荣;批评低俗平庸、腐朽落后的文艺倾向,批判反动的敌对的文艺观念和文艺倾向。真正把社会主义核心价值观融盐入水,烹饪成美味佳肴,让广大人民群众在文学艺术的审美欣赏中,润物细无声地接收并传扬新时代中国特色社会主义共同认知的价值理念。

在科技日趋发达,人工智能日渐普遍的现代化社会,只有文学艺术实践才是对抗、消融、转化功利主义效率最大化的钢铁世界的不二法门。文艺审美的终极目标,是让人心温婉,人生温暖,人性温和。只有保存一颗柔韧细腻灵敏慈悲的心,才会发现早晨的露珠,黄昏的阵雨,人生没有流出的泪水,以及正在悄悄消逝的乐句。只有恪守文学艺术的审美品质,才能艺术地创造属于新时代的伟大文艺,才能实现后现代社会融汇古今,融通中外,人文与科技阴阳和合,共生共荣。

文化是国家治理的价值支撑①

　　文明是社会治理的最高境界，文化是国家治理的价值支撑。发展社会主义先进文化、广泛凝聚人民精神力量，是新时代中国实现国家治理体系和治理能力现代化的深厚价值支撑。

　　文化与文明，是描述人类社会发展进步的两个相互关联的概念。文化，即人文化成，侧重于表达人的社会化过程，其基本路径是人以化文，文以化人，把一个自然动物的人教化成为一个社会文明的人，其根本属性是价值观。文明侧重于表达人的社会化程度状态，是文化教养推动社会不断进步的一种阶段性结果。孔颖达注疏《尚书·舜典》说："经天纬地曰文，照临四方曰明。"用一个更通俗的譬如，在人类进化史上，如果说从不穿衣服到穿衣服叫文明，那么穿各式各样五彩缤纷的衣服就叫文化。

　　价值观属于一种功能性存在，人们日用而不觉。但是，只要有选择，就会有取舍，有判断，从而见价值，分是非。推进国家治理体系和治理能力现代化，是为了坚持和完善中国特色社会主义制度。党的十八大以来，中国选择不走封闭僵化的老路，不走改旗易帜的邪路，坚持走中国特色社会主义道路，是为"不老不邪，独行正道"。中国特色社会主义道路被称为光明正道，中国特色社会主义制度成为国家治理体系和治理能力现代化的科学制度体系，"是以马克思主义为指导、植根中国大地、具有深厚中华

---

① 本文首发《解放日报》（沪），2020 年 2 月 11 日，题名《构建两大共同体，推进治理现代化》。

文化根基、深得人民拥护的制度和治理体系,是具有强大生命力和巨大优越性的制度和治理体系,是能够持续推动拥有近十四亿人口大国进步和发展、确保拥有五千年文明史的中华民族实现'两个一百年'奋斗目标进而实现伟大复兴的制度和治理体系"①。这个制度体系的选择、坚持、完善、发展,是近代以来无数先进的中国人经过神农尝百草般的艰辛探索,在先后尝试过君主立宪制、议会制、多党制、总统制等几乎所有政治制度失败后,作出的政治选择,具有深厚的历史逻辑、现实逻辑和文化逻辑。

文化关乎社会价值,决定道路选择方向。从红色革命文化到社会主义先进文化,其内在价值观指向中国特色社会主义制度建立和制度体系发展完善的历史轨迹。红色文化,是中国共产党领导中国人民进行艰苦卓绝的革命斗争,建立完全独立主权国家的革命文化。"起来! 不愿做奴隶的人们! 把我们的血肉筑成我们新的长城。中华民族到了最危险的时候,每个人被迫着发出最后的吼声。"诞生在抗日烽火中的《义勇军进行曲》,后来被确定为新中国国歌,唱出了红色文化的精神气概。为人民谋幸福,为民族谋复兴,融个体入集体,化小我为大我,社会主义先进文化传承发展了红色革命文化基因。以马克思主义为指导,以社会主义核心价值观为引领,以最广大人民群众利益为根本,维护好发展好实现好中华民族的根本利益、长远利益和整体利益,成为社会主义先进文化的基本价值遵循。价值观是个人行为的定向标,是社会制度的导航仪,是国家治理的润滑剂。有什么样的价值观,就有什么样的社会制度。共产党团结带领全国人民在社会主义革命、建设、改革开放、全面建成小康社会和社会主义现代化强国,进而实现中华民族伟大复兴中国梦的历史进程中,所凝练

---

① 《中共中央关于坚持和完善中国特色社会主义制度、推进国家治理体系和治理能力现代化若干重大问题的决定》,《人民日报》(京),2019 年 11 月 6 日。

所遵循的思想理论、价值观念、行为方式等一套符号体系,其核心是人民幸福,民族复兴,人类大同。正是在价值观的意义上说,思想文化是一个国家、一个民族的灵魂。发展社会主义先进文化,是实现国家治理体系和治理能力现代化的深厚支撑。

文化关乎生活品质,决定社会治理模式。从改革开放新时期,到中国特色社会主义现代化建设新时代,社会主要矛盾由"人民日益增长的物质文化需要同落后的社会生产之间的矛盾",转化为"人民日益增长的美好生活需要和不平衡不充分的发展之间的矛盾"①。在上海和长三角等一部分先富起来的地区,人们普遍从小康社会迈入殷实人家,所追求的美好生活目标越来越注重文化,最孜孜以求的是生活品质,最嘤嘤以期的是体面尊严。社会主要矛盾发生变化,不仅需要及时调整社会发展理念,从一切以经济建设为中心,转变为以经济、政治、文化、社会、生态五位一体新发展理念,建设富强民主文明和谐美丽的社会主义现代化强国;而且需要及时转换社会治理模式,坚持和完善中国特色社会主义根本制度、基本制度、重要制度,把我国制度优势更好地转化为国家治理效能,实现国家长治久安,人民生活安居乐业。"上医以德治国,中医以礼齐人,下医以刑治病。"②坚持和完善中国特色社会主义制度、推进国家治理体系和治理能力现代化的总体目标,到建党一百周年时各方面制度更加成熟更加定型,到 2035 年基本实现国家治理体系和治理能力现代化,到建国一百周年时全面实现国家治理体系和治理能力现代化,就是为了实现社会治理模式的制度化、规范化、科学化、人性化,用制度保障人民当家作主,保障人的健康全面发展。

文化关乎生命质量,决定国家软实力水平。从站起来、富起来,到强

---

① 习近平:《决胜全面建成小康社会,夺取新时代中国特色社会主义伟大胜利》(2017 年 10 月),第 11 页,北京:人民出版社,2017 年 10 月版。

② 孙思邈语,转引自刘力宏《思考中医》序言,桂林:广西师范大学出版社,2006 年 6 月版。

起来,中国不走国强必霸的老路,也不是把自己养成一个大胖子,而是在科学技术与社会人文领域确立中国人的话语权,不忘本来、吸收外来、面向未来,"坚持创造性转化、创新性发展,激发全民族文化创造活力,更好构筑中国精神、中国价值、中国力量"①。强起来,是硬实力的威武强大,更是软实力的温和强盛。只有文化繁荣昌盛,才有中华民族伟大复兴。坚定中国特色社会主义道路自信、理论自信、制度自信,"说到底是要坚定文化自信。文化自信是更基本、更深沉、更持久的力量"②,"文化自信,是更基础、更广泛、更深厚的自信"③。文化的硬核是价值,文化的依托是人生,文化的载体是生活方式和生产方式。文化载体没有高低优劣之分,文化价值观有文明程度之别。茶叶、咖啡、纯净水,各有所好,言人人殊。费孝通先生倡导"我们不妨各美其美,还可以美人之美"④,以此为基础,进而可以美美与共,天下大同。人生起点不可选择,人生终点可以选择,那就是生命不同的长度、宽度和深度。不同的文化,影响并决定着不同的生活生产方式和生命质量。联合国开发计划署把人均寿命作为衡量世界不同国家人类发展指数的最高标准,关注的焦点是人的生命质量。所以,富起来、强起来的中国人,更高的目标是贵起来。中华民族伟大复兴的重要标志,是创造出让每个生命都拥有体面和尊严的社会制度与幸福生活。

"周虽旧邦,其命维新。"⑤在中华民族五千年发展史上,几个大的历史朝代汉唐宋元明清分别存世 426 年、289 年、319 年、162 年、276 年、295 年,唯独周绵延 790 年。分析其原因,在于周初逐渐建立健全中央制度、

---

① 《中共中央关于坚持和完善中国特色社会主义制度、推进国家治理体系和治理能力现代化若干重大问题的决定》,《人民日报》(京),2019 年 11 月 6 日。

② 习近平:《在哲学社会科学工作座谈会上的讲话》(2016 年 5 月),第 17 页,北京:人民出版社,2016 年 5 月版。

③ 习近平:《在庆祝中国共产党成立九十五周年大会上的讲话》,《人民日报》(京),2016 年 7 月 2 日。

④ 费孝通:《人的研究在中国——个人的经历》,《读书》(京),1990 年第 10 期。

⑤ 《诗经·大雅·文王》。

封建制度、宗法制度、井田制度、礼乐制度等一系列国家制度体系。这些制度既是国家组织和社会治理规范，又是文化骨骼与肌理，特别是礼乐制度本身就是一种文化价值观，为国家治理体系和治理能力建设提供了基本价值遵循。近代以来久经磨难的中华民族，经过浴血奋斗，苦难辉煌，走进中国特色社会主义新时代，正日益走近世界舞台的中央，日益接近实现中华民族伟大复兴的光明前景。在新时期转入新时代的历史拐点，我们加强国家治理体系和治理能力现代化建设，更加需要文化，更加期待文化提供价值支撑，也一定能够创造出更加璀璨的中华文化新篇章。

第三节　文化认同与身份自觉

身份与身份自觉

用百年党史教育全体党员,明理增信,崇德力行,踏上新征程,迎接新挑战,做到初心不改,使命不懈,永葆共产党人的政治本色。这是把"不忘初心、牢记使命"作为加强党的建设的永恒主题和全体党员、干部的终身课题,形成长效机制,坚持不懈锻炼党员、干部忠诚干净担当的政治品格的具体举措。

从一次主题教育活动,到一项党建制度设计,"不忘初心、牢记使命"是为了确保全体党员自觉遵守党章,恪守党的性质和宗旨,坚持用共产主义远大理想和中国特色社会主义共同理想凝聚全党、团结人民,确保党始终走在时代前列、得到人民衷心拥护。对于每个共产党员来说,就是要不断纯洁党性,化党性为德行,化私心为公心,化小我为大我,把自己锤炼成一个真正的共产党人。

一、化党性为德行

"共产党员"与"共产党人",两个概念相互关联,一字之差,却有党性高低之别。共产党员,是一种政治身份,是指按照《中国共产党章程》规定的入党条件和程序被批准加入中国共产党的工人、农民、军人、知识分子和其他社会阶层的先进分子。共产党人,是共产党员的同位语,是共产党员中的优秀分子,特指党性先进与纯洁、人格高尚与纯粹、群众信任与拥戴的杰出共产党员。共产党员是共产党组织的一分子,共产党人是将党性融入人格精神,化党性为德行,化党性为自觉行动的人生典范。

据中央组织部统计,截至 2020 年 7 月 1 日,中国共产党党员总数为 9 100 万,超过德国人口数。共产党人都是共产党员,共产党员未必都称得上是共产党人。2016 年 7 月 1 日,习近平总书记在庆祝中国共产党成立 95 周年大会上讲话,回顾总结共产党走过的艰难奋斗历程,面向未来,面对挑战,首次提出"全党同志一定要不忘初心、继续前进"。2017 年 10 月 18 日,习近平总书记在党的十九大报告中,进一步阐释"中国共产党人的初心和使命,就是为中国人民谋幸福,为中华民族谋复兴"。一个动词"就是",表明这是一个绝对判断句,为人民谋幸福、为民族谋复兴,是共产党人初心和使命的唯一选项,别无其他选择。在党的全国代表大会上,总书记一针见血地明确指出党自身存在的严重问题。"全党要清醒认识到,我们党面临的执政环境是复杂的,影响党的先进性、弱化党的纯洁性的因素也是复杂的,党内存在的思想不纯、组织不纯、作风不纯等突出问题尚未得到根本解决。要深刻认识党面临的执政考验、改革开放考验、市场经济考验、外部环境考验的长期性和复杂性,深刻认识到党面临的精神懈怠危险、能力不足危险、脱离群众危险、消极腐败危险的尖锐性和严峻性,坚持问题导向,保持战略定力,推动全面从严治党向纵深发展。"①为此,部署在全党开展"不忘初心、牢记使命"主题教育活动,用党的创新理论武装头脑,推动全党更加自觉地为实现新时代党的历史使命不懈奋斗。

2017 年 10 月 31 日,在党的十九大闭幕一周之际,习近平总书记带领中共中央政治局常委专程赶赴上海中共一大会址,重温入党誓词,瞻仰早期共产党人的足迹,探寻中国共产党人的初心与使命之所在。"我们党从这里诞生,从这里出征,从这里走向全国执政。这里是我们党的根脉。"②

---

① 习近平:《决胜全面建成小康社会,夺取新时代中国特色社会主义伟大胜利》,《人民日报》(京),2017 年 10 月 28 日。

② 习近平:《走得再远都不能忘记来时的路》,《习近平谈治国理政》,第 3 卷第 498 页,北京:外文出版社,2020 年 6 月版。

二、化私心为公心

中国共产党人的初心和使命，珍藏在上海中共一大会址纪念馆。

1921 年 7 月 23 日，中共一大召开时，与会代表 15 人，其中国内代表 13 人，代表全国党员 58 人，另有共产国际特派员 2 人。最初全国 58 位共产党员，他们是哪些人？为什么发起成立中国共产党？

58 位中共党员，按学历统计：留学生 18 人，大学生 25 人，中学生 13 人，共计 56 人；按职业统计：教师 19 人，学生 24 人，新闻工作和职员 10 人，产业工人 4 人，共计 57 人。学历可以看出家庭出身，职业可以看出个人经济状况，这些早期中共党员都是温饱中产以上家庭子弟，个人生活都可以温饱无忧。他们发起成立这个政党组织的初心，不是为了个人穿衣吃饭，而是为了挽救民族危亡，实现中华民族伟大复兴。一大会址不是宾馆酒店，更不是专门的大会堂，而是私人住宅。他们绝无假公济私之念，只有假私济公之举。这是中国共产党人的"初心"与"使命"，也是中国共产党的党性原则之所在。不懂得这个初心和使命，为了便于求职找工作，为了便于升职晋级而加入共产党，那是低估了自己，更低估了共产党。

中国共产党成立之初，是共产国际的一个支部，其名称、章程、组织等，基本上都是按照上级党组织规定而来的。在社会属性上，中国共产党属于现代社会政党，以政治信仰为宗旨和纽带，不同于先秦的乡党，唐宋的朋党，也不同于孙中山发起成立的兴中会、同盟会等带有帮会性质的社会组织；更不同于西方资本主义国家的议会政党（the Party）所代表的是社会一小部分人（the party）利益，而是代表中华民族的根本利益和中国人民的全体利益与长远利益。这是由中国近代社会现实与历史文化传统形成的一种客观历史必然。在内忧外患、风雨飘摇的国家命运危亡之际，中国新式知识分子作为中国工人阶级的特殊组成部分，接受马克思主义思想理论，"铁肩担道义，妙手著文章"，他们站到时代的最前沿，承担起为民族思考出路,为国家挽救危亡,为人民谋求幸福的社会责任和历史使命。这些新式知识分子,他们走与工农大众相结合的道路,读有字的书,更读无字的书,为中华崛起而学思问道,东奔西走,上下求索,成立中国共产党,谋求民族振兴,国家富强,人民幸福。

不忘初心,方得始终。中共一大代表 13 人中,后来脱离革命的有 3 人,叛变革命的有 3 人,为革命事业牺牲的有 5 人,从石库门出发,最后登上天安门,参加开国大典的只有 2 人:毛泽东、董必武。

2020 年 1 月 8 日,习近平总书记在"不忘初心、牢记使命"主题教育总结会上讲话指出:"一个人也好,一个政党也好,最难得的就是历经沧桑而初心不改、饱经风霜而本色依旧。党的初心和使命是党的性质宗旨、理想信念、奋斗目标的集中体现,激励着我们党永远坚守,砥砺着我们党坚毅前行。从石库门到天安门,从兴业路到复兴路,我们党近百年来所付出的一切努力、进行的一切斗争、作出的一切牺牲,都是为了人民幸福和民族复兴。正是由于始终坚守这个初心和使命,我们党才能在极端困境中发展壮大,才能在濒临绝境中突出重围,才能在困顿逆境中毅然奋起。忘记初心和使命,我们党就会改变性质、改变颜色,就会失去人民、失去未来。"[①]

三、化小我为大我

为中国人民谋幸福,为中华民族谋复兴,这是共产党人初心和使命的上线标准。对于基层普通党员来说,更重要的是恪守初心和使命的底线标准。因为从形式逻辑上说,"人民"作为复合概念,不等于某一个生命个体。生活中曾经出现过,"我为人民服务,不为你服务"的逻辑悖论。所

---

① 习近平:《在"不忘初心、牢记使命"主题教育总结大会上的讲话》,《十九大以来重要文献选编》,中卷第 376—377 页,北京:中央文献出版社,2021 年 10 月版。

以，我们在贯彻落实共产党人的初心与使命制度建设过程中，要把顶层设计与底线思维辩证统一。

共产党人的初心和使命，其底线标准不是为一己私利，而是要维护好、发展好一个时代社会的根本利益、长远利益和整体利益。在和平建设年代，共产党人的初心和使命，就表现在日常生活中的集体利益面前，平时看得出，关键时候站得出，危难时刻豁得出。如何对待日常生活中的一张纸、一盏白天亮着的路灯、一份自助餐里的剩饭剩菜，足以见出一个共产党员的道德品质。节假日期间，单位里有预料中的工作需要有人留守，能否主动站出来承担责任，足以见出一个共产党员的担当精神。遇到不期而遇的突发事件，个人利益与集体利益、局部利益与整体利益发生矛盾冲突时刻，能否奋不顾身，舍小我为大我，足以见出一个共产党员的党性原则。

细微之处见品格，关键时候见格局，危难时刻见精神。共产党人的党性不在于说得好听，而在于做得漂亮。共产党人是对党性高度自觉者，奉行知行合一、言行一致的道德准则，拒绝阳奉阴违，拒绝做"两面人"。

苏联国歌作者谢尔盖·弗拉基米维奇·哈尔科夫分析苏联解体原因时认为，苏联虽有数以千万计的共产党员，却没有共产党人，尤其是没有共产党人领袖，最终让戈尔巴乔夫和叶利钦这类"共产党员领导人"在中枢机关占据了绝对优势。他所说的"共产党员"，是指加入共产党组织，有党证的那些人；"共产党人"则是指信仰共产主义必然胜利并且为这一信仰流血牺牲的人。

1940年1月，毛泽东在延安参加陕甘宁边区文化协会第一次代表大会所作演讲《新民主主义论》中，语重心长地说："我们民族的灾难深重极了，惟有科学的态度和负责的精神，能够引导我们民族到解放之路。真理只有一个，而究竟谁发现了真理，不依靠主观的夸张，而依靠客观的实践。

只有千百万人民的革命实践,才是检验真理的尺度。"①

在为了实现让中国人民站起来、富起来到强起来、贵起来的历史进程中,时代社会是出卷人,共产党人是答卷人,人民群众是阅卷人。改革开放发展社会主义市场经济,邓小平晚年反复强调,办好中国的事情关键在党,党要管党。在建设中国特色社会主义现代化事业中,江泽民、胡锦涛始终坚持党的领导,加强党的自身建设。2012年11月,党的十八大习近平当选为党的总书记,明确提出"打铁还需自身硬","打铁必须自身硬",坚定不移推进全面从严治党。2016年10月,习近平总书记在中共十八届六中全会上讲话,指出在新的历史条件下,我们要更好进行具有许多新的历史特点的伟大斗争、推进中国特色社会主义伟大事业,就必须以更大力度推进党的建设新的伟大工程。全会讨论通过的《关于新形势下党内政治生活的若干准则》,要求"领导干部特别是高级干部要以实际行动让党员和群众感受到理想信念的强大力量"②。真理的力量,只有转化为人格的力量,才能焕发出凝聚人心的力量。

人心就是江山,人心向背就是最大的政治。共产党员只有不断加强自身党性修养,把自己锻炼成优秀的共产党人,以适应新时代,担当新使命,这应该是"不忘初心、牢记使命"制度建设的目标所在。

① 毛泽东:《新民主主义论》,《毛泽东选集》,第2卷第663页,北京:人民出版社,1991年6月第2版。
② 《关于新形势下党内政治生活的若干准则》,《十八大以来廉政新规定》,第107页,北京:人民出版社,2019年1月版。

文化自信与政治能力①

  政治能力是领导干部综合能力的核心要素,是各种能力的第一能力。新时代加强党的政治建设,具体落实在加强领导干部队伍政治建设,切实提高领导干部的政治能力,把讲政治的外在要求深化为内在主动和自觉。这是建党百年共产党人在领导中国人民实现伟大社会革命同时不断实现伟大自我革命的历史逻辑使然,是中国共产党作为马克思主义政党的指导思想和宗旨使命的理论逻辑使然,更是全面建成小康社会的第一个百年奋斗目标完成后,开启全面建设社会主义现代化国家的第二个百年奋斗目标新征程的实践逻辑使然。从党的创新理论学习贯彻中明辨是非曲折,把握方向、大势和全局,从百年党史学习教育中明理增信,崇德力行,从改革开放、创新发展实践中磨练政治才干,是新时代提高领导干部政治能力的有效路径。

从党的创新理论学习贯彻中明辨政治方向

  在现代汉语语境下,政治是国家社会公共事务治理之道,政治能力是领导干部参与国家社会公共事务治理的水平和绩效,具体表现为政治判断力、政治领悟力和政治执行力。新时代领导干部的政治能力,就是如何统筹中华民族伟大复兴的战略全局和世界百年未有之大变局,深刻认识我国社会主要矛盾变化带来的新特点新要求,深刻认识错综复杂的国际环境带来的新矛盾新挑战,增强机遇意识和风险意识,立足社会主义初级

① 本文首发《国家治理周刊》(京),2021 年第 14 期,题为《专家研讨:基层领导干部如何有效提高"政治三力"》。

阶段基本国情,保持战略定力,出色地做好自己的工作,开启社会主义现代化国家建设新征程的水平。

　　这是中国共产党作为马克思主义政党的思想理论要求。不同于乡党、朋党、会党,中国共产党是现代社会政党,是中国工人阶级先锋队组织,同时是中国人民和中华民族先锋队,以救亡图存、反帝反封建,实现人民解放,国家富强,民族复兴为使命。"道洽政治,泽润生民。"①使命在肩,政治为要。新时代以来,中共中央高度重视党的政治建设,旗帜鲜明讲政治。2013 年 1 月 22 日,十八大闭幕两个多月,习近平总书记在十八届中央纪委二次全会上讲话中就指出,"严明党的纪律,首要的就是严明政治纪律"。政治纪律是最重要、最根本、最关键的纪律。"遵守党的政治纪律,最核心的,就是坚持党的领导,坚持党的基本理论、基本路线、基本纲领、基本经验、基本要求,同党中央保持高度一致,自觉维护中央权威。"②此后,习近平总书记在多种场合多次强调严肃党内政治生活,要在政治上把全面从严治党抓紧抓好。2016 年 1 月 29 日,中央政治局会议上提出增强政治意识、大局意识、核心意识、看齐意识。2017 年 2 月 13 日,在省部级主要领导干部学习贯彻十八届六中全会精神专题研讨班上,习近平总书记讲话中强调,我们党作为马克思主义政党,必须旗帜鲜明讲政治,敢于直面问题,勇于自我革命。"党的高级干部要注重提高政治能力,牢固树立政治理想,正确把握政治方向,坚定站稳政治立场,严格遵守政治纪律,加强政治历练,积累政治经验,自觉把讲政治贯穿于党性锻炼全过程,使自己的政治能力与担任的领导职责相匹配。"③领导干部必须具

---

① 《尚书·毕命》。

② 习近平:《严明政治纪律,自觉维护党的团结统一》,《十八大以来重要文献选编》,上卷第 131 页、132 页,北京:中央文献出版社,2014 年 9 月版。

③ 《习近平在省部级主要领导干部学习贯彻十八届六中全会精神专题研讨班开班式上发表重要讲话强调:以解决突出问题为突破口和主抓手推动党的十八届六中全会精神落到实处》,《人民日报》(京),2017 年 2 月 14 日。

备与其岗位职责相匹配的政治能力。

2017 年 10 月 18 日,党的十九大报告明确提出把党的政治建设摆在首位。"旗帜鲜明讲政治是我们党作为马克思主义政党的根本要求。党的政治建设是党的根本建设,决定党的建设方向和效果。保证全党服从中央,坚持党中央权威和集中统一领导,是党的政治建设的首要任务。"①党的政治建设通过不断提高领导干部的政治能力,体现为治国理政水平与成效。为了深化对党的政治建设的认识,增强推进党的政治建设的自觉性和坚定性,2018 年 6 月 29 日,十九届中央政治局第六次集体学习内容安排为加强党的政治建设。习近平总书记讲话中强调:"党的政治建设落实到干部队伍建设上,就要不断提高各级领导干部特别是高级领导干部把握方向、把握大势、把握全局的能力,辨别政治是非、保持政治定力、驾驭政治局面、防范政治风险的能力。"②领导干部政治能力的实质,是要善于从政治上认识问题、分析问题、解决问题,切实担负起党和人民赋予的政治责任。2019 年 1 月 31 日,中共中央颁发《关于加强党的政治建设的意见》,"目的是坚定政治信仰,强化政治领导,提高政治能力,净化政治生态,实现全党团结统一、行动一致"③。意见要求党员干部,特别是领导干部要加强政治能力训练和政治实践历练,不断提高自己把握政治方向的能力、把握社会政治脉搏的能力、有效处置各种政治风险的能力。

2020 年 12 月 24 日召开的中央政治局民主生活会上,习近平指出,党领导人民治国理政,最重要的就是坚持正确政治方向,始终保持我们党的政治本色,始终沿着中国特色社会主义道路前进。领导干部要善于从政

---

① 习近平:《决胜全面建成小康社会,夺取新时代中国特色社会主义伟大胜利》,《习近平谈治国理政》,第 3 卷第 48—49 页,北京:外文出版社,2020 年 6 月版。

② 习近平:《增强推进党的政治建设的自觉性和坚定性》,《习近平谈治国理政》,第 3 卷第 97 页,北京:外文出版社,2020 年 6 月版。

③ 《中共中央关于加强党的政治建设的意见》,《十九大以来重要文献选编》,上卷第 795 页,北京:中央文献出版社,2019 年 9 月版。

治上观察和处理问题,把讲政治的纪律要求内化为一种自觉意识和政治能力。要增强政治判断力,以国家政治安全为大、以人民为重、以坚持和发展中国特色社会主义为本,增强科学把握形势变化、精准识别现象本质、清醒明辨行为是非、有效抵御风险挑战的能力。要不断提高政治领悟力,对党中央精神深入学习、融会贯通,对"国之大者"了然于胸,明确自己的职责定位,始终同党中央保持高度一致。还要不断提高政治执行力,领导干部特别是高级干部要经常同党中央精神对表对标,切实做到党中央提倡的坚决响应,党中央决定的坚决执行,党中央禁止的坚决不做,坚决维护党中央权威和集中统一领导,做到不掉队、不走偏,不折不扣抓好党中央精神贯彻落实。

2021 年以来,习近平总书记先后在 1 月 11 日省部级主要领导干部学习贯彻党的十九届五中全会精神专题研讨班上,在 1 月 22 日召开的十九届中央纪委五次全会上,在 1 月 28 日中央政治局第 27 次集体学习会上,在 2 月 20 日党史学习教育动员大会上,高频次反复强调,越是形势复杂、任务艰巨,越要坚持党的全面领导和党中央集中统一领导,越要把党中央关于贯彻新发展理念的要求落实到工作中去。只有站在政治的高度,对党中央的大政方针和决策部署才能领会更透彻,工作起来才能更有预见性和主动性。各级领导干部特别是高级干部要不断提高政治判断力、政治领悟力、政治执行力,自觉在思想上政治上行动上同党中央保持高度一致,确保全党上下拧成一股绳,心往一处想、劲往一处使。

旗帜鲜明讲政治,是新时代以来以习近平同志为核心的党中央治国理政的基本政治态度和坚定政治方向,是新时代中国特色社会主义思想的一条主线,也是贯穿于习近平总书记系列重要讲话的一条红线。认真学习领会新时代党的创新理论,是不断提高领导干部政治能力的思想武装路径。

从党史学习教育中提高领导干部政治自觉

百年中共党史，就是共产党人坚持正确政治路线，增强政治自觉意识，不断提高政治能力，领导中国人民反抗侵略和压迫，实现从站起来、富起来到强起来的伟大历史进程。

1935年10月，中共中央率领中央红军长征胜利到达陕北，实现战略转移，北上抗日。12月17日，中央政治局扩大会议在瓦窑堡召开。根据"华北事变"后国内外军事政治形势变化，会议做出关于中国社会主要矛盾转化为中华民族与日本帝国主义的斗争，由国内革命战争转变为民族革命战争的重大政治决定。为了适应这个变化，中共中央决定建立抗日民族统一战线的新策略，并相应调整各项具体政策。十年国内战争，共产党反抗国民党军事"围剿"和文化"围剿"，前仆后继，血海深仇。1936年12月12日，"西安事变"发生，张学良、杨虎城第一时间邀请共产党参与处理善后。过去十年蒋介石悬赏中共领导人头颅，甚至铲平很多共产党人家的祖坟，"围剿"红军，杀人无数。如今这个最大的政治对手竟然在一夜之间由"会剿"红军总司令变成阶下囚。这个从天而降的特大喜讯，给中共领导人出了一道棘手的难题。

西安事变发生，激起国内外舆论沸腾，国民党内部不同派别之间矛盾凸显。12月13日，中共中央在保安县（今志丹县）召开政治局扩大会议，肯定西安事变是革命性的，是为了抗日反卖国贼的。如何处置被扣押的蒋介石？共产党从建立抗日民族统一战线大局出发，置国民党十年"剿共"屠杀无数共产党人生命于不计，积极推动西安事变和平解决，实现了从"反蒋抗日"到"逼蒋抗日"，再到"联蒋抗日"的政策转变，表现出中国共产党人以中华民族利益为重，协调各方，统筹兼顾，逐渐走上中国抗日战争政治舞台中央，表现出卓越的政治远见、政治智慧和政治能力，并越来越多地发挥着对国内政治局势发展的积极主导作用。

每当重大历史转折关头，最需要共产党人的政治智慧，最考验共产党人的政治能力。如果说建立抗日民族统一战线是党在新民主主义革命时期的一次重大政治战略转折决策，那么，改革开放新时期就是党在社会主义建设时期的一次重大政治战略转折决策。经过近三十年发展探索，党在领导人民进行社会主义革命和建设过程中，积累了丰富的经验，也遇到了严重的挫折，留下深刻的教训。

1978 年 12 月 18 日，中共十一届三中全会决定停止使用"以阶级斗争为纲"的口号，作出把全党工作重点转移到经济建设上来的重大战略决策。随后，邓小平同志多次阐述关于我国社会主要矛盾和党的中心任务转变的问题。1981 年 6 月 27 日，中共十一届六中全会正式提出，"在社会主义改造基本完成以后，我国所要解决的主要矛盾，是人民日益增长的物质文化需要同落后的社会生产之间的矛盾"[①]，从而使党的路线方针政策回归到八大正确路线上来，开启了改革开放新时期，在新的历史条件下对建设有中国特色的社会主义道路的伟大实践和勇敢探索。

经过四十年改革开放，经济发展，社会变革，党领导人民取得了举世瞩目的建设成就。2017 年 10 月 25 日，中共十九大作出新判断，经过长期努力，我国社会主要矛盾已经转化为人民日益增长的美好生活需要和不平衡不充分的发展之间的矛盾，中国特色社会主义进入新时代，这是我国发展新的历史方位。从改革开放"新时期"，到中国特色社会主义现代化建设"新时代"，我国社会主要矛盾的变化，没有改变我国社会主义初级阶段的基本国情和世界最大发展中国家的国际地位。所以，十九大报告强调指出，新时代是承前启后、继往开来、在新的历史条件下继续夺取中国特色社会主义伟大胜利的时代，是决胜全面建成小康社会、进而全面建设

---

① 中共中央文献研究室：《关于建国以来党的若干历史问题的决议注释本》（修订），第 63 页，北京：人民出版社，1985 年 9 月版。

社会主义现代化强国的时代,是全国各族人民团结奋斗、不断创造美好生活、逐步实现全体人民共同富裕的时代,是全体中华儿女戮力同心、奋力实现中华民族伟大复兴中国梦的时代,是我国日益走近世界舞台中央、不断为人类作出更大贡献的时代。①

新时代党对我国社会基本判断一个"变化"两个"没有变",需要全体党员干部,尤其是领导干部时刻保持清醒的头脑,在重大政治问题上与党中央保持高度一致,不走僵化守旧的老路,也不走改旗易帜的邪路,坚持走中国特色社会主义道路,即"不老不邪,笃行正道",在实际工作岗位上警惕"左"与右的两种错误倾向。这就需要领导干部不断提高自己的政治智慧、政治水平、政治能力。

习近平总书记高度重视党史学习教育。在党史学习教育动员会上讲话指出,我们党一步步走来,很重要的一条就是不断总结经验、提高本领,不断提高应对风险、迎接挑战、化险为夷的能力水平。这就是在开展党史学习教育中汲取政治智慧,增长治国理政才干,提高政治能力。因为党的经验不是从天上掉下来的,也不是从书本上抄来的,而是一代代共产党人在历经艰辛、饱经风雨的长期摸索中积累下来的,是饱含着成败和得失,凝结着鲜血和汗水,充满着智慧和勇毅。百年中共党史是带着几代人体温的历史,是继续延展、不断前进发展着的历史。历史是最好的教科书。领导干部通过学习党史、新中国史、改革开放史、社会主义发展史,认识和把握革命、建设、改革开放各个历史时期创造的丰富经验,可以获得思想的启迪、知识的武装,提高政治站位,增加工作本领,站在历史的深厚基础上更加坚定走向未来。所以,"学习党史、国史,是我们坚持和发展中国特色社会主义、把党和国家各项事业继续推向前进的必修课。这门功课不

---

① 习近平:《决胜全面建成小康社会,夺取新时代中国特色社会主义伟大胜利》,《人民日报》(京),2017年10月28日。

仅必修,而且必须修好"。① 对于共产党人来说,中共党史和中国革命历史是最好的营养剂。多重温党领导人民进行革命、建设和改革开放的伟大历史,心中就会增添很多正能量,工作中就会提高政治判断力、政治领悟力和政治执行力。

从改革开放创新发展实践中增长领导干部政治才干

政治能力是一种政治实践才干,通过政治参与程度和工作业绩体现出来的,不是抽象的观念的。新时代各级领导干部特别是高级领导干部必须在改革开放创新发展实践中,不断增强意志力、坚忍力、自制力,不断提高政治判断力、政治领悟力、政治执行力,在新时代全面建设社会主义现代化国家新征程中奋勇争先、建功立业,努力创造无愧于党、无愧于人民、无愧于时代的工作业绩。

现实生活中的政治主要表现为有目的的行动及其结果。1937 年初,在抗日民族统一战线政策环境下,毛泽东在延安抗大的一次非正式场合中说,"所谓政治,就是把拥护我们的人搞得多多的,把反对我们的人搞得少少的"②。通俗易懂,一针见血。衡量一个领导干部政治能力的标准,看其能否用党的政策主张团结带领大多数,协调引领大多数,服务取信大多数。

1948 年底,戏剧家曹禺暂住上海,接到共产党组织通知,他被推选为中华全国民主青年联合会代表之一,应邀去北平参加中国人民政治协商会议,共商新中国筹建之国是。曹禺谦虚地辞谢说:"我不懂政治。"负责

---

① 习近平:《学习党史、国史是坚持和发展中国特色社会主义的必修课》,《论中国共产党历史》,第 15—16 页,北京:中央文献出版社,2021 年 2 月版。

② 转引自习近平:《把人民政协制度坚持好,把人民政协事业发展好》,《习近平谈治国理政》,第 3 卷第 296 页,北京:外文出版社,2020 年 6 月版。

联络的金山风趣地回应:"你去,就是政治。"①很多时候,政治就是一种行动,是通过言论行为表达一种对于公共事务的立场和态度。所以,政治的基本要求就是理解了要执行,不理解也要执行,在执行中加深理解。尤其是在重大历史转折时期,在有关大是大非面前,更应该明确提高领导干部政治能力的最好场域,就是在实际工作中去磨炼自己,越是艰难之处越是能够增长政治才干。天降大任,任重道远,大概率事件是要经历苦其心志、劳其筋骨、饿其体肤等等磨难。

新时代以来,特别是一场不期而遇的新冠疫情肆虐全球,更加重并激化了世界经济政治矛盾冲突。习近平总书记殷切叮嘱党的领导干部,特别是高级领导干部,要切实提高政治能力,正确认识党和人民事业所处的崭新历史方位和发展阶段,是我们党明确阶段性中心任务、制定路线方针政策的根本依据,也是我们党领导革命、建设、改革不断取得胜利的重要经验。强调领导干部的政治判断力和政治领悟力,恰恰是注重提高领导干部的政治自觉意识,不是简单附和或表态,做一天和尚撞一天钟,做政治的"复印机"或"传声筒"。党的十九届五中全会提出关于未来五年和十五年远景目标建议,刚刚闭幕的全国"两会"正式批准通过了国民经济和社会发展第十四个五年规划和2035年远景目标规划方案。建议和方案明确,全面建成小康社会、实现第一个百年奋斗目标之后,我们要乘势而上开启全面建设社会主义现代化国家新征程、向第二个百年奋斗目标进军。中共百年再出发,2021年春天标志着我国已经进入一个新的发展阶段。作出这样的战略判断,有着深刻的历史依据和现实依据。新发展阶段是社会主义初级阶段中的一个阶段,同时是其中经过几十年积累、站到了新的起点上的一个阶段。

新发展阶段是共产党带领人民经过百年奋斗,前赴后继,迎来从站起

---

① 参见胡叔和:《曹禺评传》,第276页,北京:中国戏剧出版社,1994年12月版。

来、富起来到强起来历史性跨越的新阶段。经过新中国成立70余年以来，特别是改革开放40多年的不懈奋斗，我们已经拥有开启新征程、实现新的更高目标的雄厚物质基础，同时我们正在全党动员、未雨绸缪、积极准备充分的精神思想文化资源，开启新征程，迎接新挑战，肩负新使命，创造新辉煌。新中国成立不久，共产党就提出建设社会主义现代化国家的目标，未来30年将是我们完成这个历史宏愿的新发展阶段。

习近平总书记多次指出，当今世界正经历百年未有之大变局，但时与势在我们一边，这是我们定力和底气所在，也是我们的决心和信心所在。如果把世界比作牌局，那么相比较而言，握有一手好牌的是中国。能否出好每一张牌，需要全党凝心聚力，齐心协力，需要各级领导干部练就在复杂多变的国际形势下驾驭顺境、扭转逆境、战胜困境的政治能力和高超艺术。因此，总书记谆谆告诫我们，必须警醒当前和今后一个时期，虽然我国发展仍然处于重要战略机遇期，但机遇和挑战都有新的发展变化，机遇和挑战之大都前所未有，总体上机遇大于挑战。全党必须继续谦虚谨慎、艰苦奋斗，调动一切可以调动的积极因素，团结一切可以团结的力量，全力办好自己的事，锲而不舍实现我们的既定目标。

走过百年历史进程，我们更加清醒地认识到，无论是革命、建设，还是改革开放、开启社会主义现代化建设新征程，共产党的正确领导是根本政治保证。习近平总书记强调，新时代要加强党对社会主义现代化建设的全面领导。贯彻落实党的十九届五中全会精神要同贯彻落实党的十九届四中全会精神紧密结合起来，不断推进国家治理体系和治理能力现代化，推动党对社会主义现代化建设的领导在职能配置上更加科学合理、在体制机制上更加完备完善、在运行管理上更加高效。政治路线确定后，干部是决定一切的因素。广大人民群众是创造历史的真正英雄，各级领导干部是担当国家现代化建设各项事业有序推进的兵之头将之尾。在斗争中学会斗争，在建设中学会建设，在创新发展中学会创新发展，在社会主现代化国家建设中不断提高政治判断力、政治领悟力、政治执行力，不断提高把握新发展阶段、贯彻新发展理念、构建新发展格局的政治能力、战略眼光、专业水平，敢于担当、善于作为，把党中央决策部署贯彻落实好，这是新时代领导干部锻炼成长的迫切现实要求和伟大历史期待。

"两种力量"支撑"两个革命"

中国共产党是马克思主义政党,属于现代社会产物,不同于中国古代的乡党、朋党,以及晚清近代社会的会党。为了实现自己的初心使命,中国共产党人百年风雨兼程,以真理的力量和人格的力量,在推动社会革命和自我革命中,探寻到中国革命的政治路线、思想路线、组织路线,开拓出中国特色社会主义现代化道路,用伟大建党精神孕育衍生出中国共产党人的精神谱系。

"人格力量"承载"真理力量"

1840年鸦片战争后,中国被动进入近现代世界格局,遭遇国家蒙辱、人民蒙难、文明蒙尘的屈辱命运。由西方国家主宰的现代世界,以民族国家为单位,以自由、平等、博爱为号召,以生存竞争、弱肉强食为本质。每一寸国土沦丧,是国家主权的残损,也是烙在国民脸上的疤痕。因此,中国沦落为半殖民地半封建社会的苦难历程,也是中国人民精神觉醒、不断反抗的斗争进程。从虎门销烟到太平天国,从戊戌变法到辛亥革命,中国近代以来无数仁人志士为了救亡图存,前赴后继,屡战屡败,屡败屡战,为后来者奉献着继续奋斗的经验教训。中国共产党人以马克思主义为指导,把中国问题放到世界环境中去审视,把中国道路融入人类命运去思考,实现了家国情怀的现代转化,担当起为中华民族谋复兴而寻找出路的历史使命。但是,马克思主义的欧洲原本,列宁主义的苏俄样本,都不能以简单照搬而切实解决中国社会的现实问题。半殖民地半封建中国社会的复杂性,带来中国革命的艰难曲折性,不断考验着中国共产党人的理想信仰和精神意志。

中共一大代表 13 人中,在此后革命过程中英勇牺牲,成为革命先烈 5 人,占总数的 39%,他们是邓恩铭、李汉俊、何叔衡、陈潭秋、王尽美;出于各种原因脱离革命,包括重新入党 3 人,占总数的 23%,他们是李达、刘仁静、包惠僧;叛变革命 3 人,占总数的 23%,他们是张国焘、陈公博、周佛海;最后见证革命成功,成为新中国缔造者只有 2 人,占总数的 15%,他们是毛泽东、董必武。

建党之初的中共早期党员 58 人中,在革命战争年代英勇牺牲,以及在工作岗位上因病殉职、停职(主要是指因精神疾病而丧失工作能力)的 21 人,占总数的 36.2%;因各种原因脱党或退党的 20 人,占总数的 34.5%,其中脱党后又恢复党籍 5 人,新中国成立后参加政府工作,担任领导干部的 12 人;被开除出党的 8 人,占总数的 13.8%,其中有些属于历史遗留问题;真正叛变革命,堕落为叛徒汉奸 4 人,仅占总数的 6.9%;见证革命成功,成为党和国家领导者 4 人,占总数的 6.9%;中途出国,加入苏联共产党又回国的 1 人,占总数的 1.7%。

从这两份统计数据中可以看出,中共党员领导或参加革命牺牲比重很高,约占总人数的 1/3 左右。足以说明中国革命成功,中国人民当家作主的新政权是靠对敌斗争,流血牺牲,是无数烈士用鲜血换来的。真正背叛革命信仰,叛变共产党,堕落为汉奸的是少数。脱党退党人数所占比例偏高,说明中国共产党领导中国革命所经历的斗争形势极其复杂、恶劣且多变。大革命失败,从 1927 年 3 月到 1928 年 6 月,被国民党和军阀杀害的共产党员和革命群众达 31 万多人。1945 年毛泽东在七大报告《论联合政府》中回顾总结大革命失败经验教训时说:"中国共产党和中国人民并没有被吓倒,被征服,被杀绝。他们从地下爬起来,擦干净身上的血迹,掩埋好同伴的尸首,他们又继续战斗了。"残酷的斗争,无数的牺牲,使中国共产党人在付出血的代价后，认识到枪杆子里面出政权的革命真理。

"自我革命"推动"社会革命"

中国共产党选择马克思主义为指导思想，其最低纲领是为了救亡图存，实现中华民族伟大复兴。在马克思列宁主义理论与中国近现代社会现实之间，存在着巨大的时间空间差距和理论实际落差。中国共产党人把思想理论转化为人生信仰，在认识世界的同时致力于改造世界，并且矢志不移，九死不悔，以目标为导向、以问题为导向、以结果为导向，实现了马克思主义中国化，发展了中国的马克思主义。中国共产党走过百年奋斗历程，"马克思主义始终是我们党和国家的指导思想，是我们认识世界、把握规律、追求真理、改造世界的强大思想武器"[①]。

青年毛泽东阅读《共产党宣言》等马克思主义著作，树立起对马克思主义的信仰。1936年在陕北保安，他对美国记者埃德加·斯诺说："我接受马克思主义，认为它是对历史的正确解释，以后就一直没有动摇过。"[②]大革命失败后，毛泽东通过大量实地调研，深刻分析中国半殖民地半封建社会的经济和阶级状态，提出通过新民主主义革命走向社会主义，开辟了农村包围城市、最后夺取全国胜利的中国现代革命道路。经过长征途中的深刻反省，延安时期形成毛泽东思想这个中国的马克思主义。其间所经历的思想路线斗争，艰难曲折，波诡云谲，考验着共产党人对真理的恪守，对理想信念的忠诚。周恩来确定共产主义信仰，一生不变，"在任何艰难困苦的情况下，都要以誓死不变的精神为共产主义奋斗到底"[③]。心中

---

① 习近平：《在纪念马克思诞辰二百周年大会上的讲话》（2018年5月），《习近平关于"不忘初心、牢记使命"论述摘编》，第344页，北京：中央文献出版社、党建读物出版社，2019年5月版。

② 《毛泽东一九三六年同斯诺的谈话》，第39页，北京：人民出版社，1979年12月版。

③ 中共中央文献研究室编：《周恩来年谱（1898—1949）》，第561页，北京：人民出版社、中央文献出版社，1989年3月版。

有信仰，脚下有方向。"险夷不变应尝胆，道义争担敢息肩。"①延安时期，时任中央组织部部长的陈云在中央党校讲授"怎样做一个共产党员"，课堂讨论时有学员提问：怎么理解为共产主义奋斗到底？陈云回答：我理解的底，就是棺材底！

在中国共产党人的词典里，革命理想高于天，因为那是人生信仰。"理想信念是中国共产党人的政治灵魂。中国共产党能够历经挫折而不断奋起，历经苦难而淬火成钢，归根到底在于千千万万中国共产党人心中的远大理想和革命信念始终坚定执着，始终闪耀着火热的光芒。"②这是中国共产党人忠诚的理论品格。

中国共产党作为无产阶级政党，由于半殖民地半封建社会性质，民族工业欠发达，其工人阶级先锋队性质，主要不是由产业工人实现的，而是以新式知识分子为代表的中国人民和中华民族的先锋队，引领社会前进的步伐，组织工农联盟，结成最广泛的革命统一战线，进行新民主主义革命，反帝反封建，建立独立自主的新中国。以新式知识分子为主体的早期共产党人，几乎无一例外地都背叛了自己出身的中产阶层家庭，自觉选择走与工农大众打成一片的人生道路。这个选择，使得共产党人与同样是出身于中产阶层家庭的国民党员走上完全不同的革命道路和人生道路。所以，中国共产党人在领导中国人民实现从站起来、富起来到强起来的社会革命同时，不断实现自我革命，背叛家庭，甚至抛弃姓氏，走向工农大众，化真理为信仰，化理想为德行，化观念为方法，用强大的人格力量承载伟大的真理力量，实现马克思主义中国化，开拓中国特色社会主义道路，发展21世纪马克思主义，始终带领中国人民为实现中华民族伟大复兴中

---

① 周恩来：《送蓬仙兄返里有感（一）》（1916年4月），《周恩来早期文集》，上卷第136页，京津：中央文献出版社、南开大学出版社，1998年2月版。
② 习近平：《在纪念周恩来诞辰120周年座谈会上的讲话》，《人民日报》（京），2018年3月2日。

国梦奋勇前行。

走与工农大众相结合的道路，做人民公仆，为人民服务，把人民群众对美好生活的向往，作为自己的奋斗方向，是中国共产党创造百年辉煌业绩的立党之基，创业之根，兴业之本，是中国共产党人的精神之源。

化理想为信仰，化信仰为德行

共产主义理想信念是燃烧在中国共产党人心中的明灯，指引着百年实践创造的路程，锻造出化理论为品德的思想理论品格。

总结新中国三十年社会主义革命和建设的经验教训，中国共产党提出社会主义初级阶段理论。在生产力落后、商品经济不发达条件下，中国建设社会主义必然要经历一个以解放和发展生产力、不断提高社会物质文明和精神文明水平为目标的特定历史阶段。从邓小平理论、"三个代表"重要思想、科学发展观，到习近平新时代中国特色社会主义思想，中国共产党始终坚持并发展完善社会主义初级阶段理论。中国取得再大的成就，需要除以 14 亿；中国遇到再小的民生问题，也需要乘以 14 亿。这是对中国社会主义初级阶段基本国情的通俗表达。

十九大报告提出经过改革开放三十多年的创新发展，中国社会主要矛盾已经发生变化，但是，"没有改变我们对我国社会主义所处历史阶段的判断，我国仍处于并将长期处于社会主义初级阶段的基本国情没有变，我国是世界上最大发展中国家的国际地位没有变"①。一个"变化"两个"没有变"，是对新时代中国基本国情的准确判断。牢记国情意识，习近平总书记提出"底线思维"的思想认识方法和工作方法。正视问题，认识问题，找到对策，划定底线，争取最好效果。这是稳中求进，守正创新工作总

---

① 习近平：《决胜全面建成小康社会，夺取新时代中国特色社会主义伟大胜利》，《人民日报》（京），2017 年 10 月 28 日。

基调的基本要求。经过一百年的持续奋斗，中国共产党领导中国人民"在中华大地上全面建成小康社会，历史性地解决了绝对贫困问题"。全面小康社会是中国特色社会主义初级阶段奋斗目标之一，消灭绝对贫困现象就是底线思维的工作目标。

把共产主义远大理想与中华民族伟大复兴的共同理想相互融通，实现了修身齐家治国平天下人生情怀的现代转化。对于优秀的中国共产党人来说，共产主义是具体的，马克思主义是鲜活生动的。马克思主义中国化、时代化、大众化因此有了实践基础和价值依托。化，是一个表示行动实践的动词，也是一个表示实践程度的形容词，最能透视中国共产党的思想理论品格。

"共同体"治理方案的中国智慧

习近平总书记在庆祝中国共产党成立 100 周年大会上的讲话中,提出"以史为鉴、开创未来,必须不断推动构建人类命运共同体","弘扬和平、发展、公平、正义、民主、自由的全人类共同价值"①。人类共同价值是人类命运共同体的核心价值理念,是构建人类命运共同体的共同价值遵循。

从"中华民族共同体"到"亚洲命运共同体""一带一路国家命运共同体""人类命运共同体",从"自然生命共同体"到"人与自然生命共同体",构成人与人类、人与自然两个理论维度,形塑出坚持和完善中国特色社会主义制度、推进国家治理体系和治理能力现代化建设,以中国的新发展为世界提供新机遇的大格局、大情怀。

中国共产党走过的 100 年历史,团结带领中国人民在中华大地上全面建成小康社会,历史性地解决了绝对贫困问题,实现了中华民族的和平、发展、公平、正义、民主、自由。如果说生死浮沉歌哭谓之命运,那么生死与共,荣枯相随,共存共建共享,谓之命运共同体。中华民族命运共同体与人类命运共同体,加上亚洲命运共同体,一带一路国家命运共同体,这是从人与人、人与社会关系的角度,妥善化解民族国家利益关系矛盾,重新塑造世界秩序新格局的中国方案和中国智慧。

1840 年鸦片战争爆发后,中国从古代家天下历史被动进入近现代世

---

① 习近平:《在庆祝中国共产党成立 100 周年大会上的讲话》,《人民日报》(京),2021 年 7 月 2 日。

界社会。这个以西方为主导的世界基本格局是以民族国家为单位,且往往以单一民族国家为本位,越来越趋向碎片化,民粹化。其所奉行的社会规则,是以自由、平等、博爱的"普世价值",与生存竞争、弱肉强食的"丛林法则"互为表里,差别对待。这种资本主义社会制度在创造了巨大的劳动生产率和社会文明进步的同时,也带来了血腥的掠夺侵略,残酷的殖民统治,以及两次世界大战,无数次局部战争。中华民族为多民族共同体,尊奉和而不同,求同存异,共存共荣的价值理念。千百年来历经风雨战争苦难曲折,中华民族共同创造了灿烂的中华文明,尊崇和平、和睦、和谐的处世之道。近代社会百余年来,在不断抗争西方列强的侵略压迫殖民侮辱的历史过程中,中华民族在共产党领导下结成民族统一战线,寻找到新民主主义革命胜利、社会主义制度建立和中国特色社会主义道路,实现中华民族从站起来、富起来到强起来的有效路径。

强起来的中国人高举和平发展,合作共赢的旗帜,奉行独立自主的和平外交政策,坚持走和平发展道路,不走国强必霸的西方国家现代化老路。中华优秀传统文化以农耕社会为基础,重土难迁,爱好和平,崇尚文明,主张修身齐家治国安天下。"己所不欲勿施于人","己欲立而立人,己欲达而达人"。推己及人,民族国家也是如此,在追求本国利益时兼顾他国合理关切。2012 年 11 月,党的十八大报告提出"要倡导人类命运共同体意识"。2015 年 3 月,习近平总书记出席博鳌亚洲论坛年会时倡议"通过迈向亚洲命运共同体,推动建设人类命运共同体"①。并提出坚持各国相互尊重、平等相待,坚持合作共赢、共同发展,坚持实现共同、综合、合作、可持续的安全,坚持不同文明兼容并蓄、交流互鉴的四点主张。希望各国人民同心协力、携手前行,努力构建人类命运共同体,共创和平、安

---

① 习近平:《欢迎沿线国家和亚洲国家积极参与"一带一路"建设》,《习近平谈"一带一路"》,第 62 页,北京:中央文献出版社,2018 年 12 月版。

宁、繁荣、开放、美丽的亚洲和世界。2017 年 10 月,党的十九大报告进一步提出,坚持和平发展道路,秉持共商共建共享的全球治理观,促进全球治理体系变革,推动人类命运共同体建设。2019 年 10 月,党的十九届四中全会强调,推动党和国家事业发展需要和平国际环境和良好外部条件,"必须统筹国内国际两个大局,高举和平、发展、合作、共赢旗帜"①。所以,人类命运共同体是实现中华民族伟大复兴中国梦的外部环境与条件,也是实现国家长治久安的大格局、大情怀之所在。

十九届四中全会立于当下,面向未来,提出推进国家治理体系和治理能力现代化建设,必须做到 13 个"坚持和完善"。其中,关于坚持和完善生态文明制度体系,促进人与自然和谐共生,强调"生态文明建设是关系中华民族永续发展的千年大计"②,必须践行绿水青山就是金山银山的理念,坚持节约资源和保护环境的基本国策,坚持节约优先、保护优先、自然恢复为主的方针,坚定走生产发展、生活富裕、生态良好的文明发展道路,建设美丽中国。这是从人与自然关系的角度,为中华民族长治久安创设更加美好的自然生态环境与条件。

党的十八大以来,中央把生态文明建设作为统筹推进"五位一体"总体布局和协调推进"四个全面"战略布局的重要内容,开展一系列根本性、开创性、长远性工作,提出一系列新理念新思想新战略,实施大气、水、土壤污染防治三大行动计划,启动长江、黄河生态保护计划,推动生态环境保护发生历史性、转折性、全局性变化。党的十九大报告提出"人与自然是生命共同体",人类必须尊重自然、顺应自然、保护自然,才能健康发展、绿色发展、永续发展。2018 年 5 月,习近平总书记在全国生态环境保护大

---

① 《中国共产党第十九届中央委员会第四次全体会议公报》,《中国共产党第十九届中央委员会第四次全体会议文件汇编》,第 14 页,北京:人民出版社,2019 年 11 月版。

② 《中国共产党第十九届中央委员会第四次全体会议公报》,《中国共产党第十九届中央委员会第四次全体会议文件汇编》,第 52 页,北京:人民出版社,2019 年 11 月版。

会上系统阐释了生态文明思想,进一步提出"自然是生命共同体","山水林田湖草是生命共同体"。自然生态是相克相生、相互依存的生命系统。"人的命脉在田,田的命脉在水,水的命脉在山,山的命脉在土,土的命脉在林和草,这个生命共同体是人类生存发展的物质基础。"[①]人靠自然界生活,人是自然界的一部分。当人类选择以工业化、城市化、国际化为主要特征的现代化发展道路,现代化初期在创造巨大物质财富的同时,也加速了对自然资源的攫取,打破了地球生态系统原有的循环和平衡,造成了人与自然关系紧张。"天之道,损有余而补不足。人之道则不然,损不足以奉有余。"[②]人类对大自然的伤害最终会殃及人类自身,这是无法抗拒的规律。

生命共同体,是你中有我,我中有你,休戚与共,生死攸关。如果说从"天人合一"到"民胞物与",为中华民族此前数千年发展提供了基本价值遵循;那么,从"自然生命共同体"到"人与自然生命共同体",势将为中华民族此后数千年健康永续发展提供基本价值遵循。

眼界比生活要高一点,情怀比思想学识要更深远一点。人与社会命运共同体,人与自然生命共同体,两个理论维度,关乎空间与时间,见证格局与情怀,呵护着人与人类社会和平发展的共同命运,呵护着人与自然健康永续发展的生命家园,为国家治理体系和治理能力现代化建设擘画了最广阔的国际舞台,描绘了最美丽的自然画卷,为人类社会未来发展寻找新的文明范式。

---

① 习近平:《加强生态文明建设必须坚持的原则》,《习近平谈治国理政》,第 3 卷第 363 页,北京:外文出版社,2020 年 6 月版。
② 《老子》第 77 章。

第二章

城市实践：江河呈现

第一节　城市精神与文化品质

红色文化与上海城市精神[①]

红色文化,是上海城市文化的鲜明特色,是上海城市精神的灵魂所系。红色文化的精神实质,是文化主权、主体与价值观问题,是中国进入现代世界历史进程中如何实现国家主权完整,人民当家作主。红色文化基因鲜活地澎湃在上海人的精神血脉里,激励着上海文化创新,指引着新时代建设社会主义现代化强国和实现中华民族伟大复兴中国梦宏伟目标中的上海文化发展繁荣的方向。

红色文化诞生于海派文化

红色文化,是中国共产党领导中国人民进行艰苦卓绝的革命斗争,建立完全独立主权国家的革命文化,也是党领导人民在革命、建设、改革开放、实现社会主义现代化的历史进程中形成的思想理论、价值观念、行为方式等一套符号体系。其核心是人民幸福,民族复兴,人类大同。

上海是中国近现代社会走向世界的港口城市,是中华民族优秀历史文化实现创造性转化、创新性发展的成功典范。1843 年 11 月上海开埠后,古今中外文化交融汇合,上海人兼容并蓄,为我所用,唯新是从,形成独特的海派文化。为实现中华民族伟大复兴,逐渐成为海派文化的主流价值取向。马克思主义学说在上海传播,中国共产党组织在上海成立,以

---

① 本文首发《解放日报》(沪),2018 年 3 月 27 日,题为《红色文化,提升上海城市精神的标高——朱鸿召特约研究员在上海图书馆的演讲》。

救亡图存、民族复兴为目标的红色文化，孕育于海派文化，又引领了海派文化发展方向。

城市是现代文化的载体。上海位于亚洲最长最大的河流长江出海口，自古以来就是一片不断生长着的开放土地。从考古发现上看，最初的马家浜文化，过渡到崧泽文化，再到良渚文化、马桥文化，兼容并蓄，共存共荣，创新发展，精益求精，是这片土地上的先民们大体相同的文化性格特征和生存智慧。开埠以前的千百年间，从春申君封邑到沪渎渔村，从华亭县治到云间繁华，从海上丝绸之路重镇的青龙港，到江海通津、东南都会的上海港，上海由水而起，因港而兴，吴越文化和江南文化的刚健与雅致，开放与包容，务实与创新，为海派文化形成提供了丰厚的中华优秀传统文化资源。明清之际，上海人徐光启在中西文化交流上，首开合作互鉴，为我所用，求真务实的先河。

鸦片战争后，上海是按照《南京条约》及其附约规定，作为"五口通商"城市之一而被迫对外开放的。深厚的历史文化资源，开放包容的文化性格，使得上海在广州、厦门、福州与宁波等通商口岸中迅速脱颖而出。当英国领事巴富尔（George Balfour）一行在上海登岸，刚开始被上海道台安排在城里住宿，上海人接待他们的，是不排外、不惧外的好奇心、利益心，相谋于利，相处于义。这些洋人身材高大，鼻子挺直，头发是黄的，眼睛是蓝的，吃一顿饭要有那么多餐具与程序，还要喝奶？有市民不请自进，到房间里东张张西望望，相当于参观博物馆。更有甚者，还有市民在英国人住处附近收起了门票，就地生财，相当于开设动物园。巴富尔发现其中奥妙后，怒不可遏，无论如何也要搬出县城。于是，上海出现了租界。几经扩张变迁，逐渐形成英美公共租界、法租界和华界三家分治的城市格局。

人是文化最鲜活的资源。近代中国战乱频仍，上海因租界而相对安全。大量逃荒避难人口涌入上海，世界各地的投资冒险者来到上海，促使租界从华洋分处转变成华洋混住,五方杂处。上海城市人口开埠时不到20万,1900年达到100万,成为中国最大城市。1919年上海人口240万,已是中国超大城市。1949年上海人口546万,跻身世界特大城市行列。移民人口居多,英雄不问出处,做别人做不了的事,做比别人做得更好的事,是上海人在激烈竞争市场环境下的生存之道和为人处事原则。在形而下的生活层面,五湖四海,相互兼容,取长补短,唯新所趋,唯优是从。在形而上的精神层面,救亡图存,建立完全独立主权国家,成为近代历史以来先进的中国人追求的崇高社会理想信念。在以民族国家为政治单位的世界现代化历史进程中,租界是一个民族国家脸上耻辱的伤疤。正视租界,认识租界,利用租界,消灭租界,是摆在优秀中国人面前一道必须破解的难题,最后是中国共产党人完成了这个答卷。

如果说海派文化是在中国传统江南文化基础上,充分学习借鉴欧美近现代工业文明,同时融会贯通、博取众长了中国各地,以及中国周边国家和地区的优秀文明成果,逐渐形成开放、多元,求新、务实,崇尚理性,讲求审美人性的上海城市文化现象;那么,挽救民族危亡,建立完全独立主权国家,实现中华民族伟大复兴,追求人类世界的共同富裕与和平正义的社会理想,则是红色文化精神之所在。

1921年7月,中国共产党在上海宣告成立,中共中央机关在这里驻守12年之久。中共一大、二大、四大相继在这里召开。1935年5月,抗日烽火燃遍北部中国,田汉、聂耳在上海完成《义勇军进行曲》创作,后来《义勇军进行曲》成为新中国国歌。1949年7月,曾联松在上海设计五星红旗,后来五星红旗成为新中国国旗。红色文化是革命文化,也是现代文化,是面向现代化、面向世界、面向未来的中国特色现代文化。

海派文化大俗大雅,孕育诞生了红色文化。红色文化大雅大俗,大音希声,润物无声,通过形而下的海派文化,追求形而上的红色文化,交相辉映,相得益彰,是上海文化的鲜明特色,是上海城市精神的生命灵魂。

红色文化引领上海城市精神

上海是一座拥有丰富红色文化资源的城市。中国共产党人为实现共产主义理想，带领中国人民从站起来、富起来到强起来而创造的红色文化，振奋了民族精神，提高了城市品质，引领着上海城市精神。海纳百川，追求卓越；大气谦和，开明睿智。上海城市精神是平凡而又非凡的上海人的精神，中国共产党人创造的红色文化不断提升着上海城市精神的高度。

1921 年 7 月 23 日，中共一大召开时，与会代表 15 人，其中国内代表 13 人，代表全国党员 58 人。按学历统计：留学生 18 人，大学生 25 人，中学生 13 人，共计 56 人；按职业统计：教师 19 人，学生 24 人，新闻工作和职员 10 人，产业工人 4 人，共计 57 人。学历可以看出家庭出身，职业可以看出经济状况，这些早期中共党员都是中产以上家庭子弟。他们发起组织成立这个政党组织的初心，不是为了个人穿衣吃饭，而是为了挽救民族危亡，实现中华民族伟大复兴。这是中国共产党人的"初心"与"使命"，也是上海城市精神的最可宝贵的思想文化资源。

中国共产党成立之初，是共产国际的一个支部，其名称、章程、组织、经费等，基本上都是按照上级党组织规定而来的。在社会属性上，中国共产党属于现代社会政党，以政治信仰为宗旨和纽带，不同于先秦的乡党，唐宋的朋党，不同于孙中山发起的兴中会、同盟会等社会组织；也不同于西方资本主义国家的议会政党（the Party）所代表的是社会一小部分人（the party）利益，而是代表中华民族的根本利益和中国人民的全体利益与长远利益。这是由中国近代社会现实与历史文化传统形成的一种客观历史必然。在内忧外患、风雨飘摇的国家命运危亡之际，中国新式知识分子作为中国工人阶级的特殊组成部分，接受马克思主义思想理论，"铁肩担道义，妙手著文章"，他们站到时代的最前沿，承担起为民族思考出路，为国家挽救危亡，为人民谋求幸福的社会责任和历史使命。这些新式知识分子,他们走与工农大众相结合的道路,读有字的书,更读无字的书。建党之初,他们以上海为革命思想的大本营,红色文化的集散地。建国之后,在共产党领导下,上海成为社会主义经济建设的"擎天柱",支援全国经济建设的"老大哥",成为改革开放排头兵、创新发展先行者。红色文化,拓展了上海城市精神的宽度和广度,提升了上海城市精神的标高和境界。

1843 年上海被迫对外开放,是以英国为首的西方资本主义列强对中国国家主权的侵犯。1949 年后上海被迫关闭城门,是以美国为首的西方国家借联合国的名义对中国进行军事制裁和经济封锁,同样是对中国国家主权的侵犯。无论是对外开放,还是对内发展,上海人都表现出最出色的上海城市精神。

在"全国支援上海,上海支援全国",全国一盘棋的精神感召下,上海广大干部群众积极响应共产党的号召,全力支持国家重点经济建设。1953 年至 1957 年第一个五年计划期间,上海大量工业企业,以及商业、高校科研机构迁往内地,支援当地经济建设。据不完全统计,"一五"期间,上海支援内地建设的企业干部员工 21 万余人,其中技术人员 5 400 余人,技术工人 63 000 余人。1959 年至 1961 年国家经济困难时期,为了减轻城镇人口压力,上海精简 41.5 万人,到江苏、浙江、安徽等地务农。1966 年至 1976 年,上海城镇知识青年到全国各地上山下乡 108 万人,同时大量工程技术人员参加"大三线""小三线"建设,等等。汇聚是大海,溢出是小溪,此水此河,与海相连。每一位从上海迁出的上海人,都把上海城市精神带到自己的工作岗位,都把城市现代文明生活带到全国各地。

在计划经济时代,上海从商业为主、商工并重的多功能经济文化中心城市,逐步转型为工业为主、商业为辅的经济中心城市。冶金、化工、机电、电力、交通运输等重大工业基地和项目设施建设,以及运载火箭、人造卫星等重大科技攻关项目,都在封闭环境下的上海人手中变为现实。改革开放之前的近30年，上海以全国1/1 500的土地，1/100的人口，提供了全国1/6的财政收入。从万吨水压机到上海牌手表，从永久牌自行车到中华牌牙膏，从生产到生活，从国防到民生，上海创造了无以数计的名牌产品，满足了计划经济时代人民群众不断增长的经济文化生活需要。无论是海纳百川，还是相忘江湖，上海人追求卓越的创造精神是始终如一的。

改革开放新时期，特别是浦东开发开放，上海在建设国际经济、金融、贸易、航运"四个中心"过程中，归纳提炼出"海纳百川，追求卓越；大气谦和，开明睿智"的上海城市精神。改革开放40年来，上海人摈弃了计划经济的短处，发扬了计划经济的长处；吸收了市场经济的长处，规避了市场经济的短处，实现了城市经济社会转型发展。上海城市规模从内环线扩展到外环线与郊环线之间，城市人口从558万余人增长到2 415万余人，城市品质从中国经济中心城市发展为国际经济中心城市，城市形象发生凤凰涅槃式华丽转身。大飞机、小卫星、上海光源、量子通信、工业机器人等，正成为新的上海高科技品牌。新时代上海在2020年基本建成"四个中心"基础上，计划到2035年建设成为卓越的全球城市，令人向往的创新之城、人文之城、生态之城，具有世界影响力的社会主义现代化国际大都市。

经历了全国一盘棋的社会主义建设热潮，经历了对口援建四川、青海等地震灾区，经历着对口支援老少边穷贫困地区，实实在在地提升了上海人的精神境界。玫瑰送人，馨香在心。今天，上海正发挥着长三角城市集群龙头城市、长江经济带龙头城市、"一带一路"桥头堡城市等国家战略使命。因为红色文化基因，大上海不再小市民。

红色文化基因激励上海文化创新

物质贫穷不是社会主义，文化贫乏也不是社会主义。建设国际文化大都市和卓越的全球城市,上海文化创新发展繁荣的使命,是为满足市民群众日益增长的美好生活需要,为实现中华民族伟大复兴中国梦的国家战略做出上海的文化贡献。

丰富的红色文化、海派文化、江南文化是上海文化的重要组成和宝贵资源。这三种文化资源不是矛盾对立的,而是相互关联,彼此共生,融会贯通的,深深地植根在上海城市日常生活中,植根在上海城市市民性格中,百姓日用而不知,周而复始,不断积累进化升华,成为现代上海文化。如果说海派文化是上海文化之肉身,江南文化是上海文化之中国心,那么,红色文化就是上海文化之灵魂。

红色文化基因深深地植根于中华民族优秀文化传统里。红配黄,喜洋洋。黄种人,黄皮肤,最匹配的色彩是红色。农耕文明,最美的风景是春天的鲜花与秋天的果实,给人希望,给人收获的喜悦,都有红色特征。中华民族始祖炎黄二帝,似炎炎烈火,似喷薄日出,神话传说中都带有强烈的红色意象崇尚。在中国传统文化观念中,红色代表吉祥喜庆,代表成功荣誉,红色代表权威,代表勇气,红色代表美丽,代表革命。

国际共产主义运动中,马克思最喜欢的颜色是红色,从巴黎公社到十月革命,都选择了红色的旗帜。中国共产党人同样选择了红色的旗帜,作为一种政治信仰的审美表达,那是一种必然。作为一种文化基因,社会主义制度和共产主义理想,孕育于欧洲,成长于苏联,发展壮大于中国,是一种偶然巧合,也是一种历史渊源,那就是中华优秀传统文化中的天下大同精神,与共产主义社会理想,具有高度契合性和耦合度。

红色文化传承弘扬了中华优秀传统文化中的红色寓意,整合接受了国际共产主义运动中的红色旗帜,是中国共产党人领导中国人民在长期的革命斗争实践中,逐渐形成的特定文化精神和文化形态。红色文化是文化意识形态属性的历史体现,从新民主主义文化到中国特色社会主义文化,民族的科学的大众的价值取向,就是文化主权观、文化价值观、文化主体观的有效实现。"为有牺牲多壮志,敢教日月换新天。"情为民所系,利为民所谋,权为民所用,是红色文化的崇高价值取向。敢为人先,追求卓越,是红色文化的性格特征。人民福祉,民族复兴,天下情怀,是红色文化的基因特色。上海人崇洋不媚外,反侵略不反科学,红色文化基因塑造了上海市民柔韧而刚毅的人格精神。

上海在中国,面朝大海,背后是一个现代中国,一个曾经封闭落后挨打的近代中国,一个曾经辉煌灿烂、源远流长、弦歌不断的古老中国。周虽旧邦,其命维新。多难兴邦,玉汝于成。从古老中国、近代中国,到现代中国,优秀杰出的中国人汇聚成国际文化大都市里的上海人,高举中华民族伟大复兴的旗帜,创造满足人民日益增长的美好生活需要的物质文化产品和服务,以及社会公共产品。

人能弘道,非道弘人。人以化文,文以化人。红色文化基因是上海文化创新的动力源泉。新时代上海文化创新的责任和使命,是要不忘本来,吸收外来,面向未来,用更高的文化自省、文化自觉、文化自信,在提高城市硬实力的同时,大力提升城市软实力,在提高城市高度与靓度的同时,精心培育城市的厚度和温度,为全面小康社会后的上海人,探寻把好日子过好的健康生活方式和生产方式;为走向社会主义现代化强国的中国人,探索如何实现天地人和的精神世界;为越来越走向人类命运共同体的人类社会健康永续和平发展,提供中国方案和中国智慧的价值意义体系。

亮出上海文化金名片①

上海文化,是上海日新月异、上海人生生不息的精气神之所在,是上海城市精神的日常生活载体,是中华优秀传统文化在现代世界实现创造性转化、创新性发展的杰出典范。在中国特色社会主义新时代,上海文化要找准历史方位和自我定位,讲好中华文化上善若水、海纳百川的中国故事,担当续写中华文化新篇章、开拓人类文明新境界的历史使命。

上海文化是中国文化现代转型的典范

文化是一个国家、一个民族的灵魂,是一个城市的竞争力、影响力和创造力。把上海放在中华民族伟大复兴的历史进程中去审视,我们会找到新时代上海文化的历史方位和自我定位。

在古老的中国融入世界、拥抱世界的历程中,上海始终处在中西古今文化交流碰撞,矛盾斗争,融会贯通的前沿地带。特别是作为改革开放排头兵、创新发展先行者,创建国际文化大都市和全球卓越城市过程中,上海是中国特色社会主义现代化的一个窗口,是中华民族历经艰难困苦,浴血奋斗,凤凰涅槃的一个现实样本。丰富的红色文化、海派文化、江南文化是上海文化的重要组成和宝贵资源。江南文化是上海文化的底色。中

---

① 本文首发《文汇报》(沪),2017 年 12 月 29 日,题为《上海文化:为建设"人文之城"提供丰富滋养与厚实支撑》,文字有改动。

国古代社会中后期,长江中下游地区逐渐发展成为经济繁荣、文化昌盛之地。在中国逐步成为半封建半殖民地社会,江南文化与西方文化在上海五方杂处、华洋并存的生存环境下,上海人创造了兼容并收、有容乃大的海派文化。讲究实用,追求功利,遵守秩序,诚信友善,敬业爱国,创新卓越,逐渐成为上海城市文化的基本特征和价值认同。红色文化是中国共产党人为人民谋幸福,为民族谋复兴的斗争精神、奋斗精神、创新精神、奉献精神。这三种文化不是矛盾对立的,而是相互关联,彼此共生,融会贯通的,深深地植根在上海城市日常生活中,植根在上海市民性格中,百姓日用而不知,周而复始,不断积累进化升华,成为现代上海文化。

创新上海文化就是讲好中国故事

中国故事,是中国共产党领导中国人民从站起来,到富起来,再到强起来所经历的历史往事和实践情怀。中国故事的历史起点和逻辑起点,都选择在上海,凝结成上海文化鲜明闪亮的思想主题。

13 位与会代表,平均年龄 28 岁,代表全国 58 位党员,在上海的石库门里发起成立中国共产党这个政党组织,以救亡图存、民族复兴为其初心和使命,开启了人民解放、民族独立的斗争历史。经过 28 年的不懈努力,前仆后继,终于建立起一个完全独立主权的新中国,实现中国人民站起来的初步理想目标。上海是中国共产党的诞生地,是中共中央早期主要活动所在地。在白色恐怖、抗日战争、解放战争时期,上海人民与共产党同向同行,用不同的方式方法相互策应,共同奋斗。在社会主义建设时期,上海与新中国风雨同舟,相濡以沫,为实现国家工业化,满足人民日益增长的物质文化需要,创造了无数个工业品牌、商业奇迹、经济高峰和文化产品。特别是改革开放新时期,上海人用创新精神和创造智慧,突破机制体制束缚,自我革命,破茧化蝶,用一年一个样、三年大变样的奋斗精神,用海纳百川、追求卓越的创新精神,实现上海城市功能更新换代,城市面貌日新月异,形成上海文化的新品质新境界。近 40 年改革开放历程,近 70 年新中国发展历史,近 100 年中国共产党历史,上海文化创新就是中国故事最精彩的华章。

新时代上海文化的责任与使命

在建设中国特色社会主义现代化强国的新时代新征程,上海人要有更高的文化自省、文化自觉、文化自信,在提高城市硬实力的同时,大力提升城市软实力,为实现中国人民强起来、贵起来的伟大梦想,担当上海文化义不容辞的责任与使命。

上海在中国,面朝大海,背后是一个现代中国,一个曾经封闭落后挨打的近代中国,一个曾经辉煌灿烂、源远流长、弦歌不断的古老中国。周虽旧邦,其命维新。多难兴邦,玉汝于成。从古老中国、近代中国,到现代中国,优秀杰出的中国人汇聚成国际文化大都市里的上海人,高举中华民族伟大复兴的旗帜,创造满足人民日益增长的美好生活需要的物质文化产品和服务,以及社会公共产品。新时代上海文化的责任和使命,是要为全面小康社会后的上海人,探寻把好日子过好的健康生活方式和生产方式;为走向社会主义现代化强国的中国人,探索如何实现面向自我、面向世界、面向未来,天地人和的精神世界;为越来越走向人类命运共同体的人类社会健康永续和平发展,提供中国方案和中国智慧。

中国特色社会主义文化,源自于中华民族五千多年文明历史所孕育的中华优秀传统文化,熔铸于共产党领导人民在革命、建设、改革中创造的革命文化和社会主义先进文化,植根于中国特色社会主义伟大实践。中国特色社会主义新时代的上海文化,最有理由代表中国,融入世界,面向未来,引领世界,成为中国故事的上海样本,成为上海一张金色的名片。

人民城市建设的道与术①

在全党深入开展学习贯彻习近平新时代中国特色社会主义思想主题教育活动之际,复旦大学吴海江《人民城市理论渊源与上海实践研究》一书在人民出版社出版,对进一步推进以学铸魂、增智、正风、实干,尤其是在中国式现代化的城市建设实践中,坚定历史自信,把握历史主动,具有重要理论启示和经验借鉴意义。该书主要内容,回望历史纵深挖掘人民城市的理论渊源与建设过程,立足现实考察人民城市的发展观念与总体布局,面向未来探索进一步构建人民城市的理论体系与规律路径,从历史、现实、未来三个维度,系统阐释了现代化进程中城市建设的"中国方案"与"上海样本",既包含对人民城市渐次推进的宏观思考,又展现出对上海实践的微观考察,守其道,审其术,深度阐释了人民城市重要论述的理论高度与时代洞察。

首先,深刻揭示了人民城市重要理念的学理意蕴,阐明其对马克思主义城市观的守正创新。马克思主义城市观建之于对资本主义现代工业城市异化问题的反思之上,而人民城市理念则建立在新的历史背景与新的问题意识下对马克思主义城市观的守正创新。该书直接指明,"在新时代条件下,要创造性地继承与发展马克思主义现代城市观的理论内涵,而非教条式遵循"。在此认识基础上,该书强调人民城市理念以马克思主义城市观为理论基础,同时在价值取向、生态建设、空间设计与功能设计四个

---

① 本文首发《文汇报》(上海),2023 年 7 月 9 日。

方面于新时代背景下继承与发展了城市异化批判论、城市生态批判思想、城市空间正义论与城市功能论，通过深刻的学理分析，凸显了人民城市理念对新时代中国城市建设的价值导向与实践引领作用。

其次，系统梳理了新中国成立以来城市建设的动态演进，从人民城市建设视角为新时代中国式现代化的伟大成就写下生动注脚。城市建设是中国式现代化的有机组成部分，也在相当程度上反映着中国式现代化的特质与进程。在新中国成立以来的不同历史阶段，城市建设既内蕴着人民当家作主这个不变的价值遵循，同时也展现出鲜明的阶段性特征。如何在"不变"与"变"的辩证法中体认我国城市建设的社会主义制度特性与创新发展性？进一步，新时代应当建设什么样的中国特色社会主义现代化城市，新时代怎样更好地建设中国特色社会主义现代化城市？该书为这些重要问题的回答提供了有益借鉴。

最后，聚焦人民城市构建的"上海样本"，以"大都市良治"的先行实践展现人民城市理念向现实转化的内在肌理。习近平总书记在浦东开发开放30周年庆祝大会上曾深情展望："上海一定能创造出令世界刮目相看的新奇迹，一定能展现出建设社会主义现代化国家的新气象。"上海作为超大城市的代表及长三角城市群的核心，是我国资源要素最为集聚、发展阶段位于前列的社会主义大都市，在实现自身高质量发展和高水平治理的过程中也在带动着周边城市及地区的共同发展。正因如此，从新时代上海建设实践中获得人民城市建设的规律性认识与普遍性经验显得尤为重要，事关全国范围内人民城市建设的全局。该书对此做了比较系统深刻总结，在持续推动高质量发展、创造高品质生活、实现高效能治理等方面展现了上海建设人民城市的全面布局与内在质地，这在根本上有利于更好地彰显与发挥上海的"排头兵""先行者"作用，实现人民城市建设的全面推进。

"人民城市人民建，人民城市为人民。"当前，我们正在经历全新的城市建设时代,城市愈发成为中国特色社会主义制度治理效能的微缩景观与中国式现代化的有力支撑,承载着中华民族现代文明的基因传承,是中国人民集体智慧的美学象征。期待吴海江领导的课题组能在新时代新征程中更好地把握人民城市建设的脉搏,提炼出更多深刻卓越的理论成果!

没有改革创新就没有长三角一体化

长三角一体化高质量发展,是长三角现代化的升级版。长三角改革开放的历史,走过创新驱动现代化发展的辉煌历程。没有改革开放、创新发展,就没有长三角现代化的昨天和今天,没有更深层次的改革开放、创新发展,就没有长三角一体化更高质量发展的今天和明天。

改革创新驱动长三角现代化发展

改革开放40余年来,长三角创造了"苏南模式""温州模式"和"浦东经验",用改革创新精神实现了工业化、城市化、全球化的现代化发展目标。

早在20世纪七八十年代,苏锡常地区率先在农村社队集体副业基础上,利用毗邻上海、南京等大中城市的地缘优势,乘着改革开放的东风,大力发展乡镇企业。从苏锡常到苏南地区,蔓延到苏中、浙北,以及浙东、皖东地区,逐步形成长三角乡镇企业异军突起,蔚然成风的宏大局面。1985年江苏省工业总产值和工农业生产总值第一次超过上海,成为全国第一。理论界经过实地调研,将这种以工业化带动城镇化的发展方式概括为"苏南模式",在长三角地区闯出了我国农村发展、农民致富的一条成功有效路径。

相对而言,温州地区山多地少,可利用资源少,国家投资少,道路交通条件差。温州人没有条件创造条件也闯出一条披荆斩棘的改革创新路。以家庭工厂和专业化市场的方式,在农村联产承包责任制的形式下,探索出小商品、大市场的发展路径,形成社会主义市场经济的"温州模式"。1982 年温州市在册个体工商户超过 10 万家,约占全国总数的十分之一。1983 年永嘉桥头纽扣市场开业,成为全国第一个专业小商品市场。建立在家庭工业、民营经济基础上的小商品市场,从浙南温州到浙中义乌得到更大规模的发展。义乌人从"鸡毛换糖"起步,在改革开放的年代里,突破僵化守旧的观念束缚,以"小商品、大产业,小企业、大集群"的工商业经济发展格局,创造出当今世界规模最大、品种最齐全、影响最广泛的小商品国际大市场。

1990 年 4 月,国家正式宣布浦东开发,实行经济技术开发区和某些经济特区的政策。在江浙地区经济发展春潮涌动,千帆竞发之际,上海的改革开放在起步落后的情况下,奋勇直追,后来居上。当年位于浦东大道141 号的新区管委会食堂里,醒目地悬挂着"站在地球仪旁边,思考浦东开发"的标语,每天提醒着新区建设者们"开发浦东、振兴上海,服务全国、面向世界"的方针目标。无论是"资金空转,土地实转"的开发模式,还是"小政府、大社会"的管理模式,以及"证照分离""负面清单","一网通办、一网统管"的服务模式,"一年一个样,三年大变样"的发展速度,都浸透着解放思想、实事求是,敢闯敢试、勇于创新,互利合作、命运与共的改革开放时代精神。

市场机制促进长三角联动效应

长三角地区山水相连,天地相通,风俗人情相亲相爱相融会。在改革开放,发展社会主义市场经济,充分发挥市场在资源配置中的主导作用和决定性作用环境下,现代化进程更加促进了长三角联动发展效应。

在 1995 年我国开始双休日之前的大约十几年时间里,苏南乡镇企业发展带来上海国有企业的"星期六工程师"现象。当星期六还是工作日的傍晚下班时间,上海国有企业部分身怀绝技或有一技之长的工程师们,悄悄地直奔火车站或汽车站,连夜赶赴苏南和长三角地区的乡镇企业或民营企业,以技术技能或发明专利,参与企业生产和产品开发,从中获得劳务报酬和技术红利。经济利益的杠杆不仅刺激了技术流转,发明创造,而且加快了人们思想观念更新,推动了计划经济体制向社会主义市场经济体制转化的步伐。

浦东开发开放点亮了长三角城市群的龙眼,舞动了长江经济带的龙头。1990年8月,在国家宣布浦东开发开放战略半年不到的时间里,安徽省率先提出"开发皖江,呼应浦东"的重大决策,以有钱出钱、有物出物、有力出力的集资形式,在陆家嘴投资建设裕安大厦,作为安徽在浦东的经济活动中心,世界了解安徽的窗口,安徽走向世界的桥梁。此举带动全国其他省市,尤其是长三角地区充分利用浦东新区的政策优势,走联动发展、区港联动、借船出海的发展方式,实现区域经济社会一体化发展、整体化升级改造、提质增效的创新道路。

随着上个世纪末到本世纪初,中国融入世界经济体系不断深化,苏浙沪皖长三角地区主动接受发达国家产业转移,打造以高新技术为主导的经济产业园区和专业化国际化贸易市场,实现经济发展模式的华丽转身。以上海为中心的中国长三角城市集群,正朝着世界第六大城市群的方向,努力打造一个集全球经济、文化、高科技产业为一体的世界城市群,生态绿色经济增长极。

长三角一体化发展更需要想象力创造力

长三角一体化高质量发展,是新时代党中央交给上海和苏浙皖一市三省的一张历史新试卷。旨在探索率先全面建成小康社会后,部分家庭开始从小康迈向殷实人家进程中,选择什么的生活方式和生产方式,实现健康发展、可持续发展、永续发展,构建人与自然生命共同体、人与社会命运共同体,引领人类社会后现代化发展方向。

做好这张试卷,答案不在西方,更不在后方,只能在前方。需要我们立足当下,不忘本来,吸收外来,面向未来,以更大的改革勇气,更高的开放智慧,更深的创新精神,更远的理想情怀,百尺竿头更进一步,继续当好新时代改革开放先行者,创新发展排头兵。这是改革进入深水区和攻坚期,是船到中流浪更急、人到半山路更陡的关键时期,只有充分发挥敢闯敢创的改革创新精神,才能在百年未遇之大变局面前,保持道路自信、理论自信、制度自信和文化自信,不忘初心使命,穿越艰难险阻,开创高质量发展、高品质生活新境界。

2020 年 6 月 27 日

第二节 文化自觉与城市治理

市民荣誉制度体系与城市文化治理能力①

上海应适时启动建立市民荣誉制度体系,用正向价值引领激励市民群众的人生价值实现,激发市民创造精神,增进城市文化认同,增强城市凝聚力、吸引力和软实力,积极探索以惩罚为手段的城市治理规则之外的城市文化治理路径,不断提高城市社会综合治理水平和治理能力,满足市民群众对有体面有尊严的文化生活需要。

一、新时代城市文化建设新目标

党的十九大报告指出,"文化是一个国家、一个民族的灵魂。文化兴国运兴,文化强民族强"。"文化自信是一个国家、一个民族发展中更基本、更深沉、更持久的力量。"②要坚持中国特色社会主义文化发展道路,激发全民族文化创新创造活力,建设社会主义文化强国。

李强同志在上海市委学习讨论会上的讲话(2017 年 12 月 11、12 日)提出,新时代要有新使命新作为,上海要按照习近平总书记提出的当好全国改革开放排头兵、创新发展先行者的要求,在新时代坐标中坚定追求卓越的发展取向,着力构筑上海发展的战略优势,全力打响上海服务、上海制造、上海购物、上海文化四大品牌。其中,打响"上海文化"品牌,要充分

---

① 本文为作者担任上海市第十四届人大代表期间所提交的议案,2017 年 1 月被十四届人大第五次会议接收并列入大会提案。刊发于上海市现代上海研究中心编:《现代上海研究论丛》第 15 辑,上海书店出版社,2022 年 1 月版。

② 习近平:《决胜全面建成小康社会,夺取新时代中国特色社会主义伟大胜利》,《人民日报》(京),2017 年 10 月 28 日。

发掘丰富的红色文化、海派文化、江南文化资源，要用好用足，大力发展有竞争力和影响力的文化产业，支持文化展示、文化演艺、文化市场发展，增强文化辐射力集聚力，使上海文化金名片更加闪亮。

如何探索全面小康社会实现后，在中国特色社会主义现代化建设新时代，用城市文化治理的方式来满足市民群众人生价值实现的美好意愿，建立一套完备的市民荣誉制度体系，通俗易懂，人人皆知，让上海人知晓不能做什么之外，更懂得应该做什么，是上海城市文化建设的新目标。其主要任务，是让上海人在中国人民站起来、富起来、强起来过程中，率先进入"贵起来"的有体面有尊严的生活。

依法治理，主要方式是惩戒惩罚。荣誉制度体系，是文化治理，主要方式是道德褒奖。在国家治理层面上，中央倡导依法治国与以德治国相结合。上海是城市化发展水平最高的地区，在社会主要矛盾已经转变为人民日益增长的美好生活需要和不平衡不充分的发展之间的矛盾的新时代，市民群众对精神荣誉的追求正成为对个人体面尊严的需要。所以，尽快建立一套系统集成的上海市民荣誉制度体系，是培育和践行社会主义核心价值观的重要制度保障，是全面建成小康社会后激发引导市民群众持续永久地创造真善美、弘扬正能量的有效途径，可以为建设"追求卓越的全球城市"和"国际文化大都市"提供灵魂塑造工程和精神动力机制。

二、城市文化治理新期待新抓手

建立市民荣誉制度体系，是对国家荣誉制度的积极响应。党的十七大提出"设立国家荣誉制度"，政府也将"建立国家荣誉功勋奖励制度"作为我国人才激励机制和奖励制度的重要内容。党的十八届四中全会决定"制定国家勋章和国家荣誉称号法，表彰有突出贡献的杰出人士"。2018年6月8日，中华人民共和国首枚"友谊勋章"颁发，标志着国家最高荣誉制度开始施行。目前，国家荣誉制度属于国家最高荣誉褒奖，没有与其他各级各类荣誉制度相衔接,也没有荣誉进阶累计程序设计。这为上海探索市民荣誉制度体系建设提供了制度依据和进一步推进的空间。

建立市民荣誉制度体系,是培育践行社会主义核心价值观的有效途径。2014年5月23日,习近平总书记在上海视察工作时指出,"上海一定要把培育和践行社会主义核心价值观工作做得更细、更实、更深入人心,努力在这方面走在全国前列"①。培育和践行社会主义核心价值观,可以通过制定执行一套逐步完善的市民荣誉制度体系,公开透明,切实可行,激励上海人在物质生活丰富之后,追求崇德向善的精神文化生活,真正把社会主义核心价值观内化为精神追求,外化为实际行动。

建立市民荣誉制度体系,是上海城市文化治理的创新之举。2016年3月5日,习近平总书记在北京参加全国人大上海代表团审议时,强调上海要着力加强全面深化改革开放各项措施系统集成,当好改革开放排头兵、创新发展先行者。改革开放近40年,新中国成立近70年来,上海市民荣誉制度呈现职业化、条块化、碎片化倾向,需要通过制度梳理,顶层设计,实现荣誉制度系统集成,更好发挥价值引领和凝聚人心作用。

建立市民荣誉制度体系,应列入上海城市发展中长期目标。上海市民物质生活达到全面小康水平后,政府工作迫切需要对标"追求卓越的全球城市,一座创新之城、生态之城、人文之城"和"国际文化大都市",建立健全一套完备完善的荣誉制度体系,以满足市民群众人生价值实现的更高层次精神文化需求,不断提高城市文明水平,不断提升城市文化软实力。

三、建立市民荣誉制度体系的基础与任务

建立适应新时代上海城市发展新水平的市民荣誉制度体系,是一项

---

① 黄敬文、兰红光:《习近平在上海考察时强调:当好全国改革开放排头兵,不断提高城市核心竞争力》,《人民日报》(京),2014年5月25日。

城市文化治理创新工程,需要对现有市民荣誉制度进行梳理整合,参照世界其他城市和既往历史经验,根据上海城市文化发展中长期目标,进行科学合理的规划设计,然后通过地方立法形成地方性法规,广为宣传,家喻户晓,再付诸实施。

1. 对现有各项荣誉制度进行梳理、整合。新中国成立,特别是改革开放新时期以来,上海市民荣誉制度发挥了很好的社会主义价值引领作用,激发了市民群众投身社会主义建设事业的热情和干劲。但作为政策措施,散布在各行业、部门、领域,大体有政党和政府评选的优秀共产党员、优秀公务员,政府有关部门评选的上海好人、见义勇为,社会群团组织评选的全市劳动模范、五一劳动奖章、三八红旗手、新长征突击手,还有文艺领域、文学领域、体育领域、科技领域、卫生领域、哲学社会科学领域、教育领域、涉外领域,等等,需要进行专业梳理,分析研判,摸清市民荣誉制度现状。

2. 增加上海市民荣誉顶层设计。在对现有荣誉制度进行梳理、整合的基础上,拟订《上海市民荣誉制度条例》(草案),设立上海市民最高荣誉褒奖制度,进行上海市民荣誉制度系统集成,将现有分散的各级各类荣誉奖项,与市民最高荣誉褒奖衔接起来,以进阶累计模式,建立健全上海市民荣誉制度体系,形成一套完备完善的城市荣誉激励机制。

3.《上海市民荣誉制度条例》基本框架和主要内容,包括荣誉制度设置的宗旨原则、荣誉等级类别、荣誉评选条件、荣誉评选程序、表彰方式方法、荣誉展示空间规范等。比如,城市公共空间展示,地铁站和移动媒体、公园、公共绿地和滨江步道,以及校园、社区等公共空间,依据该条例所设定的荣誉等级,采取图像展示、形象宣传、事迹简介、人物雕塑、姓名勒石、媒体宣传、文艺创作等方式方法,广为传播,蔚然成风,家喻户晓,努力做到荣誉褒奖覆盖市民一生全过程,褒奖一人激励三代的制度效果。

4. 市民荣誉制度条例必须做到清晰明了、简便易行。能够让不同层级、不同群体的市民群众一看就懂,一懂就做。让每一个追求美好生活的上海人，都可以在正向价值引领下，看得见，学得了，做得到，规划自己的出彩人生。

5. 要把市民荣誉制度体系建设，作为可复制可推广的社会制度创新，是新时代上海继续作好全国改革开放排头兵、创新发展先行者的创新点之一。

四、国内外有关荣誉制度的基本情况

"国家大事，唯赏与罚。"功勋荣誉制度，是对为国家和人民作出重大贡献者的积极评价和制度认可，一般形式有授予勋章、奖章或荣誉称号。法国作家罗曼·罗兰说："荣誉比生命更宝贵"。德国法学家赫伯特·克吕格尔认为，除了命令、强制和惩罚之外，荣誉奖赏是激励和促进民众自愿作出设立者所期望的行为的重要手段。国家荣誉是一个政府发挥职能作用的重要形式，市民荣誉是一个城市文化治理的有效手段。目前世界上几乎所有发达国家都设有具有本国特色的国家功勋荣誉制度，唯一例外是瑞士，不仅不设立、不授予任何勋章，而且禁止本国公民接受别国授予的勋章。

欧洲现代荣誉制度起源于中世纪早期，学术界通常认为中世纪的"骑士团"（德语 Orden，法语 Ordre），演变为现代的"勋章"（德语 Orden，法语 Ordre，英语 Order，俄语 Орден）。工业革命到 19 世纪，欧洲荣誉制度奖赏对象逐渐扩大为经济、政治、军事、政治领域的普通民众和士兵。美国的功勋荣誉制度带有浓郁的战争色彩，最初主要用于褒奖独立战争、南北战争、两次世界大战中表现英勇的军人。二战后，开始向非军事领域发展。苏联的功勋和奖章授予对象也多数为立有军功者，冷战结束后，俄罗斯的功勋和奖章对象逐渐扩大到军事之外的社会其他领域。日本、韩国的功勋荣誉制度早期受中国历史文化影响明显，20 世纪初参照西方勋章制度，建立起现代功勋荣誉制度，褒奖对象是社会各阶层各领域有杰出贡献者。

我国春秋时期"爵位制"，学界认为是功勋荣誉制度的雏形。晚清时期,为了奖励对清政府有突出贡献的外国人,清政府仿照西方勋章制度,建立起"宝星制度"。中国共产党成立后,在近百年革命和建设历史中设立很多有特色的荣誉奖章、英雄称号,形成多部门、多领域、多层次的奖励制度。存在的主要问题是,国家级最高荣誉褒奖刚刚设立,中低层评奖奖励过杂、过多、过滥,权威性、庄严性、规范性不够。很多荣誉奖项带有随意性强、制度化程度低、社会认知度不高等问题。

国家功勋荣誉制度可以为城市荣誉制度建设提供政策依据和参照。武汉市曾经有过尝试,2012年12月,武汉市党代会提出要"建立城市荣誉制度,设立功勋市民、模范市民、文明市民等荣誉称号"。随后,制定了有关建立武汉城市荣誉制度的意见和评选表彰实施办法。2013年5月,经武汉市委、市政府同意,由武汉市文明委颁布组织开展"武汉市功勋市民、模范市民、文明市民评选表彰工作",但没有具体实施。其名称为功勋市民,实际上仍然属于部门性质的奖项,缺乏顶层设计,更没有完整的市民荣誉制度体系。

更有借鉴参考意义的,应该是香港的授勋及嘉奖制度。香港在港英政府时期形成一套比较完备成熟的太平绅士评选制度,1997年香港回归后,在此基础上,1998年制定香港荣誉制度,以嘉许社会各界人士,表彰其为香港社会发展做出的杰出贡献。

建议上海市民荣誉制度体系建设,是在建立市民最高荣誉制度的前提下,再往前走一步,把最高荣誉褒奖制度,与已经实施多年的各级各类专项奖励制度归并整合,形成一个完整的市民荣誉制度体系,作为新时代上海城市文化治理的创新之举,推进上海城市文明进程,提高上海城市文化软实力,满足市民群众对于有体面有尊严的美好生活需要,引导广大市民群众"富起来"后,更要"贵起来"。

2016年12月

中国城市社会基层治理的文化价值取向①

业委会与居委会,是中国城市化进程中基层社会治理领域出现的代表着两种不同文化价值取向的社会组织。改革开放新时期以来,其法律定位与功能发挥程度,深刻影响着居民生活品质和社区治理水平,反映着城市社会基层治理模式选择所面临的深层思想理论问题和文化价值观念困境,需要从理论上加以研究探讨,在文化观念上加以辨识廓清,以推进中国城市基层社会有效善治。

一、现状尴尬

改革开放新时期以来,随着城市住房政策改革,住宅私有化、商品化、市场化,带来住宅小区物业管理问题。依据《物权法》和《物业管理条例》的有关规定而成立的业主大会及其执行机构业主委员会(简称"业委会"),成为城市社会基层治理的一种新的组织形式。

房屋的所有权人为业主。也就是说,房屋产权证或不动产权证上的权利人,被称为业主。一个商品房小区建成后,最初的物业管理由建设方负责先期物业管理。待到小区"房屋出售并交付使用的建筑面积达到百分之五十以上,或者首套房屋出售并交付使用已满两年的,应当召开首次

---

① 本文为作者参与主持上海市人大修订《上海市物业管理条例》调研工作所撰写的有关议案报告,整理成文后首发《上海蓝皮书·上海文化发展报告(2017)》,北京:社会科学文献出版社,2017 年 2 月版。

业主大会会议,成立业主大会"组织①。小区物业管理由建设方移交到业主大会,再由业委会授权委托物业管理服务专业机构负责小区物业管理。由于上海住房市场化程度高,很少有单位集体建设的职工集中居住小区,所以业委会成立与运行管理情况明显高出于全国平均水平。据上海市住房和城乡建设管理委员会统计,截至2015年底,全市住宅小区约1.21万余个,住宅物业面积近6.2亿平方米,约占全市建筑总量的50%。其中,实施物业管理的住宅小区约1.06万余个,已经成立业主大会的小区有7 669个,占符合成立条件的住宅小区总数的82%,占实施物业管理住宅小区总数的72%,业主大会组建率居全国之首。② 但是,业委会运行状况良好,业主普遍感觉满意的小区,仅占8%,并且远远高出于全国平均0.35%的水平。2014年中共上海市委主持开展"创新社会治理,加强基层建设"课题调研,随后推出有关城市基层社区治理的"1+6"系列文件③,有力推进了城市住宅小区物业管理工作。目前,上海城市小区物业管理情况总体感受,物业管理比较好的所占比例较一年前大约上升10个百分点,将近1/5;物业管理情况一般与存在矛盾问题的,大约各占2/5,总体运行情况呈现出明显向好趋势。

笔者参加上海市人大关于住宅物业管理规定执法检查活动,经调查、走访、接访和电话咨询,归纳总结,发现当前小区物业管理比较好的成功经验中,制度的因素固然重要,但是人的因素比制度的因素更重要。业委

① 《上海市住宅物业管理规定》(2011年),《上海市地方性法规汇编》(2012年版),第511页,上海市人民代表大会常务委员会法制工作委员会编,2012年12月印。
② 上海市住房和城乡建设管理委员会:《关于本市贯彻实施〈上海市住宅物业管理规定〉情况的报告》(2016年5月31日)。
③ "1+6"系列文件是指:2014年12月中共上海市委、市政府关于创新社会治理,加强基层建设的一份意见和六个文件,具体是《关于进一步创新社会治理加强基层建设的意见》,深化本市街道体制改革、完善居民区治理体系、完善村级治理体系、组织引导社会力量参与社区治理、深化拓展网格化管理提升城市综合管理效能、社区工作者管理等6个实施意见、管理办法。

会主任是关系到小区物业管理水平和质量的关键人物。按照有关规定，小区业委会成员通过全体业主大会选举产生，在业委会成员中推举产生业委会主任。综合多位优秀业委会主任的工作特点，首先要有政治意识、大局意识，秉持公道之心，处事公正，为人正派，不存私心，不谋私利，是最重要的品质；其次要有足够的智慧和群众工作经验，该说理时说得清理，该拍桌子时敢拍桌子，该打官司时能上法庭，是最基本的工作能力；再次要有充分的时间和精力倾注小区公共事务，熟悉小区物业管理情况，倾听每位业主诉求，妥善处理小区公共事务。如果一个小区有了这样一位优秀的业主委员会主任，且得到政府有关部门的信任和支持，经过两三年的努力，可以将小区各项事务理顺，逐步达到有序管理，和谐善治；如果失去这样一位优秀的业委会主任，大约只需半年时间，小区各项事务就将陷入混乱。公道心，能力强，有时间，这绝非一般的品质和能力。这样的能人，每个中等规模的小区，大约500—1 000个住户，1 500—3 000位居民中，应该是有可能存在着的。问题是，绝大多数能人不愿意参与小区物业管理，相反是那些存有私心的人，千方百计想挤进业委会。所以，那些主要依靠业委会主任个人能力发挥而实现小区善治的先进典型，不具备复制模仿的可能性。如果说住宅小区是一种城市家园，那么，幸福的家园都是相似的，不幸的家园各有各的不幸。

因为小区业委会事务运行过程中，对于物业维修基金存储利息、小区公共部位的停车收费、广告收费，以及其他收入等，都可以产生不可小觑的灰色经济利益。如果业委会成员与物业服务企业之间串通起来，沆瀣一气，以权谋私，就可以蚕食小区公共利益和业主共同利益。而当前执法形势下，极少出现对小区业委会成员贪腐行为的认真追究或法律制裁。很多业委会存在贪腐行为的小区，业主们的感觉是投诉无门，或石沉大海，没有下文。

这样，就出现了业委会存在状态的尴尬局面。一方面，很多人以为业委会是业主自治组织,是一种城市社会基层自治组织,可以通过票选,表达民意,实现小区自治,从而被寄托着过多膨胀了的民主社会理想愿景。另一方面,急速城市化进程中的陌生人环境,来源复杂的业主公共意识参差不齐,暗藏私心杂念者从中作梗操纵票选,有公道心有能力者往往因为时间精力不济,低调回避参与小区事务,致使小区业委会运行状态不佳,物业管理水平不尽如人意。

在以住宅产权为依托的业委会热热闹闹,吵吵嚷嚷,纷纷扰扰的过程中,原来就存在的城市居民基层自治组织——居民委员会(简称"居委会"),却因为拥有政府背景,其成员不一定具有所在小区房屋产权资格,处于另一种尴尬状态:对业委会的事情管也不好,不管也不好。尤其是遇到一些财大气粗,牛气哄哄的业主,更是觉得工作辣手,心里酸透苦透。

经过30余年的社会实践证明,业主大会和业委会制度设计简单照搬西方城市社会基层治理模式,完全漠视或忽略了新中国成立以来城市社会基层治理中的有效经验,在已有群众自治组织居民委员会的旁边,另立一个同样属于群众自治组织的小区业主委员会。业委会与居委会之间工作边界不清,职责功能泛化,甚至出现互相拆台的恶劣现象。按照一人一票的所谓绝对平等的民主思想,在陌生人社区无法实现公正选举。

二、制度悖论

改革开放新时期以来,城市社区业委会与居委会存在的尴尬状态,源自其背后两种制度之间存在悖论,以及制度设计与执行理解过程中的文化价值取向矛盾。

近代以来我国城市社会基层治理模式,经历过散漫无序到管理有序的衍变过程。民国政府时期,城市社会主要依靠警察管理,分区划片,居民基本处于一种自由散漫流动状态。抗日战争时期,汪伪政权在民国政府警政管理制度基础上,移植农村地区广泛使用的保甲制度,强化细化对城市居民管理。抗日战争胜利后,民国政府接管并延续了警政加保甲制度的城市基层管理,以调动更多社会资源,应对国内战争环境所需。不同政权属性决定其社会治理的不同价值取向。新中国成立后,伴随计划经济体制建立,发展社会主义公有制,城市居民物质生活资源实行配给制、供给制,广泛推行城市居民委员会制度,逐步实现城市社会基层有效管理。

居民委员会自1950年代产生以来,在维护城市基层经济社会生活、保障人民民主权利、完善社区治理等方面发挥了积极作用。1954年12月,为加强城市街道居民组织工作,全国人大常务委员会审议通过《城市居民委员会组织条例》,明确规定居民委员会是群众自治性的居民组织。1990年颁布实施的《中华人民共和国城市居民委员会组织法》明确将居民委员会定性为自我管理、自我服务、自我教育的基层群众性自治组织。而且居民委员会的组织构成、职能职责、运作方式等都在法律法规上有清晰明确的说明。《中华人民共和国宪法》第一百一十一条规定,"城市和农村按居民居住地区设立的居民委员会或者村民委员会是基层群众性自治组织"。因此,居民委员会的成立拥有法律依据和保障,其民事诉讼主体资格在法学理论和法学实践中都毋庸置疑。

值得注意的是,居民委员会的主要职责为: 1. 宣传宪法、法律、法规和国家的政策,维护居民的合法权益,教育居民依法履行应尽的义务,爱护公共财产,开展多种形式的社会主义精神文明建设活动。2. 办理本居住地区居民的公共事业和公益事业。3. 调解民间纠纷。4. 协助维护社会治安。5. 协助街道办事处做好与居民利益有关的公共卫生、计划生育、优抚救济、青少年教育工作。6. 向街道办事处反映居民的意见、要求和提出建议。理论上具有"自治"和"行政"双重性特点[1],实际运行中,居委会是

---

① 成宇飞、井奕杰、周高雅:《居民委员会与业主委员会的比较探析》,《管理观察》(京),2016年22期(在线出版日期2016年9月)。

国家政权组织在城市治理中的末梢神经元,主要承担着传达政府指令,执行执政党和国家意志的职责。所谓"上有千根线,下有一根针",每根线串下来,都走针鼻里过。所以,在城市居民的普遍认知中,居委会虽然在国家法律上被定性为基层群众性自治组织,但在实践层面更接近于政府的派出机构,在自治性背后更多地承担着行政性的管理职能,存在自治性与行政性的双重属性。

业委会是改革开放发展社会主义市场经济的产物,最初1980年代出现在深圳,尔后1990年代逐渐向全国推演。据历史当事人回忆,1980年深圳经济特区设立后,房地产事业发展迅速。1981年原深圳特区房地产公司成立深圳市物业管理公司,"借鉴和移植香港屋村的管理经验和模式对该公司开发的两个涉外商品房住宅区进行管理"①。而对境内销售的商品房,采取"谁开发,谁管理"的方式。1987年深圳市房产局根据市物业管理公司的管理模式和经验,提出"谁受益,谁出钱"的管理原则,推行物业管理有偿服务,推进物业管理公司社会化、企业化、专业化的综合管理模式。1988年,深圳特区开始住房制度改革,出现越来越多的私有房产。经过反复调研,广泛征求意见,1994年6月《深圳经济特区住宅区物业管理条例》经深圳市第一届人民代表大会常务委员会审议通过。该条例第十六条规定,"管委会(即"业委会",引者注)经市政府社团登记部门依法核准登记后,取得社团法人资格。社会团体法人登记证签发日期为管委会成立日"②。1995年11月,深圳市民政局颁布《关于对业主管理委员会进行社团登记管理有关问题的通知》;1996年1月,深圳市住宅局发布《关于住宅小区(大厦)业主管理委员会注册登记的通知》,先后对业

① 杜志文:《〈深圳经济特区住宅区物业管理条例〉诞生记》,《中国物业管理》(京),2011年第3期。
② 《深圳经济特区住宅区物业管理条例》(1994年7月11日深圳市第一届人民代表大会常务委员会发布)。

主管理委员会的社团管理登记程序、手续、条件、要求等进行具体规定和说明，以便于业主委员会办理自治手续。

香港屋村的物业管理模式和经验，源自英国，是建立在完全私有化基础上的住宅物业管理制度规定。深圳作为经济特区，在改革开放之初，作为一种先行先试，对住宅物业管理进行探索，引进移植了香港的物业管理模式。这种物业管理模式给人最大的幻想，是业主作为房产所有权人，拥有的那份自由自主自治的权利。甚至那句曾经流行在英国资本主义早期的有关私有产权的话"风可进，雨可进，国王的脚步不可进"都被引用过来，用以表达拥有私人房产的权利态度。

但是，三年后，1999年6月，深圳市第二届人民代表大会常委会对《深圳经济特区住宅区物业管理条例》进行修订，删除了原条例第十六条内容，修改为"业主委员会及其成员名单应当自选举产生之日起十五内，报所在地的区住宅主管部门备案。"①将住宅物业管理主管部门，由民政局归口为住宅局，或房地产管理局，实际上取消了业主委员会作为一种社会自治组织的法律依据。

深圳的住宅物业管理经验，被全国其他城市学习模仿过程中，没有充分注意到其条例修改的方面，一厢情愿的业主自治梦想被不断延续。2003年10月，国家建设部制定颁布《物业管理条例》。2007年3月，全国人大常委会审议通过《物权法》。同年8月，国务院颁布新的《物业管理条例》。这些条例法规都回避了关于业主大会和业主委员会是否可以作为一种社会自治组织的问题，实际运行中在全国多地都出现过关于业主委员会是否具有独立法人资格的争议。

2012年4月，中国法制出版社所属法规应用研究中心编辑出版的

---

① 《深圳经济特区住宅区物业管理条例》(1999年6月30日深圳市第二届人民代表大会常务委员会第三十三次会议审议修正)。

《〈中华人民共和国物权法〉关联规定（注释应用本）》，对《物权法》第七十五条关于设立业主大会、选举业主委员会注释为："业主大会是指全体业主成立的、管理其共有财产和共同生活事务的自治组织。业主大会是业主的自治组织，是建筑物区分所有人团体的最高意思决定机关。……业主大会不具有法人条件，系非法人团体，不具有权利能力，并非权利主体，它所实施的法律行为系业主所为的行为，由业主承受法律效果。"①该书"编辑说明"中称该出版社"是国务院法制办公室直属的中央级法律图书专业出版机构，是国家法律和行政法规的权威出版机构"。该书注释明确提出业主大会是一种自治组织，又对这种自治组织的属性加以限定，是特指建筑物区分所有人团体，即一个住宅小区全体业主组成，管理其共有财产和共同生活事务的自治组织。这是经济生活领域里的一种业主自治组织，不能等同于政治生活领域里的社会自治组织。"从根本属性看，物业服务应该明确定义为经济活动，而不是社会活动。"②

三、深层问题

业委会与居委会概念内涵、外延与实际运行过程中扮演的客观角色之间出现的矛盾悖论现象，隐含着的深层问题，是在社会主义公有制基础上发展私有制市场经济，带来日常生活领域的社会文化价值取向困惑。

从经济层面上来说，中国城市化发展进程中的住宅商品房，作为一种市场经济环境下的商品，其所有权可以理解为一种私人房产物权与国家所有土地公权相结合的混合权利，不是一种无限的绝对私权。城市商品房住宅，是在土地公有制基础上建设的住宅商品，其土地使用权限目前约

---

① 《〈中华人民共和国物权法〉关联规定（注释应用本）》，第37页，北京：中国法制出版社，2012年4月版。

② 白大杰：《加拿大物业管理经验及其对我国的启示——李国庆先生访谈录》，《和谐社区通讯》（京），2010年第2期。

定在 50 年至 70 年之间。应该明确指出,在社会主义中国,业主所拥有的房屋产权是物权与土地使用权的混合属性。国家在确保土地全民所有或集体所有的前提下,从土地所有权中剥离出土地使用权,可以无偿让渡给居民有限期使用。这种房屋产权的混合属性,决定了在产权制度规定上的复杂关系,房地产交易是社会主义市场经济框架范围内的经济行为,物业管理不可能照搬照抄土地私有制国家或地区的房产物业管理法条和政策。

从法律层面上来说,住宅小区业主大会和业主委员会不是独立法人,但具有民事主体资格。《民事诉讼法》第四十九条规定,公民、法人和其他组织可以作为民事诉讼的当事人。法人由其法定代表人进行诉讼,其他组织由其主要负责人进行诉讼。根据最高人民法院关于适用《民事诉讼法》若干问题的意见,"其他组织"是指合法成立,有 定的组织机构和财产,但又不具备法人资格的组织。业主大会和业委会就属于此类组织。所以,"业主大会、业主委员会都是法律地位、职责权利都很明确的民事主体,不能因为其不是法人,就否定其独立的民事主体资格"①。并且,业主、业委会、业主大会,以及物业管理服务企业之间,都是平等的民事主体,都可以独立承担法律责任。

与此相关的是,业主大会和业委会组织属性上,可以明确为一种经济利益、民事权利,而不是一般社会利益、政治权利。业主组织是因其房屋之间存在共同关系的业主设立的,其所涉及的只是其房屋所有权、土地使用权等民事权利的行使、保护等问题。业主作为住宅所有权人,其对自己的财产依法享有"占有、使用、收益、处分"的权利,至于如何行使主要是各个业主之间的事情。"其为行使自己的民事权利而设立的组织,主要是私

---

① 刘生敏:《谁说"业主大会、业委会的法律地位不明确"?》,《现代物业》(昆明),2007 年第 10 期。

人领域的问题,民法上的问题,无须法律的特别授权。"也许,正因为如此,现有各种法规条文都没有对业主大会和业委会的法人资格问题作出专门约定。"业主大会只是业主为了行使其所有权而设立的。其设立的目的也主要是为了方便业主与物业管理(服务)公司之间订立、履行物业管理(服务)合同,其是公民行使民事权利的一种形式。"①这样,将业主大会、业委会组织定位和功能严格限定在经济生活领域,以及民事权利范畴。

从社会治理上来说,将业主大会和业委会纳入城市基层综合治理体系,坚持走党的领导、人民当家作主、全面依法治理的中国特色社区治理道路,充分发挥社区党组织的核心堡垒作用,业委会与其他多种社会资源共同治理,是住宅小区物业管理运行状况良好的充分必要条件。住宅小区物业管理,表面上是对于小区物业的管理,实质上是业主之间的人与人利益关系协调。无论是业主之间共同利益维护和发展,还是个人利益纠纷冲突化解,都需要基层政府有效干预,积极作为,妥善引领。目前,上海市区街道普遍建立社区物业管理工作联席会议制度,由居民区党支部负责组织领导,居委会、业委会、物业服务公司和社区民警等参加,把小区物业管理纳入社区综合治理体系,成效比较明显。② 比如上海市长宁区茅台新苑小区,属于1990年代初建设的次旧小区,1997年成立业主委员会,至今有近20年运作经验。业委会主任鲁文虎认为,"业主委员会虽然是业主自治组织,但必须要在街道办事处、居民区党总支、居委会的指导下开展工作,否则会是一个不服从各级领导管理的无政府组织"③。该小区物业管理硬件条件较差,但物业管理水平和质量都比较令业主满意,其主要经验是在居民区党组织的领导下,由居委会、业委会、物业公司、社区民

---

① 王利明:《业主组织不属于新的"自治制度"》,《中国物业管理》(京),2003年第2期。
② 参见苗正华:《上海龙柏街道"插手"物业管理见成效》,《社区》(京),2007年第2期(上)。
③ 鲁文虎与上海市人大代表物业检查组座谈发言记录,2016年6月29日,上海长宁区茅台新苑小区。

警、志愿者团队"五位一体"共同配合,有核心又有职能,有分管又有联合,较好地实现社区善治。该小区先后被评为长宁区党建银奖单位、市级文明小区和市级平安小区等先进荣誉。再如徐汇区宏润花园小区,是2000年代初建设的商品房小区,2007年成立业委会,2012年换届选举第二届业委会以来,物业管理情况良好。现任业委会主任涂正安是上一届业委会成员,经历过两届业委会,他明确表示业委会主任必须摆正业委会、居委会、物业公司三者关系,只有坚持党的领导,尊重社区党总支领导,才能凝聚人心,激发正能量。宏润小区物业管理的具体做法是业委会、居委会、物业公司相互协调合作,形成"三驾马车",创建自治家园。

良好的治理结构,必须通过实际问题的妥善解决才能赢得广大业主的信任。茅台新苑小区四幢高层建筑电梯老化严重,经长宁区质监局检查后,通知小区业委会,需要更新设备。小区业委会在居委会、物业公司协助,并积极争取到上级有关部门的支持下,将电梯更新方案提交业主大会讨论通过,最终在其中179户商品房业主出现维修资金倒挂的情况下,采取上门收集的办法筹集到这部分业主的电梯更新经费,顺利实现了小区电梯更新,进一步提高了小区业主委员会的威信。宏润花园小区停车位与业主车辆之间矛盾突出,2013年新一届业委会上任后,在调查研究基础上,决定将小区公共空间地面停车位由原来的固定车位改为临时车位,每天先到先停,最大限度发挥停车位使用效率。此项决定受到个别既得利益者的反对,甚至有一位业主采取极端行为,将车辆停放在小区出入口达20天之久。业委会坚持原则,坚持维护大多数人利益,经过多方面开展协调说服工作,排除障碍,使得更合理的小区停车方案得以实施。小区业主在这些具体的实际工作中,感受到业主委员会的公正立场和坚决态度,增加了对于业委会工作的信任和拥戴。

从文化价值上来说,以邻为友,讲信修睦,守望相助,和谐安宁,是中国特色社会主义道路前提下社区治理的理想目标。如何在城市社会基层治理中兼顾国家、集体、个人权益和意愿,增进社区文化认同,提高生活品质,提升文明素养,共建共享社区家园,是业委会、居委会协同努力的方向。改革开放近40年来,中国城市化发展观念上有重经济轻文化,重硬件轻软件,重形象轻品质的倾向。相对于对城市道路、高楼大厦等硬件设施建设所取得的成就,在人口集聚、文化认同、社区治理等软件环境建设方面欠账太多。特别是在商品房小区,只要有钱购房,拿到房产证,就是业主,从购房、装修、入住,几乎没有人过问,也不用过问别人。业主之间,形同路人。这样,表面上看起来同在一个小区的业主,有物质形态的共同属性,实际上彼此都是陌生人,没有任何精神上的沟通交流,更遑论文化价值认同。彼此陌生,没有信任,如何选举,怎么共识? 所以,引导鼓励支持一切有利于增进小区业主人际交往,增进社区文化认同的文化艺术活动、居民志愿者活动开展。特别是建立在对本社区文化资源发掘、整理、提升的文化认同,对中华优秀传统文化和社会主义先进文化宣传弘扬的社区活动,需要大力扶持,积极引导。在急速城市化进程中,有房产不等于有家园,有财富不等于有尊严,差别在于文化价值取向。只有对自身文化自信,才能过好自己的日常生活,创造属于自己的社区善治模式。

2016 年 1 月 25 日

文化大报的改版定位与到位①

《解放日报》《文汇报》作为上海两张大报纸，其趋同化倾向严重，内容重叠现象明显，没有形成差异化竞争格局。在实施"三项任务，一个平台"发展战略，打响上海"四个品牌""三个文化"过程中，《文汇报》应该更加明确"新时代全国性人文大报"的报纸定位，立足上海，主打中国文化牌、国际文化牌，避免同城同质化竞争，用有高度有深度有温度的思想文化内容和形式，讲好新时代中国故事。

一、定位很清晰，改版没到位

岁末年初，社科学术界部分专家学者在订阅报纸时感到很纠结，解放、文汇两份报纸，同时订阅有浪费，订阅一份有遗憾。同城两份大报，没有形成明显错位竞争格局，不仅给读者订阅带来纠结，而且造成资源浪费。更严重的后果，是在新媒体日趋活跃的传播环境下，如果不尽快改变这种同城同质化竞争状况，必然会造成其中一份报纸将被市场淘汰的命运。《解放日报》作为市委机关报，定位明确，生存可以无忧。《文汇报》的处境和命运却甚为堪忧，必须进一步强化人文定位，形成错位竞争态势，为上海知名文化品牌改革开放再出发杀出一条血路，闯出一条新路。

《文汇报》创办于抗战初期的上海，在近90年发展历程中创造过几度辉煌，都以其对文化思想发展转型的敏锐与深刻揭示把握，产生广泛深远

---

① 此文为决策咨询报告，其中数据统计由方师师、马思羽承担，谨致谢忱。

的社会影响，从而成就了"全国性人文大报"的文化品牌效应，也提高了上海城市的文化影响力。2013年10月，在时任市委书记的关心支持下，组建上海报业集团，三份主要报纸定位清晰：解放姓党，文汇姓文，新民姓民。经过几年实践，解放姓党、新民姓民的目标定位基本落实，而文汇姓文的效果不佳。

2014年10月，《文汇报》改版面、改机构、改序列，围绕继续办好一张"全国性人文大报"的目标定位，进一步重申报纸的主要读者对象为现代社会知识分子群体，加大对文化思想等特色领域的报道力度，深耕"科教文卫"等资源优势领域，努力追求报纸的文化影响力。体现在报纸版面内容上，新闻要闻版面的新闻报道"有所为有所不为"，减少政府一般性、工作性新闻报道，把更多版面空间让渡给人文、科技新闻，改"党报特色"为"人文特色"。同时，压缩体育、财经等非擅长领域的报道内容，策划并增强读书、学术等具有思想性、评论性、探讨性的栏目和版面。专题新闻版面的新闻报道，关注文化动态，注意解读文化领域热点话题。专刊副刊版面的内容安排，经过梳理整合，形成笔会、影视、艺术、记忆、书缘、文艺百家等特色系列。

《文汇报》"三改合一"所带来的报纸版面形态变化，在新闻业界获得充分肯定和普遍好评，但在社科学术界和社会文化方面，没有产生广泛而深刻的社会影响。究其原因，大体有三：

一是同城两份报纸内容重叠过多。据不完全统计，《文汇报》2018年10—12月要闻版共发表文章1743篇，其中524篇与同时期《解放日报》要闻版文章内容选题相同相似，近似率达30.06%。具体为：10月份有153篇近似，11月份有193篇近似，12月份有178篇近似。也就是说，同城两种报纸要闻版面上，大约三分之一的文章内容是重叠或近似的。根据统计结果显示，重合率峰值出现在2018年11月16日，重合率为72.73%。三个月中共有4天的重合率达到70%以上。重合率在

60.00%—69.99%的有 6 天,50.00%—59.99%的为 17 天。2018 年 10—12 月共有 92 天,则重合率超过 50%的天数占比为 29.34%,约为三分之一强。

二是文化类报道分量不到位。按照广义的文化概念,对《文汇报》2018 年 10—12 月三个月要闻版内容作统计,有关文化类文章 542 篇,占全部文章总数的 31.09%,其中有关上海文化 224 篇,占文章总数的 12.85%;有关中国文化 262 篇,占文章总数的 15.03%;有关国际文化 56 篇,占文章总数的 3.21%。虽然专题新闻和专刊副刊内容具有更多的文化属性,但是要闻版新闻是一张报纸的脸面,能否拿出重要版面、重要篇幅,关注文化价值、思想学术问题,直接影响到一般读者对报纸定位的认知判断。

《文汇报》要闻版文章内容统计(2018.10—12)

时　间	上海文化	中国文化	国际文化	总　　数
10 月	85	94	29	614
11 月	69	83	23	570
12 月	70	85	4	559
总　计	224	262	56	1 743
	12.85%	15.03%	3.21%	31.09%

三是全国性人文大报特色不明显。2014 年改版以来,《文汇报》对国内国际文化报道不仅数量不足,而且更重要的是没有揭示和形成能够引起社会广泛关注,产生重大社会影响的思想理论话题和议题,以及文化热点、痛点和焦点问题。缺少直抵人心,震撼心灵的文章,一张报纸的社会影响力和思想感召力就显得不足,在专业读者心目中的地位和定位就不凸显。

二、立足上海，主打中国文化牌、国际文化牌

从报纸自身定位出发，从上海改革开放再出发形势发展需要出发，从上海承担国家发展战略责任出发，《文汇报》在已有改版实践和取得成就基础上，需要进一步强化定位，解放思想，精准发力，真正办成一张"新时代全国性人文大报"。为此，提出三点建议：

其一，特别需要发挥新时代思想文化引领作用。"大报"不是报纸形态上的大，而是思想格局与文化视野上的大，是由思想高度和文化深度所体现出来的一种大报风范，具有舍我其谁、一言九鼎的业界权威和社会地位。新时代改革开放再出发，在又一个伟大历史转折时期，人们迫切需要对习近平新时代中国特色社会主义思想进行深入浅出的理论阐释，思想引领，释疑解惑，以增进社会文化认同。"一带一路"倡议推进过程中，共建国家民众思想文化需要广泛沟通，深度交流，以增进理解和互信。国际社会发展风云起伏，国内读者希望深入了解国际社会思想理论走向，国际社会也需要了解中国故事，上海传奇。只有牢记"文汇姓文"属性定位，用自己的方式拥抱新时代，服务国家战略，坚持思想原创、内容为王，才能带动新媒体融媒体齐头并进，多媒介多途径广泛传播。

其二，特别需要强化人文情怀与文化自信。新时代我国社会主要矛盾转化为人民日益增长的美好生活需要和不平衡不充分的发展之间的矛盾，对于一张全国性人文大报来说，就意味着要用丰富生动的案例，阐释说明什么是高质量发展，什么是高品质生活；就意味着要立足上海，用中国的眼光看世界，用人类共同命运的眼光看中国，提出足以引领时代和世界的思想文化话题和议题；还意味着要用真理的力量、人格的力量、文化的力量，创造新时代的文化新标高，提升上海城市思想文化境界，从而提高文化自信，增进文化认同，进而辐射全国，影响世界。

其三，特别需要加强领导，充分信任。上海要办好一张新时代全国性

人文大报,离不开中央的信任和市委的支持。党的十一届三中全会前,《文汇报》最早发表关于真理标准问题讨论文章,发表为天安门事件平反的《于无声处》《天安门诗抄》《伤痕》等文学作品,以及大量拨乱反正的文章。十一届三中全会后,报纸持续不断进行新闻改革,从新闻内容到版面形式,都创造了诸多全国第一,并连续主办全国范围的文化评选和竞赛活动,到1983年报纸实际发行量达到167万份,成为名副其实的全国性人文大报。其总编马达兼任市委副秘书长,对上与胡乔木、胡绩伟等北京有关领导有深厚的个人交往,对下主张"办报无官"——报社从领导到记者编辑都是新闻工作者,想尽一切办法去深入群众,深入实际,联系世界。他认为,各级党委领导应该积极创造条件,让报社总编成为思想家和社会活动家,"党对报纸的领导,主要是政治思想领导,就是让办报的人能够准确认清形势,充分地、及时地、全面地了解党和国家制订的路线方针政策以及它依据的指导思想和实现的根本途径,并结合实践,有针对性地提出和分析问题,让办报的人(主要是总编辑)能正确理解,自觉把握"①。这虽然有其个人的特殊性,但可以帮助我们不断改进完善对报纸有效管理,促进《文汇报》再创辉煌。

2019 年 2 月 28 日

---

① 马达:《关于"政治家办报"》,《马达自述:办报生涯60年》,第167页,上海:文汇出版社,2004年11月版。

社区媒体与社区文化价值认同

传播媒体、传媒人、传播品牌，是传媒机构的基本文化资源。人以化文，文以化人，是文化运行发展的主要途径。大型传媒机构作为一种潜在的优质文化资源，对于所在地的文化积极作用，有待于我们对文化的认知态度调整、有效路径设置和相互协助发展。从文化发现，到文化服务，再到品牌合作，是发挥传媒机构对所在地文化积极作用的三部曲。

用传媒的眼光发现城市生活亮点

在急速城市化进程中，受观念和体制制约，我们的城市新生地带，其文化资源往往处于一种支离破碎的遮蔽状态，甚至是一种随时有可能被毁弃的危急状态。这就迫切需要我们重新调整关于文化的认知态度，用传媒的眼光去发现身边隐藏着的潜在文化资源，积极倡导社会主流价值观，增进文化认同，凝聚城市精神。

2011 年 11 月 9 日，《新闻晨报》专题报道初秋时节在上海欣赏秋叶的街道景点，其中闵行区的都春路榜上有名①。这样的街道，在闵行还有很多，并且还有比这风景更佳、内涵更丰富的街道。显然，如果《新闻晨报》没有随解放日报报业集团从中心城区搬迁到闵行新址，就难以发现都春路这样一条名不见经传的街道之美。

闵行作为上海中心城区拓展区，成立至今刚满 20 年。1992 年 9 月，

---

① 郁文艳：《欣赏绚烂秋叶，到这些地方瞧瞧》，《新闻晨报》（沪），2011 年 11 月 9 日。

国务院正式批复由原上海县和闵行区（今江川街道,习惯称为老闵行）合并成立新的闵行区。1995 年 4 月,地铁一号线开通,拉动闵行房地产业井喷式发展,带来超过原住民约五倍的导入人口。急速城市化进程,迅速膨胀的土地财政,形成闵行经济体量强大、文化短腿严重的区域形象特征。在某种程度上表现为文化亮点匮乏、文化资源贫乏、文化工作困乏的尴尬局面。区域文化供给难以充分满足本区域居民群众,尤其是一部分移住闵行的文化名人、海归人士和精英白领们的精神文化生活需求,导致很多精英人士住在闵行,文化工作、文化活动和文化消费都在中心城区的潮汐现象。

其实,在闵行的土地上有着丰富的潜在文化资源,等待着我们去发现,去呵护,倍加珍惜,发扬光大。马桥古文化,作为考古学上明显有别于本土良渚文化的外来文化,像一股雄风烈烈的强悍血脉,千百年来生生不息地活跃在马桥人敢想敢干、敢做敢当的性格情怀里。春申君的踪迹传说,进一步演绎着"海纳百川,追求卓越"的城市精神渊源。元明清时代流传至今的众多古镇老街,如诸翟、七宝、颛桥、荷巷桥、朱行、曹行、陈行、杜行,作为一方商贸集散中心、文化时尚中心,承载着千百年来江南水乡的历史记忆,呵护着一代又一代乡里乡亲的精神家园。"这里地处上海腹地,西有松江府城,东有上海县城,闹中取静,两头受益。普遍的小康人家生活,不过于张扬,乡土文化长期积淀和传承,显得厚重不失温婉,朴实不乏时尚。"①从这里曾经走出 49 位有稽可考的科举进士,他们中的很多人都曾造福一方,名传遐迩。他们的德行善举,是这片土地的无上荣光。

在城市化进程中,因缺乏乡土文化传承、历史文物保护和科学发展的自信自觉意识,也缺乏实地调查研究,这些古镇老街在制定发展规划时就

---

① 张乃清:《古镇老街的文化价值》,《新民晚报社区版·闵行新闻》(沪)城事专刊,2011 年12 月号。

被丢弃了。很多古镇老街的门牌号码上都被加上一个"（临）"，意味着这是临时建筑，随时都有可能被拆除毁弃。相反，在新建的建筑门牌上都是正式编号。清楚地表明，新建筑是正式的，永久的，而老建筑却是临时的，没有价值的。甚至在近30年编纂的地方志中，"城市建设"一栏中不列入老建筑，"文物纪念物"中只有被有关部门认定为文物保护单位者，才被写入文字。成片的古镇老街，在新修方志中名不见经传，在大规模城市化进程中时刻处于一种岌岌可危的命运境地。

没有历史遗存的城区，是没有文化底蕴的城市小白脸。古镇老街是一种不可再生的历史文化资源，我们可以规划设计建造任何现代化的城市，但是无法再造真实的历史空间，无法复制承载着祖祖辈辈生死浮沉歌哭的古镇老街。所有这些，都是城市足迹的珍贵记忆，是城市文脉不可或缺的人文历史资源，值得我们深入其间去耐心体察，悉心发现，精心激活。

用传媒人的作为提升城市功能品质

文化的活力在于传播，传播的境界是温暖的传递，心灵的感染。文化民生作为一种基本精神需求的满足，不仅仅是某种文化产品的供给和文化服务的提供，更重要的是通过一定文化载体，传递着心灵的美好与崇高，从而不断提升着城市的功能品质。

2011年12月18日，解放日报报业集团举办从汉口路搬迁到闵行区都市路后首个"媒体开放日"活动，社会各界读者、群众1 500多人走进报社，参观报史、咨询民生、对话记者、聆听演讲……丰富多彩的活动内容，吸引了远近地区，特别是周边地区读者、群众的广泛关注和热情参与。[1]来自闵行区华星小学的孩子们，参加媒体开放日活动后，表现出对媒体的

---

① 参见马松、柴玲：《1 500多位读者走进"解放"——首次媒体开放日反响热烈："我们与报纸更近了！"》，《解放日报》（沪），2011年12月19日。

极大兴趣。作为新闻传媒机构常设的窗口——读者接待室,对于所在地读者群众的服务作用更为突出。"现代大众传播媒介与区域大众文化之间存在着相互作用、相互影响的互动共生关系。""信息化激活了区域受众的文化意识,今天的受众已习惯于依赖大众传播媒介了解与体验特定区域内的大众文化。媒介所传播的各种区域信息,既开阔了受众的视野,同时也增强了受众对区域大众文化的认同感。"①无论是在新闻传播、读者接待,还是在媒体开放日活动中,媒体机构所在地的读者群众作为受众,无疑可以更多享受近水楼台之便利。

文化传播是双向的,文化服务也是双向的。传媒机构对于所在地城市品质提升的作用发挥,一方面是媒体主动服务社区群众,另一方面是所在地政府积极创造条件,满足传媒人的文化生活消费需求,进而提升城市区域品质,提高市民群众的文化生活质量。

传统印刷时代,舰队街上集聚了百余家新闻机构。编辑在楼上编报,地下室和后街就是印刷工厂,数以千计的记者奔走于议会、唐宁街、白金汉宫和社会各个角落。晚上,各报社灯火通明,印刷机飞转;编辑、记者聚集在酒吧、咖啡馆交流信息;早晨,报纸零售商、售报人游走于街上,批发报纸,发送到遍布全国的营销网点卖报。舰队街曾经是英国信息的集散地,伦敦城市的一道风景线。

在市场经济环境下,面向大众的文化作用发挥,是由身体感官需求的满足,进而心灵精神需求的满足。大量的传媒人随媒体机构入驻闵行,通过逐渐拉动周边地区的文化消费市场,可以拉动提升区域城市功能品质。现代都市的公共文化生活形态,不再是一种政治动员的群众运动,而是跟剧场、电影院、咖吧、茶坊、书店和商场相关的私人生活空间,表现为能够

---

① 闻娓:《试论媒介与区域大众文化的互动》,收入冯应谦主编:《全球化华文媒体的发展和机遇:第四届世界华文传媒与华夏文明传播国际学术研讨会论文集》,第35、36页,上海:复旦大学出版社,2007年5月版。

充分满足个体物质精神文化消费需求,在提供文化生活服务过程中实现着对生命的尊重。所以,朱大可在接受《闵行新闻》记者采访时,谈到如何提升闵行区域文化认同,认为现代人生活是多样的,"大众文化方面,闵行区暂时还没有展示出自己的特点。原先的村社文化已经衰败,而新的都市时尚文化,尚未真正构建起来"①。具体表现在,目前闵行区面向市民群众的医疗卫生、幼儿和中小学教育、公共文化设施,与其他中心城区相比,还没有明显的优势可言。满足高层次精英人士精神文化需求的文化产品和服务,更为稀缺。所以,我们殷切希望闵行区在"全面调结构,深度城市化"的"十二五"时期,能够加快文化民生建设,用周到时尚的文化产品和文化服务,提升城市生活品质,增进区域社会文化认同。

用传媒品牌促进战略性服务业集群

传媒机构对于所在地文化发展的更大作用,是在合作共赢中促进战略性服务业集群形成,带动经济社会发展。从传统平面媒体到现代多媒体,依托高新技术发展战略性文化产业,是传媒机构生存发展的大势所趋。从传统制造业到现代服务业,尤其是战略性新兴产业,也是闵行区实现创新驱动、转型发展的关键所在。

中国报业从1978年开始实行"事业单位企业化管理",力图在保证舆论导向的前提下,实现报业的自主经营、自负盈亏、自我约束、自我发展,以减轻国家财政负担。为彻底激发报业作为产业的活力,2003年底中央开始试行文化体制改革,8家新闻单位进入试点。试点单位改革的核心内容是,采编与经营的剥离,事业与企业两分开,逐步实现面向市场的报纸和业务的企业化、公司化治理,建立起既能够保证党的领导,又符合现

---

① 崔松鸽:《为居民服务好,文化认同就强——同济大学文化批评研究所教授朱大可先生访谈录》,《新民晚报社区版·闵行新闻》(沪),2011年11月11日。

代企业制度本质要求的报业集团治理结构。内部改革调整是为了更好地适应外部环境变化,谋求更好更大的发展。经过 30 余年的改革调整,传媒机构不断发展壮大,其业态由单一平面媒体发展为多品种、多介质、多领域的多元化发展格局。但是,具有战略性文化服务业领域,是奠定未来传媒机构地位,形成核心竞争力的关键所在。

大虹桥,大紫竹,为闵行城市现代化进程启动新的引擎,也为闵行城市文化发展带来历史性机遇和严峻挑战。进入后 GDP 时代,如何迅速响应世博会"城市,让生活更美好"的观念引领,积极回应虹桥综合交通枢纽开启长三角城市一体化新格局,主动接应虹桥商务区开发建设国际贸易中心新平台的功能辐射,打造具有国际水平、上海特色、闵行地标的国际文化园区,加快城区文化发展,增强软实力建设,是摆在闵行面前的迫切难题和历史使命。

虹桥综合交通枢纽的主体部分在闵行,这是机遇,也是挑战。高速铁路开启长三角城市一体化时代,单个城市的地位影响,直接取决于其在长三角城市集群中的功能作用。搭建国际化平台,提供文化、教育、医学等社会事业服务,是闵行依托虹桥商务区建设,确立自己优势地位,形成核心竞争力的关键所在。因为这些社会事业,需要人才、科研、学术的国际化环境背景作支撑,是其他周边城市无法满足,而闵行可以引进,汇集,整合,打造的。大浦东,大虹桥,连接成上海城市文化发展的中轴线。处在中轴线西端的闵行,只有形成具有强大吸引力、感召力的城市区域中心,才能不被穿越而过。

从"紫竹科学园区"到"紫竹国际创新港",依托国家级海外高层次人才创新创业基地优势,发挥科技园区、大学校区和城市社区"三区联动"效应,形成大紫竹发展战略,为闵行南部地区城市文化发展带来历史性机遇和挑战。国际创新港,不是高科技创新一枝独秀,而是创新人才、创新文化、创新城市、创新社会的齐头并进,迫切需要相应的现代化城市环境和国际文化支撑，需要破解以往科技园区开发模式所造成的城乡二元结构。让一流的人才，做一流的事业，集聚在一流的城区，创造一流的业绩，是大紫竹发展的目标方向和评判标准。

大项目，高起点，新机遇，新挑战。如何在农村城市化基础上，抓住新的历史机遇，开辟更多的公共文化空间，提供更加丰富的文化产品和更加周到的文化服务？如何让城市文化建设引领经济社会发展，让文化自觉成为一种普遍意识，在城市自然景观呵护、历史景观保护和人文景观维护上，打造地方特色、国内领先、国际一流的城市新形象？如何让经济闵行发展为文化闵行，让居住闵行发展成生活闵行，让智能闵行发展为智慧闵行？同样是闵行城市现代化建设必须破解的难题。

城市现代化不仅仅是高楼林立，市场繁荣，交通发达，更应该是各种资源的集聚地，是理想主义的实现地，是创造精神的迸发地。处在从农村城市化向城市现代化发展转折时期，增强闵行城市文化软实力建设的方向路径，就是要在改革开放取得成就基础上，进一步凝聚城市精神，完善城市功能，塑造城市形象，确立文化民生的发展理念，形成以人为本的文化自觉，用文化认同引领社区家园重建，用文化亲民惠民激励市民生命绽放，用文化人才集聚焕发城市创新活力。逐步实现建设绿色生态家园，打造低碳与实力闵行；建设数字智慧家园，打造时尚与魅力闵行；建设多彩人文家园，打造创新与活力闵行的愿景目标。

在这样的城市区域发展愿景中，传媒机构是可以大有作为的。

2011 年 11 月

第三节　海派文化与江南文化

源头是爱,流向是海①

　　十年前的汶川特大地震,在四川,在全中国,激起生命的紧急救援、灾后对口支援建设、生产发展与社会重生的巨大热潮。这其中,由东海之滨的上海市对口援建重灾区都江堰市的动人故事,像一股强大的暖流,宽阔绵长,涤荡人心。

礼遇

　　两年前,我带一支上海哲学社会科学研修班学员到汶川地震灾区作国情调研。在都江堰,学员们进行街头随访,几乎每一位被访问者说着说着就哽咽了。我心里暗暗惊诧,5.12汶川地震给当地人造成的精神疼痛有多深。

　　当晚住在都江堰,我们到老城区散步,看到街头有卖绿皮新鲜核桃的摊点,出于好奇就上前问价。"10元一斤。""太贵了,5元一斤?"实际上也没诚心想买,随便问问而已。同伴中有人问这是什么,上海怎么没见过。不经意的一句话,摊主竟然态度即刻转变:"你们是上海人! 那就5元一斤。"为什么? 上海对口援建都江堰,我们感谢上海人。

　　你敬我一寸,我还你一尺。既然这样,10元一斤我才买。

　　次日,在都江堰景区入口处,凡是持上海身份证者统统免票。这更让我们惊讶了,灾区经济恢复过程中,旅游产业是当地重要的经济支柱之

---

① 本文首发《解放日报》(沪),2018年5月12日,题为《共饮一江水——写在上海对口援建都江堰十周年之际》。

一。而此项特殊的门票优惠政策,既不给予成都本地人,也不针对外国游客,仅仅眷顾住在江之尾的上海人。

经过耐心询问,我们才知道,在都江堰,上海人是受到敬重的特殊客人。因为 5.12 汶川地震后,根据国家统一安排,上海对口援建都江堰市,以上海速度、上海质量、上海规范、上海精神深深地感动了都江堰人。

样板

最近,我集中拜读了有关上海对口援建都江堰的大量文献资料,并有幸拜访了多位都江堰援建工程现场参与者,听他们讲述那段特殊的历史往事。我忍不住无数次泪水盈眶,心灵震撼,心生崇敬。

117 个援建项目,投资总额 82.56 亿元人民币(不含区县政府捐助和社会各界捐资捐助),三年任务两年完成。所有援建工程项目,质量验收合格率 100%。其中获得省部级以上勘察设计奖、优秀设计奖、优质结构工程奖、市政工程奖、建设工程奖、优质安装工程奖等共计 267 个。还有,都江堰医疗中心项目荣获中国建筑工程质量最高奖——鲁班奖。偌大的项目工程,偌大的资金运作,多少工地在同时施工,多少人员在现场劳动,800 个日日夜夜,没有出现安全事故,没有出现腐败现象,始终坚持科学援建、高效援建、务实援建、廉洁援建,不折不扣地做到了工程优质、管理优化、干部优秀,成为对口援建工作走在全国前列的标兵和样板。

十年过后,这些援建工程项目经历了强降雨、泥石流、中强度地震等极端恶劣自然环境的考验,没有出现任何质量问题。"上学要上上海援建的学校,看病要到上海援建的医院,住房要住上海援建的小区。"我们不主张这个说法,但是,都江堰市民群众很任性,至今不改口。

淬炼

"做善事,尽情,尽兴,还要尽心。"曾任对口援建工作指挥部副总指挥许解良说。

"汗流下去,情才上来。"曾任对口援建工作指挥部总指挥薛潮补充说。他们是援建工作的好搭档,说起那段难忘的岁月,已过耳顺之年的老伙计们,还有壮怀激烈之慨。

2008年6月13日,距离汶川特大地震发生一个月,中央制定《汶川地震灾后恢复重建对口支援方案》,按照"一省帮一重灾县"的原则,全国19个省市对口支援四川、甘肃、陕西受灾严重地区,上海对口援建属于"极重灾区"的都江堰市。

6月18日,上海市对口支援都江堰市灾后重建工作领导小组成立,下设办公室,同时作为上海市对口支援都江堰市灾后重建指挥部,沙海林兼任办公室主任、总指挥。同年11月15日,薛潮接替沙海林担任援建工作办公室主任、总指挥。

只争朝夕。6月28日,市委组织部举办对口援建选派干部培训班,随后成立对口援建现场指挥部临时党委。29日,指挥部先遣组赶赴都江堰。30日,上海市医疗卫生队进驻都江堰各工作点,与抗震救灾医疗队进行现场交接。7月1日,都江堰市灾后重建工作委员会上海对口支援工作组成立。7月2日,上海对口援建都江堰指挥部人员整体入住青城山镇一个名叫玉景园的农家乐小院。

"你不要觉得'玉景园'农家乐小院蛮好听的,当时余震不断,住在这种农民的房子里经常抖晃抖晃,心都是悬的,晚上不敢睡觉……"曾经在工程建设组现场工作的章红兵坦率地说。

刚到都江堰,他们看到的满眼都是救灾军队、救助站、志愿者,老城区一片残垣断壁,空气中弥漫着浓烈的消毒水的味道。坐下来,住下来,感觉不对了。余震时断时续,房子时常被摇晃着,有时桌子上的矿泉水瓶都放不稳。更恐怖的是,余震与余震之间,从大地深处传来一种低频隐约而挥之不去的地鸣声,直穿心灵,你不知道下一秒会出现什么意想不到的事情。尽管在上海出发前就做好了思想准备，但是，进驻大震之后的灾难现场是你想象不到的情景。

当时，最有安全保障的住处，是上海援建的过渡安置板房，简称"板房"，选址在开阔地或高地，周边挖好排水沟，硬地面上用钢筋支架和彩钢板搭建而成，具有防震抗震功能。

"那你们为什么不住？"我插话问了一句。

"喏，你问我们领导，他当时不许我们住的。"

峥嵘岁月已成往事，许解良温和微笑地解释说：根据援建工作计划，我们在一个月时间里突击完成都江堰市4个乡镇12个安置点的1万套安置房援建。这些安置房是用援建资金建设的，只能由援建对象使用，我们援建工作人员的所有工作生活费用，必须与援建善款物资进行区格，不能混淆的。

印象最深刻的是，8月1日发生6.1级较强余震后，接着是连续几天的特大暴雨。山区天气阴云密布，风在吼叫，地在颤抖，夜晚的闪电仿佛要把天幕撕裂一样，每一道闪电过后，是那种感觉就在头顶上连环滚动的响雷……所有电子产品都不敢使用，所有电闸都断开，人不敢在床上躺下的，也不敢站在房子里，更不能跑到外边去，只有惊悚地坐在床上，黑暗中迷迷糊糊地挨到天明。后来气象部门公布的数据显示，当天夜里都江堰上空滚过上千个惊雷。在这种慢慢长夜里，你脑子里想到的不再是穷与富、浮与沉，而是生与死。

天稍微放亮，雨还在肆虐，援建指挥部临时党委领导一边带大家排除院子里的积水，一边电话联系驻扎在都江堰19个乡镇的医疗卫生队、工程队、公安干警和社工队伍负责人，详细询问遭遇雷暴雨袭击情况，迅速落实相关应急预案，确保人员安全，医疗、建设和办公设备不遭受大的损失。雨情稍微稳定后，指挥部马上安排实地察看各援建工作点防涝情况。

人与人之间的感情和友谊，经历过同生死共患难的考验，才会淬炼精纯。

敬畏

人,不可迷信,可以信迷。

早在对口援建工作启动之前,2008 年 6 月 5 日,中央政治局常委会议研究部署汶川地震灾后恢复重建对口支援工作,国务院有关方面拟订援建方案过程中,6 月 12 日,上海市规划局专家小组就深入都江堰等地震灾区进行实地考察,帮助都江堰市开展建筑受损情况评估与重建规划方案准备。6 月 17 日,市委常委会听取并审议专家小组前期调研考察和灾后重建情况报告。对口援建工作指挥部成立后,确立"问计于民,问计于当地政府、问计于专家学者"的援建工作规划原则。

时任市委副秘书长、市委研究室主任王战,率领有关专家学者和"两院"院士组成的专家团一行 15 人,专程赴都江堰调研,围绕都江堰市灾后重建的科学布局、优先领域和实施路径等进行专题研讨,为都江堰市城市规划与建设、城市管理与社会发展、生态环境保护与旅游经济、节能减排与可持续发展等提供决策咨询。在此基础上,成立对口援建都江堰市灾后重建工作专家委员会,其中工程建设专家 19 位,负责对援建工程项目的立项、方案设计、重大技术要点等进行咨询、决策指导。

时间紧,任务重,更要尊重科学规律。7 月 13 日,都江堰市灾后重建规划概念方案集中研讨、评审完毕,来自日本、法国、美国、瑞士,以及中国台湾地区、上海等地十多个设计规划机构参与竞标。这是汶川地震灾区首个灾后重建规划概念方案公开亮相,听取专家学者、援建对象意见和建议。经过广泛交流研讨,确定都江堰市灾后重建规划思路是,延续原有目标与总体框架,在空间开发上依托旧城、就近安置、新旧联动;在发展理念上,始终坚持将生态保护作为第一责任,将造福于民作为第一追求;在产业发展上,重点恢复旅游业,加快发展高科技产业和生态农业。

在实地考察过程中,援建指挥部工程项目组成员提出一个问题:为什么几乎所有古建筑都在地震中受到程度不同损毁的情况下，唯独都江堰景区内的"二王庙"受损最小？因为这是为纪念李冰父子修建都江堰水利枢纽工程而修建的庙宇，是后人满怀崇敬之情、敬畏之心去修建的，从选址，到施工，可以想见每一个环节、每个细节都倾注了无限的爱心、精心和敬心。当地群众可能有诸多传说，将其迷信化，现象背后，肯定有值得我们现代人去深入思考的东西，继续心存敬畏。

都江堰市因为都江堰水利工程而得名，李冰父子被当地百姓奉为神明。上海对口援建都江堰指挥部会议室里，摆放着一圈用竹子扎成的杩槎模型。那是都江堰水利工程中用来截流江水的特制工具，标识着以李冰父子为榜样，把都江堰水利工程奉为援建工作的质量标杆，要经得起科学的检验，经得起老百姓的检验，经得起历史的检验。

同心

科学的规划方案，严格的管理体制机制，是援建工程质量高标准的保障。

2008 年 7 月 28 日，对口援建指挥部进驻都江堰一个月之际，首批援建的 11 个项目正式开工。主要包括都江堰医疗中心、综合福利院、向峨小学、团结小学、聚源职业中学等事关民生的公共服务设施和城市基础设施建设。

请专业的人，做专业的事。为了确保工程材料质量符合规定要求，上海市建筑科学院根据对口援建指挥部的要求，经过二十多天的奋战，终于在都江堰市建立并正式启用灾后重建工程材料检测实验室。上海市计量测试院派出专业人员对实验室仪器进行现场校准，上海市技术治疗监督局对实验室进行计量认证评审，并颁发计量证书。作为第三方检测机构，实验室担负起援建工程项目材料质量"卫士"的角色与职责。

把标准转化为行动自觉，需要不断提高思想意识。9 月 15 日，对口援建指挥部工程建设组与上海建筑科学院都江堰重建项目管理部联合召开"上海援建项目质量安全会议"，以会代训，要求从现场地质勘查抓起，严格测量放线、材料检测、图纸会审、施工组织设计等各项工作、每个环节，严把质量关。月底，对口援建指挥部组织专门机构对已开工项目进行质量安全大检查。对查出的问题都在现场进行讲评，要求施工单位立即整改。国庆节期间严格值班制度，各施工单位实行每日质量安全"零报告"。

10月15日，上海建设工程安全质量监督总站派出5名专业人员，在都江堰市成立相对独立建制的上海市援建工程安全质量监督组。该机构在援建指挥部领导下，会同当地建设行政主管部门，具体实施对援建工程的监督管理，着重以过程监督为主，保障援建工程的施工安全和使用功能。

经过兢兢业业，一丝不苟的质量安全把关，2009年7月30日，上海援建的22所学校全部竣工，工程质量评分为92分，超过上海本市建筑工程质量分值。所有援建学校建筑均按8度抗震设防，教学设施全部按照上海学校标准配置，兑现上海市领导的承诺，"上海孩子有的，都江堰孩子也同样要有"。

被称为"上海爱心奶奶"的沈翠英，应邀参加捐资援建学校整体移交仪式，她激动地说，自己原先只期望着学校能有一幢坚固的教学楼，不曾想到还有功能齐全的各类教室、塑胶跑道、专用食堂，甚至还有升降式的课桌椅，为孩子们考虑得太周全了。在上海，这也不多见。

2010年5月23日，上海对口援建的居民安置房3个小区共计2 943套，当地政府组织群众通过摇号分配入住，居民满意率达到98%。

为确保上海援建的每一个工程项目都是可持续发展、群众满意，2010年6月10日开始，对口援建指挥部开展为期一个月的已交付使用项目质量满意回访活动，做到项目交付一个、有效一个、群众满意一个。组织各参建单位对已竣工交付使用的工程项目进行集中质量回访、检查和维修。

援建指挥部对已交付使用的 22 所学校、14 个乡镇（社区）医疗机构和医疗中心、安居房、水厂等援建项目，制订质量保证书、用户手册，建立快速保修服务保障机制。

建筑工程项目竣工验收，交付使用，建设施工方出具工程项目用户使用手册和质量保证书，这是上海对口援建都江堰指挥部的一个质量安全创举。多年来一直从事建筑工程质量管理的许解良至今有个梦想，希望把援建工程质量管理的这个细节，推广到上海市建筑工程质量管理中，让住宅这个市民家庭最大的商品，也有一份使用说明书和质量保证卡。

清正

对口援建工作是一项政治任务，也是一件好事善事。把好事做好，把善事做到心坎上，还要把好事善事做得干净廉洁，是援受双方社会各界对援建工作的普遍期待。对口援建都江堰工作创建了"制度+科技"的项目审计与资金监管工作"上海模式"，做到权力在阳光下运行，资源在市场中配置，资金在网上监管，没有出现一起腐败案件。

上海市审计局及时制定对口援建都江堰灾后重建项目审计工作方案，明确对援建项目进行全过程审计，确保援建工程质量和资金使用的真实、合规和有效。2009 年 8 月，上海市审计局在都江堰市举办为期四天的对口援建审计专题研修班，援受双方相关工作人员共计 150 多人参加学习研修，提高工作人员严格执行审计的技术水平。

援建指挥部根据援建工作实际，逐步形成一整套管理办法、制度和规程，按照透明、高效、安全的原则，制定《援建项目管理规程》《援建资金管理使用实施细则》《援建财务监督管理实施细则》等 20 多项涉及资金物资监管和工程质量安全的规章制度。同时，建立上海和都江堰"两地五方"监督工作联席会议制度，即上海市纪委监察局、成都市纪委监察局、都江堰市纪委监察局、上海市对口援建指挥部、都江堰市对口援建办公室，定期分析研判资金监管方面的情况和问题,及时排查风险点,消除廉政隐患,确保每一个项目都是优质项目、民心项目、廉洁项目。

每一个援建工程项目合同签订的同时,项目责任人都要签订廉政责任书,按要求填写《加强援建项目资金监管和投资控制实施方案表》,防患于未然,保护干部,维护良好工作环境。

2009 年 10 月 20 日,上海市政府网站正式发布《上海对口援建都江堰市灾后重建资金加护安排及项目实施情况公告》,向社会详细公告援建项目资金筹措及使用安排情况。此后,跟踪援建项目进展,分四次持续发布审计报告,直至对口援建项目圆满完成任务。

2010 年 7 月 4 日,加拿大总督米夏埃尔·让一行专门前往都江堰,参观有加方捐助,由上海对口援建的向峨小学。在详细了解学校规划、设计、建设及资金使用情况后,她由衷地赞叹:"我看到了奇迹!"

长流

"参加对口援建工作,你个人最大的感受是什么?"

"心灵的净化!我由此相信,原先只在书本上看到的那种崇高神圣的精神情感是真实存在的。"

我当面询问过多位对口援建工作参与者,得到一个基本相同的回答。薛潮提醒说:援建工作是全方位的,从抗震救灾,到对口援建,再到生产发展、社会重建,包括医疗公共卫生体系、现代生态农业体系、商业旅游服务经济体系、城市基础设施和公共服务体系、文化艺术教育体系,等等,我们是诚心相待,真心援助,授人以渔。

记得 2009 年 2 月市委九届七次会议上,市委主要领导对对口援建工作时提出新要求,"精细、低调、务实、高效"。后来很多援建项目开工、启用仪式上,都邀请捐赠者和普通市民群众参加,活动中不允许出现带有"感恩"的横幅。"壹街区"安居工程项目建设过程中,有人建议以上海文化符号来命名,指挥部坚决予以否定,援建不是施恩,更不能为个人树碑立传。

"我们能有幸参与对口援建这项工作,是亲身见证了这个社会、这个时代的精神气概,以及两个城市的精神情怀。"我理解薛潮之所言,不是唱高调,是真情实感。

上海对口援建都江堰项目资金的主体部分,是根据国务院办公厅《关于印发汶川地震灾后恢复重建对口支援方案的通知》要求,每年对口支援实物工作量不低于本省市上年地方财政收入的1%的标准,上海市三年累计近90亿元。这件事只有社会主义国家能够做到,是大灾之后没有出现逃荒饥饿和瘟疫流行的社会制度保障,是社会主义制度优越性的体现。三年援建过程中,全国调集资金共计1万亿元左右,这是改革开放积累的综合国力强盛的体现,是先富起来的一部分人和一部分地区帮助带动另一部分人的生动实践。援建工程项目具体过程中所实现的速度、质量、高效、规范,这是上海城市精神的体现。

"想起上海人,江河就呈现了。江河的流向如此众多,我要用我的一生,告诉我的子孙,岷江流向在何方。"这是都江堰柳风农民诗社一位诗人写给上海援建者的诗句。

江的源头是爱,江的流向是海。上海,都江堰,共饮一江水,情谊永流传。

商业品牌里的海派文化

一个城市的文化高度,是由无数个商业品牌支撑起来的。从一个商业品牌的兴衰更替,大体可以感知城市的文化脉搏。

"培罗蒙"是著名服装品牌,1930年代初由宁波人许达昌和湖州人蔡履新合伙在上海静安寺路(今南京西路)735号创办。前者负责裁剪缝纫,后者负责材料供应。这个带有西洋化特征的名称,骨子里却是地道的海派商业精神:"培"是缝制,加倍努力,属于合伙人许达昌的劳动价值份额;"罗"是罗纱,衣服材料,属于合伙人蔡履新的劳动价值份额;"蒙"是承蒙光顾,希望通过自己的品牌服务赢得顾客的满意好评。英文名称BAROMON,是从商标中文名称带江浙口音中英译的。

从传统的"拎包裁缝",到主要为欧美人士服务的"奉帮师傅""红帮裁缝",再到商业服务品牌"培罗蒙",大约经过近90年的学习进化、创新发展,经验积累,逐渐形成具有海派文化特征的服装制作工匠精神。培罗蒙创立之先,许达昌曾经在沪上知名的"王顺昌西服店"当学徒,学成出师后,先后在老西门、四川北路、南京路新世界开设过小作坊和"许达昌西服店",积累了比较成熟的西服制作经验,培育了相当广泛的客户市场。1934年6月,13岁的戴祖贻从宁波乡下来到上海,经人介绍,进入培罗蒙西服店,拜店主许达昌为师,成为培罗蒙的第一个学徒。三年学徒生活,严格恪守学徒规矩:做事要勤快,凡事都忍耐,手脚要清爽。并且,学徒期间不能回家探亲,也不许家人前来看望。这种与家人隔离的"封闭式"教育,目的是让学徒集中精力,专心致志学习技艺。

西服是舶来品，最初是西方人的正式服装，一般是在社交场合穿着的所谓正装。西服质量高尚的标准，不仅要求衣服穿在身上很服帖，而且还要求挺拔有型，让人扬长避短，有模有样。当越来越多的外国人来到上海，如何让这些外国人在上海能够订制高品质、令人满意的西服，是商机所在，也是挑战所在。红帮裁缝学徒的学习内容，是全方位的。其基本功，是在热水里捞针、在牛皮上拔针，通过勤学苦练以达到一定的手部动作的速度与力度要求。其基本技艺，是要熟练掌握量体（量）、计算（算）、裁剪（裁）、缝制（缝）等专业技术。其业务技能，包括打算盘、学尺牍、毛笔字、学外语等，都是利用晚上时间自学或参加培训班。专业技术学习方式，主要是跟随师傅身边，观摩师傅工作的每一个细节，时时留心，处处留意，自己实际操作中有不懂之处，才恭敬诚恳地请教师傅指点。还有接待客人过程中，注意向客人学习，凡是客户提出需要修改完善的地方，往往都是特别需要精益求精之处。日积月累，融会贯通，才会熟能生巧，巧夺天工。

专业技艺传授程度，取决于学徒的勤奋和悟性，更取决于师傅对于学徒道德品质的认可程度。戴祖贻学徒期间，就经历了"一块银元"和"一匹呢料"的考验。每天歇工后，徒弟都要帮助整理师傅的工作台，他发现抽屉里有一块银元放在那里有些时日了，是否师傅忘记了？他主动请示师傅，师傅接过徒弟递来的银元，意味深长地正眼看了他一眼，却没作声。还有一次，店面打烊时，按照惯例都要清点货品数量，徒弟发现少了一块呢料，反复核查几遍，确实是少了。他急得满头大汗，还是据实报告。师傅笑眯眯地说："你去问问师母吧！"原来虚惊一场，是师傅在考验徒弟的责任担当意识。

如果说专业技术是一种"术"，道德品质是一种"德"，那么在专业技术与职业道德背后还有一种更重要的"道"，术业之道。这是判断专业技术是否达到专业技艺，是否达到炉火纯青艺术境界的重要指标。而这个

"道"是难以言说,甚至不能言说的,只有在无数次的切身实践中感受到那种微乎其微,出神入化的奇妙意境。

海纳百川,博取众长,精益求精,追求卓越。红帮裁缝在近百年的发展过程中,充分吸收了欧式、美式、英式等各式西服技术要点,总结出制作西服的"四功""九势"和"十六字标准"①,成为海派工匠制作西服的经典要诀。对这些技术标准和品质要诀的把握和实现程度,绝非文字背诵后就可以操作,而是必须经过长期实践,自己心领神会,触类旁通,才能匠心独运,出神入化。戴祖贻成为培罗蒙品牌掌门人后,每当亲自接待重要客人,量度身材尺寸过程中,特别留意的是客人身子骨的软硬度,无论是通过触摸,还是握手,必须有了感触,才能裁剪出合体且出彩的西服。这种微妙之处,他是无法用语言表达出来的。也是凭着这种术亦有道的品牌文化精神,戴祖贻创造了培罗蒙的海外辉煌业绩。

1948 年,许达昌到香港开设培罗蒙西服店。两年后,瞄准朝鲜战争爆发带来大量美国人驻留日本的机会,许达昌又开辟日本西服市场。戴祖贻作为高祖,随师父先后辗转中国香港、日本,并主持日本培罗蒙事业,至1996 年功满荣退。遗憾的是,许达昌主持的香港培罗蒙,与戴祖贻主持的日本培罗蒙,都因后继乏人而束之高阁。花开三朵,仅存一支。1948 年留在上海的培罗蒙西服店,经过公私合营改造后,新体制带来服装生产新方式。作为商业品牌最核心的文化精神,培罗蒙这颗种子,经历过近 70 年的阳光风雨,依然坚守留存在上海的土地上。改革开放新时期以来,在宁波等地,又旁生出一些带有培罗蒙文化基因的服装生产品牌。

2018 年 12 月

---

① 参见李瑊:《培罗蒙先生戴祖贻》,第 75 页,上海:上海大学出版社,2017 年 8 月版。

把江南掰碎,化入现代城市①

一、江南文化有哪些大家比较公认的特质?

文化是一种生活方式与生产方式中积淀形成的价值观念,在比较中显示出其性质特征。

江南文化的历史逻辑:东晋时期的建康(南京);隋唐时期的扬州;南宋时期的临安(杭州);元明清时期的苏州及太湖流域。

尽管在其每一个发展阶段更替中,都充满着战争动乱与血腥,但是更严重的生存危机出现在 1840 年鸦片战争以后的百年历史。中国古代社会历史发展到近代,被西方资本主义发达国家强迫中断了。上海处在中西方文明矛盾冲突交汇点上,发展出海派文化。

江南文化的审美特征:温婉作风、精细农业(精致生活)、务求实效(商业精神)、家国情怀(文化崇尚)。这是站在中原文化或北方文化的角度来看江南文化,而表现出来的审美特质。

江南文化的学理逻辑:是中华文化发展中心从中原地区的麦作文化,转移到长江三角洲江南地区的稻作文化后,形成的一种高度发达阶段的文化形态,是农耕文明发展的最高境界。汉字;家国;阴阳五行;天下观念,是其典型特征。其中有手工业、有商业、有城市,但是都纳入农业社会

① 本文是作者应约参与上海市决策咨询委员会有关城市现代化进程中如何处理好江南文化关系问题的发言提纲。

管理体系,不属于现代文明范畴,尤其是相对于西方文明。其基本范畴是对己(自己,个体生命)修身诚心、对人(他人、社会)友爱仁义、对物(自然)诚敬慈善。"刚柔交错,天文也;文明以止,人文也。观乎天文以察时变,观乎人文以化成天下。"(《易经·贲卦》)其最高境界是天地人和,人间天堂,福寿绵延,寿终正寝。

二、目前江南文化在上海还有哪些具体表现形式？

远郊农村,农业生产;江南古镇(嘉定老街、娄塘、南翔,朱家角,七宝、杜行、召稼楼,新场、川沙、枫泾、张堰,等等)

崇明生态岛;

城市区域,绿化。

三、怎样让江南文化在上海焕发新的活力？

农耕社会与游牧社会;农耕文化与游牧文化;农业文明与工业文明;中华文化与西方文化。人类历史发展趋势,不可逆转。现代化,就是工业化、城市化、全球化。

从现代化到后现代化,人类文明必须整合创新,建设卓越的全球城市,经济指标体系,人文指标体系(定量分析,定性分析)。

农业产品是有机物,工业产品是没有生命的。

把江南文化掰碎了,融入现代城市空间,提升城市文化品质,拓展城市发展空间。西体中用,中体西用。

其一,远郊农村地区实施乡村振兴战略:城市郊区农业的经济学意义、社会学意义、生态学意义。0.5%的GDP,与99.5%的人文乡愁。产业支撑(创意产业与农业的融合,满足乡愁需要);宜居、宜业、宜文、宜寿;政策导向与市场规则。生态观光农业。

其二,江南生态水乡,上海创意小镇。江南小镇历史遗存,建立上海市自然历史遗存名录、社会文明历史遗存名录。

其三,崇明生态岛建设:生态方式,生态产业、生活、市场、学院、论坛、博览……探索现代文明与农业文明的完美结合示范。

其四,城市空间品质:城市绿化(庄稼绿化、本地物种、生态养护);生态城市(街道路面、人行道、广场、河道)。

其五,绝对不要再建完全西式的新市镇。

2018 年 4 月 18 日

第三章

历史传承：茄花有色

第一节　文化主体与文学主题

论五四新文化运动主体的使命担当①

五四新文化运动主体,是新式知识分子,即接受新式学校教育的知识分子。五四新文化运动的主题是人的觉醒,从封建宗法伦理中解放出来,成为现代社会个人。他们特殊的现实社会身份及其秉承的历史文化传统,促使他们中的先进分子在近现代中国社会历史转折时期,主要承担起为时代社会思考出路的使命。从学生运动到政党组织,从思想启蒙到革命斗争,五四新文化运动中觉醒了的新式知识分子开始走向领导中国现代革命的道路,并在此基础上,不断推进社会革命和自我革命,逐步实现民族复兴和世界和平的历史使命。

一、五四新文化运动主体是新式知识分子

五四新文化运动的启蒙者与被启蒙者,五四运动的发起者与参与者,都是接受新式学堂教育的新式知识分子。这是一个特殊历史时期、具有特殊时代特征的青年社会群体,是那个时代最活跃的社会群体,他们引领了 20 世纪初中国社会发展的新方向,开辟了一个被称之为新民主主义革命的新时代,开始了中国现代社会的历史进程②。

中国新式知识分子,缘自晚清国家教育制度改革。晚清新政,戊戌

① 本文首发《上海党史党建》,2021 年第 2 期,题为《论新文化运动中新式知识分子群体的使命担当》。
② 汉语"近代""现代"对应的英语都是 modern,但在现代汉语语境下,有其各自之所指,近代特指国民党领导的旧民主主义革命,现代特指共产党领导的新民主主义革命,其历史分界线为 1919 年五四运动。

变法,开始倡导西方新学,局部调整科举考试科目,试行新式学堂,历经曲折兴废。1905 年 9 月,清政府正式宣布,"著即自丙午科(1906 年,引者注)为始,所有乡、会试一律停止,各省岁科考试亦即停止",兴办学堂,广开民智。"方今时局多艰,储才为急,朝廷以提倡科学急务,屡降明谕,饬令各督抚广设学堂,将俾全国之人咸趋实学,以备任使,用意至为深厚。"①随着新式教育的发展,学堂数量增长迅速,学生人数急剧扩大,形成一个颇具规模的近代学生群体,孕育着巨大的社会能量和文化影响。

综合多方统计数据显示,1905 年新式学校学生最多不过 25.887 3 万人(不含军事、教会学堂,下同);经过两年成倍增长,1907 年学生人数超过百万,达到 102.498 8 万人;1909 年进一步增长,达到 163.888 4 万人;1912 年学生人数为 293.338 7 万人;1916 年学生总数为 429.425 1 万人。②这主要是官办学校学生人数,此外还有未经申报立案的私立学堂、不在统计之列的军事武备学堂,以及各类教会学校。1922 年 5 月至 1923 年 4 月统计,全国各级各类学校学生总数达到 681.948 6 万人,其中小学生 660.180 2 万人,中学生 18.280 4 万人,专门学校学生 3.488 万人③。当时学生入学年龄普遍偏大,小学分为初级小学和高级小学,除去初小,仅以高小以上学生人数计算,1919 年五四运动前后,新式学校有一定社会觉悟的青少年学生人数估计在 300 万人以上。虽然这与国家人口总数不成比例,整个社会受教育程度依然很低,但是这个数字已经远远超出科举制度

①《袁世凯、赵尔巽、张之洞等会奏立停科举推广学校折暨上谕立停科举以广学校》,光绪三十一年八月四日(1905 年 9 月 2 日),见璩鑫圭、唐良炎:《中国近代教育史资料汇编·学制演变》,第 541 页、第 540 页,上海:上海教育出版社,2007 年 4 月版。

② 教育部总务厅文书科编:《中华民国第四次教育统计图表》(四年八月至五年七月),王燕来选编:《民国教育统计资料汇编》,第 3 册第 140 页,北京:国家图书馆出版社,2010 年 9 月版。

③ 中华教育改进社编:《中国教育统计概览》(1923),见王燕来选编:《民国教育统计资料汇编》,第 4 册第 11 页,北京:国家图书馆出版社,2010 年 9 月版。

末期接受过旧式教育的"正途绅士"91.0597万人①,也超过五四运动前后产业工人大约200万人②。

这些新式学校学生,尤其是大中学校学生,加上已经进入社会的知识青年,迅速发展成为近现代中国社会一股最活跃的社会力量。从"公车上书"到"戊戌变法",从"拒俄运动"到"同盟会"组织,从"辛亥革命"到新文化运动,新式知识分子群体发挥着越来越重要的社会作用。处在工业化、城市化、全球化为特征的近现代社会转型时期,新式学校学生接受着西方现代知识,时时处处都感受着古老的中国社会专制统治的腐朽没落气息。求新变革,强国富民的美好意愿,与守旧贪腐,贫穷落后的社会现实之间,产生激烈的矛盾冲突。新式教育兴办的过程,也是学堂风潮、学生运动风起云涌的时代。1902年至1911年十年间,有统计的新式学堂学潮历年发生数分别为16次、59次、67次、18次、21次、53次、75次、73次、53次、56次,总计509堂次。罢课退学,游行集会,组织演讲,抵制外货,反抗政府,成为学潮运动的主要方式。"学界风潮从沿海到内陆,从都市到中小城镇,以武器的批判的形式,广泛地冲击了半封建半殖民地的统治秩序,促使新的革命高潮接踵而来。"③青年学潮,与饥荒难民、强盗土匪,被当时统治者视为社会三大忧患之一。

到辛亥革命前夕,新式学校学生已然成为社会革命力量的主体成分。由于"革命党中以学生居多数,而清廷之视学生也,几无一而不以革命党目之"。站在清朝统治者的角度看新式学堂和学生运动,"宁知学堂之害,

① 参见张仲礼著、李荣昌译:《中国绅士——关于其在19世纪中国社会中作用的研究》,第166页,上海:上海社会科学院出版社,1991年7月版。"正途绅士"是指通过正规科举考试获得的学识社会身份,"异途绅士"是指通过捐资购买的身份符号。19世纪末"异途绅士"有53.3303万人,两种绅士合计144.39万人。
② 参见彭明:《五四运动史》,第89页,北京:人民出版社,1984年4月版。
③ 桑兵:《晚清学堂学生与社会变迁》,第100页、第177页、第121页,上海:学林出版社,1995年5月版。

于今为烈。试问今日革命巨子，何一非学生造成？弃礼蔑义，无父无君，恐非某督九京之下所能预料者耳"①。学生运动的革命化倾向，成为清王朝的大隐患，革命党的大希望。武昌起义后，学生从军蔚然成风，不少学堂为之一空，各地都编组学生军。"据不完全统计，在光复各省及山东、奉天，至少组织了40余支学生军。因报名者络绎不绝，各地学生军不得不一再扩展额限，以容纳四方来投的青年。"②当革命取得政权后，各地学生又纷纷进入政权机构，保证新生政权的正常运行。

当共和取代帝制，革命的悲剧性结局与袁世凯的倒行逆施，以及随后的"护国战争""护法战争"，使得曾经为共和国浴血奋斗的青年知识分子悲切痛恨，陷入沉思。帝国主义侵略中国在步步紧逼，戊戌变法不成，辛亥革命虽成犹败，中华民族的前途命运在哪里？新式知识分子没有放弃探索的脚步，他们中的先进分子开启了五四新文化运动。人是社会的主体，也是国家的主体。只有人的现代化，才有国家的现代化。新文化运动是一场思想启蒙运动，旨在唤醒国民，尤其是知识分子作为人的觉悟，以新人格，以新社会。1915 年 9 月，陈独秀创办《青年杂志》，次年更名为《新青年》，"新"在新思想、新人生。"国势陵夷，道衰学弊。后来责任，端在青年。本志之作，盖欲与青年诸君商榷将来所以修身治国之道。"③腐朽的人生任其腐朽吧，希望寄托在新青年身上。陈独秀主张，"从事国民运动，勿囿于党派运动"，应该是面对广大国民，尤其是新青年的思想启蒙，新文化运动。"政党政治，将随着一九一五年为过去之长物，业不适用于今日中国也。"④这是对辛亥革命后的政党政治腐败社会现实的痛切反思。

---

① 陈蘷龙：《梦蕉亭杂记》，第 131 页，北京：世界知识出版社，2007 年 11 月版。

② 桑兵：《晚清学堂学生与社会变迁》，第 377 页，上海：学林出版社，1995 年 5 月版。

③ 《社告》，《青年杂志》第 1 卷第 1 号（1915 年 9 月）。

④ 陈独秀：《一九一六年》，《青年杂志》第 1 卷第 5 号（1916 年 1 月）。

其实,不仅是陈独秀在反思,整个中国新知识界大多数人都在反思。"为今之计,当先就吾人根性,痛加铲除。虽其事绝非易易,然不绝其途于彼,必不能专其力于此。"①改帝制为共和,铲除了腐朽官僚的政权基础,国民精神再造是更为迫切的问题。《东方杂志》为此征文,应者踊跃。有人提出"精神救国论",有人寄希望进化论观念中的"少年中国之社会观",有人提倡"个位主义",将社会文明进程归结于个体精神、素质、觉悟程度等精神方面,是新知识界比较一致的意见。"吾望有志之士,善用其由文明进化所得之智力,群出于善之一途,使道德有进化无退化,以早促黄金世界之实现也。有志之士,可以起矣。"②因为人是社会最大的变量因素,将社会变革归结于人、诉诸于人,正是五四新文化运动的历史命题。

这时,第一次世界大战爆发,战争的灾难使欧洲社会陷入对自己文化的沉思,并带来了波及世界的东西方文化比较、交流现象。在对比中,人们将两种文化的根本差异,归之于作为文化精神载体的人的世界观和人生观方面。"则西洋人为主我的,而东洋人为没我的。此非一时之现象,乃根本上之差异也。"③与西方比较,他们认为中国传统社会文化正缺少这种具有独立意志的个体的人。"个人实家族、地方、国家若其他社会之主人翁也。我国人惟不知个人本位主义……一国之中,只见有无数寄生之物,不见有独立之人格,此我国数千年所以毫无进化也。"④所以,"欲转善因,是在以个人本位主义,易家族本位主义"⑤。东西方文化的对比和对中国传统社会文化的反思,从而在更新的意义上引出了关于人的时代

① 高劳:《现代文明之弱点》,《东方杂志》第 9 卷第 11 号(1913 年 5 月)。
② 恽代英:《文明与道德》,《东方杂志》第 12 卷第 12 号(1915 年 6 月)。
③ [日]户田:《东西洋社会根本之差异》,《东方杂志》第 8 卷第 3 期(1911 年 10 月)。
④ 家义:《个位主义》,《东方杂志》第 13 卷第 2 号(1916 年 2 月)。
⑤ 陈独秀:《东西民族根本思想之差异》(1915 年 12 月),《陈独秀著作选》,第 1 卷第 167 页,上海:上海人民出版社,1984 年 9 月版。

命题。

《新青年》杂志将"改造青年之思想,辅导青年之修养"奉为自己的"天职"①。这是一场立论于进化论思想基础上的人生改造运动。新文化运动关于人性的启蒙与觉醒,主要通过新式学校教育,借助新闻出版媒介,实现思想启蒙,新文化传播作用。其发起者、传播者与接受者,都是具有一定文化程度的新式知识分子。

二、近现代中国知识分子的主流价值取向

中国新式知识分子诞生在近代中国半封建半殖民地社会,处在后发国家的现代化历史进程中,与生俱来面临着矛盾纠结的文化命运。学习西方现代科学文化,又要批判西方列强侵略压迫;批判中国封建宗法专制思想道德,又澎湃着中华民族的精神文化血脉;既抗争强权又学习新知,既反叛专制腐朽又传承使命责任,所有的历史逻辑与理论逻辑都归结到五四新文化运动主体身上,形成强大的现实社会思想文化漩涡。在矛盾中求生存,在斗争中谋发展,成为近现代中国知识分子的一种生活常态和生存状态。其主流价值取向,是救亡图存,在世界格局下建立民族国家独立主权,逐步实现中华民族伟大复兴。

古老中国的儿女们,要以人的资格从封建宗法制社会中自觉起来,便无可回避地要冲破封建专制思想文化罗网。是因为人的觉醒和解放,也是为了人的觉醒和解放,他们喊出了"打倒孔家店"的口号。在斗争中,他们自觉地取欧洲近代文明为人生价值的参照,不无偏颇地认为东方文明是古代文明,西方文明是近代文明。只有西方的近代文明才足以从根本上冲破、打碎并改造东方的古代文明。这样,在带着兴奋和焦躁的救亡图存的时代情绪下,西方社会自文艺复兴和启蒙运动以来的几乎所有一切

---

① 记者(陈独秀):《通信》,《青年杂志》创刊号(1915年9月)。

关于人权、平等、自由、博爱、科学、民主的种种思想，与托尔斯泰主义、无政府主义、新村主义、易卜生主义、马克思主义、社会主义等种种主义，都被纷纷译介过来，共同汇成了一个思想解放、百家争鸣的时代大潮。然而，译介拿来，其目的是新文化启蒙，为了中国的人生改造。当时少年中国学会的骨干王光祈说："我们学会的会员对于各种主义的态度极不一致，而且各会员对于他自己所信仰的主义，非常坚决，非常彻底，这是有目共睹的。但是我们有一个共同的趋向，就是承认现在中国人的思想行为，无论在什么主义之下，都是不成功的。若要现在的中国人能有应用各种主义的能力，必先使中国人的思想习惯非彻底的改革一番不可，非经过一番预备功夫不可。"[1]所以，同样是因为人的觉醒和解放，也是为了人的觉醒和解放，他们张起了"科学"（赛先生）和"民主"（德先生）的大旗。

新文化运动反帝反封建，提倡科学与民主，不是中国文化传统的断裂。五四时代的先驱者们对于一切有益于个人和民族新生发展的东西，都将拿来占有。孔教"果能实行而有益于今之社会，则数千年之国粹，吾人亦何忍无故废弃之？"[2]他们对待孔子的态度是，"惟取孔子之说以助益其自我之修养，俾孔子为我之孔子可也"[3]。文化传统不仅是一种意识形态，而且更是一种生命形态。对文化传统的批判和继承，只有在新的人生、新的生命形态的确立完成中才得以真正的实现。这代人在参与对中国现代社会历史的创造过程中，确立了自己的人生选项，完成了对民族心理的调整，对民族灵魂的重新塑造。"新文化运动是人的运动"[4]。五四

---

① 王光祈：《少年中国学会之精神及其进行计划》，《少年中国》第 1 卷第 6 期（1919 年 12 月）。

② 陈独秀：《回答常乃惠》（1917 年 4 月），《陈独秀著作选》，第 1 卷第 290 页，上海：上海人民出版社，1984 年 9 月版。

③ 李大钊：《宪法与思想自由》（1916 年 12 月），《李大钊文集》，上卷第 246 页，北京：人民出版社，1984 年 10 月版。

④ 陈独秀：《新文化运动是什么》，《陈独秀文章选编》，上卷第 517 页，北京：生活·读书·新知三联书店，1984 年 6 月版。另参见鲁迅《且介亭杂文·〈草鞋脚〉小引》，郁达夫《中国新文学大系·散文二集导言》，茅盾《关于"创作"》等。

运动的先驱者们,如鲁迅、郁达夫、茅盾等,一直把人的觉醒和解放当作新文化运动和五四新文学的基本特征。

五四文学就诞生在这个人的觉醒和解放的时代大潮中。胡适、陈独秀、钱玄同、刘半农等新文学的理论倡导者们,他们是将新文学运动当作新文化运动的一支劲旅。五四文学也正表现了这种人的觉醒、爱憎和歌哭。显示文学革命实绩,标志中国现代文学伟大开端的《狂人日记》(1918年4月),以从未有过的格式和忧愤,在揭示封建礼教吃人本质的同时,宣告"将来容不得吃人的人,活在世上",预示着"真的人"的世界将会诞生的历史消息。从此以后,人应当成为人,便成了五四新文学的基本主题,成了整个中国现代文学的基本主题。

不同于欧洲近代社会知识分子发动文艺复兴和启蒙运动,是在饱食了所属资产阶级的丰厚乳汁长大后,代表本阶级利益和要求参与历史创造;中国近现代知识分子,在科举制度废除后,成了自由的飘忽不定的社会阶层。他们生死歌哭于这片土地,秉承着浓厚的民族情感、国家意识和以天下为己任的精神文化传统,处在近现代世界环境中,主要起着调剂中西方文化的时代历史落差的文化移植译介作用,担负着为民族思考出路的历史使命。他们将人从封建道德伦理纲常中解放出来,接受以西学为面目的近现代思想意识观念,建立新人生,重铸民族心理,救亡图存,参与社会历史创造。"因此觉醒的人,愈觉有改造社会的任务。"①李大钊称之为"铁肩担道义,妙手著文章"。将人性的觉醒,人生价值的追求,自觉地与救亡图存,改造社会的现实历史要求结合起来,慨然肩负起"我总想为大家辟一条光明的路"的光荣使命。"我愿去,我不得不去。我现在挣扎

---

① 鲁迅:《坟·我们现在怎样做父亲》(1919年10月),《鲁迅全集》,第1卷第138页,北京:人民文学出版社,1981年版。

起来了,我往饿乡去了!"①瞿秋白的人生选择,代表了五四新文化运动觉醒了的新人的价值取向,并逐渐发展成为现代中国社会人生最庄严崇高的主流价值取向。

陈独秀发起五四新文化运动的直接动因,是辛亥革命胜利后已经建立起共和政体,可是轻而易举地就被袁世凯据为己有,并妄图复辟帝制。所以,当《青年杂志》从上海迁移北京,以《新青年》编辑部和北京大学为核心,形成了新文化运动大本营。"这新文化运动的中心力量,实在是20世纪形成的具有强烈文化思想意识的革命知识分子的代表,是20世纪初最先进的一股革新力量。"②开展启蒙运动,促进思想解放,改造人生,实现人的现代化,达到救亡图存,民族复兴的目标。"吾人苟切实从教育着手,未尝不可使吾国转危为安"③。蔡元培接任北京大学校长上任伊始,难免不参与一些政治团体的招待活动,社交往来中感受俗不可耐,促使他不得不公开揭示自己不涉足政界的决心。胡适后来回忆说:"在民国六年,大家办《新青年》的时候,本有一个理想,就是二十年不谈政治,二十年离开政治,而从事教育思想文化等等,(在)非政治的因子上建设政治基础。但是不容易做到,因为我们虽抱定不谈政治的主张,政治却逼我们不得不去谈他。"④中国近现代社会历史发展始终处在一种迫切的追赶状态,没有给予五四新文化运动更充裕的时间去充分开展思想启蒙,而是很快就转入现实政治斗争。

1918年12月,因为有很多的现实政治问题需要及时回应,陈独秀、李

① 瞿秋白:《饿乡纪程·绪言》(1920年11月),《瞿秋白文集》,第1卷第5页,北京:人民文学出版社,1953年10月版。

② 陈万雄:《五四新文化的源流》,第44页,北京:生活·读书·新知三联书店,1997年1月版。

③ 蔡元培:《致汪兆铭函》(1917年3月15日),《蔡元培全集》,第3卷第26页,北京:中华书局,1984年9月版。

④ 胡适:《纪念"五四"》,《独立评论》第149期(1935年5月)。

大钊等创办《每周评论》报。1919 年五四运动爆发后,出现更多的现实政治问题需要关心、研究、表态,陈独秀不得不改变此前关于放弃政党政治,专事文化启蒙的态度主张。这种改变,带来《新青年》编辑部内部同仁的思想分化,并带来五四新文化运动指导思想的变化。以陈独秀、李大钊等为代表的革命派知识分子,发起成立中国共产党,参与对孙中山所领导的国民党进行升级改造,积极走向现实政治运动。以胡适为代表的改良派知识分子,倾向于整理国故,专心学术,强调要"多提一些问题,少谈一些纸上的主义"①,借以培养出敢于正视现实,独立思考问题,推进中国社会进步的能力。

是"替天行道",还是"坐而论道"?是"救亡"压倒"启蒙",还是用"救亡"迅速"启蒙"?应该说,中国现代化历史进程既需要"革命派",又需要"改良派"。没有及时有效的革命运动,难以摧枯拉朽,开创新时代。没有深入持久的社会改良,思想解放,文化创新,就难以实现人的现代化,实现国家社会治理的现代化。近现代中国知识分子不是在自己所选择的合适的历史环境下创造历史,而是在既定的无可选择的历史环境下求生存谋发展。所以,在具体的某个历史时期,要么强调革命,要么强调改良。在整个中国现代化历史进程中,革命与改良是不断变奏,矛盾对立又相互统一。当五四学生运动爆发后,五四新文化运动逐渐转向以社会革命为主流价值取向。

三、中国现代革命道路选择的现实历史逻辑

作为五四新文化运动主体的新式知识分子,他们倾心唤醒民众,走向工农大众,主张社会大联合,是推动中国现代革命道路选择的现实逻辑与历史逻辑之所在。

---

① 胡适:《多研究些问题,少谈些"主义"》,《每周评论》第 32 号(1919 年 7 月)。

促使五四新文化运动转向劳工革命,接受马克思列宁主义理论,选择社会主义道路的内在原因,是中国民族工业在夹缝中的迅速发展,带来工商界社会对于五四学生运动的大力支持,并取得阶段性胜利;外在原因,是俄国十月革命胜利后,建立起世界上第一个社会主义国家苏维埃政权,率先废除沙皇俄国侵略中国所攫取的部分特权,表示出对中国革命的关心和支持。

1919 年 5 月 4 日,星期天,北京各高校学生千余人举行游行集会。学生们用"出丧"的恶作剧形式,举着事先准备好的白色旗帜,沿途散发传单,汇集到天安门广场,宣告对于中国政府拟在巴黎"和平会议"上接受丧权辱国协议的强烈反对态度。青年学生游行集会,群情激愤,相互感染,不仅有恶作剧,还不可避免地出现过激行为。游行队伍从天安门广场经东交民巷使馆区,找到曹汝霖住处,将挽联钉在大门上,再将白旗纷纷投掷进去,并放火焚烧曹宅赵家楼,殴打章宗祥。执勤警察明抢示警,并抓捕有过激行为的学生 32 人。当天晚上,北大学生聚集在法科礼堂,校长蔡元培登台讲话,表示现在已经不是学生的事,不是一个学校的事,而是国家的事。被捕学生,由各校校长前往警察总监处具保获释。

次日,学校正常上课,部分学生分途外出演讲。学生们最关心的是这场运动的法律问题以及被捕同学的责任问题。北大法科刑法课上,兼任北洋政府总检察厅检察官的张孝簃教授被学生团团围住,一再表示自己是现任法官,对于现实的案件不能说话。学生央求着:"可是您是教授,我们是您的学生啊!"最后他低沉着声音只说了八个字:"法无可恕,情有可原。"①另一堂宪法课上,法政科进士、法学教授钟赓言说起学生过激行动,不禁潸然泪下,惹得学生也纷纷落泪,时间没到就下课了。这种情与

① 陶希圣:《从"五四"到"六三"》,《潮流与点滴——陶希圣回忆录》,第 47 页,北京:中国大百科全书出版社,2016 年 1 月第 2 版。

法的对立,源于大道理与小道理的冲突。现实逻辑注定要求小道理要服从并让位给大道理。

时任北大文科讲师的梁漱溟却认为:"在道理上讲,打伤人是现行犯,是无可讳的。纵然曹、章罪大恶极,在罪名未成立时,他仍有他的自由。我们纵然是爱国急公的行为,也不能侵犯他,加暴行于他。"①他主张学生应该自首认罪,政府予以特赦,这样才能两全其美。此番公允言论,在当时日趋激烈的爱国救亡运动中,是不可能被接受的。

5月7日,全国多地召开国民大会,纪念1915年日本企图独吞中国与中华民国大总统袁世凯秘密签订"二十一条"的国耻,并声援北京被捕学生。5月8日,大总统徐世昌下令挽留主动辞职的曹汝霖。5月19日,为抗议政府严令学生不得参与政治活动,学生宣布全体罢课,四处演讲。6月3日,北京学生联合会决定,各校组织学生连续三天分批外出演讲,号召学生罢课,市民罢市,工人罢工,遭到军警大规模搜捕。6月9日,陈独秀起草《北京市民宣言》,提出五条"最后最低要求",宣称"我市民仍希望和平方法达此目的,倘政府不顾和平,不完全听从市民之希望,我等学生、商人、劳工、军人等,惟有直接行动,以图根本之改造"②。该宣言由胡适翻译成英文,印刷成传单,陈独秀亲自和学生们一起上街演讲并散发而被捕。消息传出,引发全国各地,尤其是上海等大城市青年学生、产业工人、市民群众的广泛支持响应。甚至演艺界罢演,乞丐罢讨,花界停止歌宴,监狱囚徒不吃日本咸鱼。上海罢工罢市声援浪潮,迅速扩展到20多个省100多个城市,强烈地表达了中国人民救亡图存、爱国反帝的集体意愿。6月10日,迫于强大的政治压力和社会舆论压力,徐世昌不得已下令同意接受曹汝霖、章宗祥、陆宗舆三人辞呈,免除其职务。

---

① 梁漱溟:《论学生事件》,《每周评论》第 22 号(1919 年 5 月 18 日)"特别附录"。
② 陈独秀:《北京市民宣言》(1919 年 6 月 9 日),《陈独秀著作选》,第 2 卷第 25—26 页,上海:上海人民出版社,1993 年 4 月版。

如此广泛的社会响应和积极支持,给五四新文化运动转向革命斗争提供了坚实的社会基础。1914—1918 年,由于西方帝国主义国家忙于第一次世界大战,已无力向中国进行大规模的商品倾销,暂时放松了对中国的经济输出,中国对外贸易入超数额明显减少,外国在华资本出现不平衡发展态势;同时,北洋军阀政府采取自由主义经济政策,军阀连年混战,政权频繁更迭,极大地削弱了中央政府对于经济的控制力,为民族私人资本主义的发展提供了难得的空间。加上其他多种因素共同作用,企业规模不断扩大,产品销路大为拓展,产业利润丰厚,中国民族资本主义经济发展出现一个"黄金时期"①。民族资产阶级的经济实力和社会地位增长,其政治要求也随之提高。全国各地群众性的抵制洋货运动,使得国货销路扩大。特别是在五四运动影响下,抵制日货成效显著,使得日货对华出口总值逐年下降,纺织、面粉、水泥、火柴等民族工业得到迅速发展。六三罢市、罢工活动中,民族工商业人士和产业工人成为支持学生爱国运动的主要社会力量。

如果说"五四新文化运动"是包括"五四运动"在内的爱国民主进步运动,那么,"启蒙"与"革命"就是其双重的复调主题,具有相互关联的文化意义与社会意义。从"坐而论道"到"替天行道",新式知识分子选择参与社会变革的方式方法不同,其使命目标却是一致的,都是为了谋求中国如何堂堂正正地步入现代化大道。

1917 年 4 月,毛泽东以"二十八画生"的笔名,在《新青年》杂志发表文章《体育之研究》。文章对"身体"的重要性做出具有本体论意义上的阐述,"体育一道,融德育与智育,而德智皆寄于体,无体是无德智也"。这是"践履型"知识分子,"主张在'体育'这个具有象征意义的动态行为范

---

① 参见《中国经济发展史(1840—1949)》,第 1 卷第 437、440 页,上海:上海财经大学出版社,2016 年 3 月版。

畴中检验精神与身体互倚互动的效果,以此作为参照来确定知识是否具有实践意义上的合理性"①。强调主体的实践性特征,在社会实践中实现人生主体性,完成文化再造,社会再造,虽然处于边缘状态,却具有强大的精神生命力。

陈独秀在《新青年》杂志"随感录"中说:"我们为什么要革命? 是因为现社会底制度和分子不良,用和平的方法改革不了才取革命手段。革命不是目的,除旧布新才是目的。若是忘了目的,或是误以手段为目的,那便大错特错。"②选择革命,是从事一件神圣的事业,是为了实现社会变革,推进社会文明进步的历史进程。后来,陈独秀回顾自己建党的经历时说:"半殖民地的中国,经济落后的中国,外困于国际资本帝国主义,内困军阀官僚。欲求民族解放,民主政治之成功,决非懦弱的妥协的上层剥削阶级全躯保妻子之徒,能实行以血购自由的大业。并且彼等畏憎其素所践踏的下层民众之奋起,甚于畏憎帝国主义与军阀官僚。因此,彼等亦不欲成此大业。只有最受压迫最革命的工农劳苦人民和全世界反帝国主义反军阀官僚的无产阶级势力,联合一气,以革命怒潮,对外排除帝国主义的宰制,对内扫荡军阀官僚的压迫,然后中国的民族解放,国家独立与统一,发展经济,提高一般人民的生活,始可得而期。工农劳苦人民一般的斗争,与中国民族解放的斗争,势已合流并进,而不可分离。此真即予'五四'运动以后开始组织中国共产党之原因也。"③

1939 年 5 月,毛泽东在延安发表关于五四运动的文章,特别强调其社会意义在于标志着中国近代以来反帝反封建的民主革命已经发展到一个新阶段。五四时期,"英勇地出现于运动先头的则是数十万的学生",而紧

① 杨念群:《五四另一面:"社会"观念的形成与新型组织的诞生》,第 213 页,上海:上海人民出版社,2019 年 4 月版。
② 独秀(陈独秀):《随感录·革命与作乱》,《新青年》,第 8 卷第 4 号(1920 年 12 月)。
③ 陈独秀:《辩诉状》(1933 年 2 月),《陈独秀著作选》,第 3 卷第 315—316 页,上海:上海人民出版社,1993 年 4 月版。

随其后则是一个日渐壮大的革命阵营,"这就是中国的工人阶级、学生群众和新兴的民族资产阶级所组成的阵营"。从工人阶级作为革命运动领导阶级的角度,毛泽东认为这是中国新民主主义革命的开始。由此引申出关于现代中国知识分子必须与工农群众相结合的政治话题。"在中国的民主革命运动中,知识分子是首先觉悟的成分,辛亥革命和五四运动都明显地表现出了这一点,而五四运动时期的知识分子则比辛亥革命时期的知识分子更广大更觉悟。然而知识分子如果不和工农相结合,则将一事无成。革命的或不革命的或反革命的知识分子的最后的分界,看其是否愿意并且实行和工农民众相结合。他们的最后的分界仅仅在这一点,而不在乎口讲什么三民主义或马克思主义。"①从不同的角度可以对五四运动作出不同的价值判断。不同角度,不同判断,不同领域里的革命或改良,只能解决部分问题,不可能毕其功于一役。能保持这种开放型的思维,既顾此,又及彼,是新文化运动所期待的人的现代理性精神之所在。

正当中国为第一次世界大战后的国家主权与帝国主义列强发生斗争的关键时刻,俄国共产党在十月革命胜利后,主动宣布旧沙俄政府与中国签订的不平等条约无效,表示愿意放弃一切侵犯中国权益的条款。此举极大地吸引了中国先进知识分子的注意,在如何选择国家现代化道路问题上,发挥着重要的导向作用。1920年4月,俄国共产党远东局符拉迪沃斯托克分局经共产国际批准派代表维经斯基夫妇来华,主动同中国革命组织建立联系。在北京,他们与李大钊进行了会晤。经李大钊介绍,他们到上海找到陈独秀,进一步商讨中国创建共产党问题。同年8月,陈独秀等在维经斯基帮助下成立了上海共产党早期组织,正式筹备成立中国共产党。1921年7月,中国共产党在上海正式成立,是五四运动的历史成

① 毛泽东:《五四运动》,《毛泽东选集》,第2卷第558页、第559—560页,北京:人民出版社,1991年6月第2版。

果,也是五四新文化运动的历史逻辑之所归。

四、余论：中国共产党人的文化使命

中国共产党的早期成员主要是新式知识分子。温饱以上家庭出身,才有可能上学读书;有一定的经济基础才能进入城市生活,有文化才能与外国人交往,有血性才能分外感受到作为殖民地半殖民地国家公民的精神屈辱。有钱,有文化,有血性担当的仁人志士,他们发起成立中国共产党组织,不是为了个人生计,而是为了民族国家的根本利益、长远利益和整体利益。在为中华民族伟大复兴而前赴后继的中国现代化历史进程中,政治上站起来,经济上富起来,科技上强起来,所完成的仅仅是硬实力上的历史使命,此外还有软实力上的文化使命和历史担当。

1921年7月23日,中国共产党第一次代表大会在上海召开。与会代表13人,代表全国党员58人。按学历统计:留日18人,北大17人,其他大学8人,中学13人,共计56人;按职业统计:教师19人,学生24人,新闻工作和职员10人,产业工人4人。[①] 他们大多数都出身于中产以上家庭,接受过传统私塾教育和现代学校教育,属于新式知识分子。在一百年前的那个年代,新知识新文化属于社会稀缺资源,读书至此,可以参政、办学、兴业、做买办,个人完全可以轻松获得堪称优渥的生活。李大钊在北京大学任教,每月薪俸240元。1920年3月,马克思主义学说研究会成立,"他每月捐出个人薪俸80元为各项工作之用"[②]。他们"假私济公",发起组织这个政党的初心,是自觉放弃个人安逸生活,舍弃小我,服务社会,服务民族国家,通过志愿服务将小我融入大我。这是中国作为四大文明古国之一,并且是唯一历史连续不断的中华文明传统精神之所在。中

---

① 资料来源:上海中共一大会址纪念馆展览文献。参见中共嘉兴市委宣传部等:《中国共产党早期组织及其成员研究》,第8页,北京:中共党史出版社,2013年12月版。
② 张国焘:《我的回忆》,第1册第106页,北京:东方出版社,1998年1月版。

国新式知识分子秉承古代中国士农工商之"士"的精神血脉,他们能把十个现象归纳总结出一个道理,是知识的生产者和传承者,是"道统"的担当者和创新探索者。他们以天下为己任,修齐治平,先忧后乐,前仆后继,引领时代社会文明行进的步伐。

中共成立之初,就加入共产国际,是共产国际的一个支部,其名称、章程、组织、经费等,基本上都是按照上级党组织规定而来的。所以,中共早期党章上所写的与社会现实中的具体情况是存在明显差异的。中国共产党的核心成员,始终是中国现代知识分子。直到 1943 年 5 月共产国际宣布解散,中共才完全脱离了与共产国际之间的上下级关系,成为相对自主的中国现代社会政党。1956 年 1 月,周恩来宣布中国知识分子"他们中间的绝大部分已经成为国家工作人员,已经为社会主义服务,已经是工人阶级的一部分"[①]。这是广义的工人阶级。1979 年 6 月,邓小平在全国政协五届二次会议上讲话,再次宣布"我国广大的知识分子,包括从旧社会过来的老知识分子的绝大多数,已经成为工人阶级的一部分"[②]。这是再次明确给知识分子定位,划归人民范畴。2001 年 7 月,江泽民在纪念中国共产党成立 80 周年大会上讲话,全面阐述"三个代表"重要思想,指出中国共产党始终代表中国先进生产力的发展要求、代表中国先进文化的前进方向、代表中国最广大人民的根本利益,是立党之本、执政之基、力量之源。[③] 随后,中共党章明确,中国共产党是中国工人阶级的先锋队,同时是中国人民和中华民族的先锋队。现代中国先进知识分子,就是近现代社会以来始终发挥着引领时代社会的先锋队作用。2017 年 10 月,习近平总

---

① 周恩来:《关于知识分子问题的报告》,《周恩来选集》,下卷第 162 页,北京:人民出版社,1984 年 11 月版。
② 邓小平:《新时期的统一战线和人民政协的任务》,《邓小平文选》,第 2 卷第 186 页,北京:人民出版社,1994 年 10 月第 2 版。
③ 江泽民:《在庆祝中国共产党成立 80 周年大会上的讲话》,《人民日报》(京)2001 年 7 月 2 日。

书记在中共十九大报告中明确宣布，"中国共产党人的初心和使命，就是为中国人民谋幸福，为中华民族谋复兴"①。百年初心不变，使命在肩，才有中华民族重新屹立世界东方的历史奇迹。

中国共产党是一个以政治信仰为宗旨和纽带的现代政党，不同于先秦的乡党，唐宋的朋党，以及晚清和近代江湖社会的会党宗派组织；也不同于西方资本主义社会的议会政党（the Party）所代表的是社会一小部分人（the party）利益，而是始终代表着中华民族的根本利益和中国人民的长远利益。他们的使命担当、情怀格局、国际视野，他们与现代工人阶级相结合，动员组织最广泛的工农联盟和统一战线，决定了中国共产党人的崇高精神品质和强大红色基因。在历经坎坷，成功完成政治革命、经济变革、科技创新的历史考验过程中，重新建立中华民族文化自信，是五四新文化运动开创的历史命题，是中国共产党人必须做好的一份历史试卷，也是社会主义现代化中国为人类命运共同体所贡献的中国智慧和中国方案。

---

① 习近平：《决胜全面建成小康社会，夺取新时代中国特色社会主义伟大胜利》，《人民日报》（京），2017 年 10 月 28 日。

在"人"的旗帜下
——论五四文学的背景、发生和发展①

一

五四文学(1917—1927),是五四新文化运动人的觉醒和解放的产物,是整个新文化运动的重要组成部分。五四文学的背景,就是五四新文化运动。五四新文化运动和新文学的突出标志,是具有现代意识的"人"的出现。

中国古代社会后期,出现了要求摆脱封建专制文化思想束缚,带有新的时代特征的人的自觉意识。但是,明清两个封建王朝使中国社会历史发展较之世界其他先进民族国家,落后了近两个世纪②。近代先进的中国人,从"中体西用"的洋务运动,到君主立宪的戊戌变法,民主共和的辛亥革命,经历了学习西方的科学技术、政治制度与思想文化的思想演变和深化过程。19世纪后期,"维新的时代出现了由于西化思想大规模涌进中国士大夫世界而造成的思想激荡。这便引起了原有的世界观和制度化了

---

① 本文首发《社会科学研究》(川),1992年第5期。《中国现代、当代文学研究》(人大复印资料)(京)1992年第10期全文转载。
② 章培恒先生认为,以白朴、王实甫和关汉卿为代表的元代戏剧创作,如《墙头马上》《西厢记》等,与同时期意大利诗人但丁和西班牙作家薄伽丘的创作,如《神曲》《十日谈》等相比较,文学艺术及其所表现的社会思想意识观念并不落后,从元代社会后期和明王朝统一至明代社会中期的近一百年是个停滞倒退的时期;从明代后期至清王朝建立,又是一个停滞倒退的百余年。这两百余年时间,中国文学和整个思想文化的发展远远地落后了。

的价值观两者的崩溃,从而揭开了二十世纪文化危机的帷幕"①。继之而起的辛亥革命,将本应是更广泛更深刻意义上的资产阶级民主革命,变成一种狭隘的种族革命,未能从根本上改变中国的社会现实,进而加深了中国文化的危机。这是历史的遗憾,是中国资产阶级的不幸。

这时,第一次世界大战爆发,战争的灾难使欧洲社会陷入对自己文化的沉思,并带来了波及世界的东西方文化比较、交流现象。在对比中,人们将两种文化的根本差异,归之于作为文化精神载体的人的世界观和人生观方面。"则西洋人为主我的,而东洋人为没我的。此非一时之现象,乃根本上之差异也。"②与西方比较,他们认为中国传统社会文化正缺少这种具有独立意志的个体的人。"个人实家族、地方、国家若其他社会之主人翁也。我国人惟不知个人本位主义……一国之中,只见有无数寄生之物,不见有独立之人格,此我国数千年所以毫无进化也。"③所以,"欲转善因,是在以个人本位主义,易家族本位主义"④。东西方文化的对比和对中国传统社会文化的反思,从而在更新的意义上引出了关于人的时代命题。

人的意识的重新觉醒,加深了人们对近代社会历史现实的认识,对开展思想革命,改造国民性,唤醒中国人作为人的历史主动性的认识。陈独秀把"伦理的觉悟"视为"吾人最后觉悟之最后觉悟"⑤,就是要从思想文化上打破旧的人与人、与社会的关系,使个人从封建道德伦理纲常的罗

---

① [美]费正清主编:《剑桥中国晚清史》,下卷第372页,北京:中国社会科学出版社,1985年2月版。

② [日]户田:《东西洋社会根本之差异》,《东方杂志》第8卷第3期(1911年10月)。

③ 家义:《个位主义》,《东方杂志》第13卷第2号(1916年2月)。

④ 陈独秀:《东西民族根本思想之差异》(1915年12月),《陈独秀著作选》,第1卷第167页,上海:上海人民出版社,1984年9月版。

⑤ 陈独秀:《吾人最后之觉悟》(1916年12月),《陈独秀著作选》,第1卷第179页,上海:上海人民出版社,1984年9月版。

网中觉醒解放出来。李大钊提出"革我之面,洗我之心","弃罪恶之我,迎光明之我"①,在我之再造中,迎来中国之再造。鲁迅带着沉重的历史经验回忆说:"见过辛亥革命,见过二次革命,见过袁世凯称帝,张勋复辟,看来看去,就看得怀疑起来,颓唐得很了。"②在痛苦的反思求索中,他认为"此后最要紧的是改造国民性,否则,无论是专制,是共和,是什么什么,招牌虽换,货色照旧,全不行的"③。思想界关于"思想革命""根本改革"的波澜之势,正预示着一场围绕着人的觉醒和解放而展开的思想文化革命的到来。

　　1914 年 11 月 10 日,陈独秀在《甲寅杂志》上发表《爱国心与自觉心》一文,表现了对国家愤激绝望的心情。文中"国家"有"政府"(state)与"民族"(nation)之分。他的绝望更多的是对政府,愤激则更多的是对民族。愤激绝望中,将时势国运诉之于国民个体,指出,"今吾国之患,非独在政府,国民之智力,由面面观之,能否建设国家于二十世纪,非浮夸自大,诚不能无所怀疑。"一旦希望之光燃成冲天大火,那么,愤激绝望便成为彻底反抗和激进主义的前提;诉之国民个体,更是走向新文化运动人性启蒙的序曲。次年 8 月 15 日,李大钊以致《甲寅杂志》记者信的方式,发表《厌世心与自觉心》,从东西方文明的不同及参照,正面阐发由我之新生迎来国家民族新生的思想主张,恰好是给处于自己思想极地的陈独秀以一种新生之路的点化。④

---

① 李大钊:《民彝与政治》(1916 年 5 月),《李大钊文集》,上卷第 175 页,北京:人民出版社,1984 年 10 月版。
② 鲁迅:《南腔北调集·〈自选集〉自序》,《鲁迅全集》第 4 卷第 455 页,北京:人民文学出版社,1981 年版。
③ 鲁迅:《两地书·八》(1925 年 3 月 31 日),《鲁迅全集》第 11 卷第 31 页,北京:人民文学出版社,1981 年版。
④ 目前,对陈独秀创办《青年杂志》前的具体行踪和心理状态难得其详。仅从他一些诗文中能感觉到,辛亥革命后 1913 年他辞去安徽都督柏文蔚的秘书长职务,从安庆亡命上海,"先生意境,似颇消沉"。(郅玉汝:《陈独秀年谱》,香港:龙门书店,1974 年版。)但到 1915 年 7 月,在《夜雨狂歌答沈二》诗中,于凄怆绝寰中可辨他的心情渐渐转向激越和兴奋。

1915 年 9 月 15 日,陈独秀在上海创办《青年杂志》(1916 年 9 月第 2 卷 1 号起改名为《新青年》,1917 年初迁至北京),开始了人的觉醒和解放的五四新文化运动。

二

五四新文化运动,以倡导新文化反对旧文化,倡导新道德反对旧道德,倡导新文学反对旧文学为手段,唤起人——尤其是青年知识分子的人性觉醒和思想意识观念上的解放,从而实现民族心理的调整,正视现实,认识时代,改革社会,创造历史。五四文学的发生,是人的觉醒和解放的产物。

《新青年》杂志将"改造青年之思想,辅导青年之修养"奉为自己的"天职"①。这是一场立论于进化论思想基础上的人生改造运动。它首先唤醒的是那一代人的个体生命意识。"上天下地,唯我独尊!""我者,真万事万物之本也。"②我是我,我有我的权利和责任,"我们考察人生问题,不可不理会这层最新的道理"③。这成了一代人的信念,时代的强音,召引着他们去接受新生活的洗礼,去创造,去奋斗!

古老中国的儿女们,要以人的资格从封建宗法制社会中自觉起来,便无可回避地要冲破封建专制思想文化罗网。是因为人的觉醒和解放,也是为了人的觉醒和解放,他们喊出了"打倒孔家店"的口号。在斗争中,他们自觉地取欧洲近代文明为人生价值的参照,不无偏颇地认为东方文明是古代文明,西方文明是近代文明。只有西方的近代文明才足以从根本上冲破、打碎并改造东方的古代文明。这样,在带着兴奋和焦躁的救亡图存的时代情绪下,西方社会自文艺复兴和启蒙运动以来的几乎所有一切关于人权、平等、自由、博爱、科学、民主的种种思想,与托尔斯泰主义、无

① 记者(陈独秀):《通信》,《青年杂志》创刊号(1915 年 9 月)。
② 民质:《我》,《东方杂志》第 13 卷第 1 号(1916 年 1 月)。
③ 傅斯年:《人生问题发端》,《新潮》创刊号(1919 年 1 月)。

政府主义、新村主义、易卜生主义、马克思主义等种种主义,都被纷纷移介过来,共同汇成了一个思想解放、百家争鸣的时代大潮。然而,移介拿来,其目的是新文化启蒙,为了中国的人生改造。当时少年中国学会的骨干王光祈说:"我们学会的会员对于各种主义的态度极不一致,而且各会员对于他自己所信仰的主义,非常坚决,非常彻底,这是有目共睹的。但是我们有一个共同的趋向,就是承认现在中国人的思想行为,无论在什么主义之下,都是不成功的。若要现在的中国人能有应用各种主义的能力,必先使中国人的思想习惯非彻底的改革一番不可,非经过一番预备功夫不可。"①所以,同样是因为人的觉醒和解放,也是为了人的觉醒和解放,他们张起了"科学"(赛先生)和"民主"(德先生)的大旗。

新文化运动反帝反封建,提倡科学与民主,不是中国文化传统的断裂。五四时代的先驱者们对于一切有益于个人和民族新生发展的东西,都将拿来占有。孔教"果能实行而有益于今之社会,则数千年之国粹,吾人亦何忍无故废弃之?"②他们对待孔子的态度是,"惟取孔子之说以助益其自我之修养,俾孔子为我之孔子可也。"③文化传统不仅是一种意识形态,而且更是一种生命形态。对文化传统的批判和继承,只有在新的人生,新的生命形态的确立完成中才得以真正的实现。这代人在参与对中国现代社会历史的创造过程中,确立了自己的光辉人生,完成了对民族心理的调整,对民族灵魂的重新塑造。"新文化运动是人的运动"④。五四

---

① 王光祈:《少年中国学会之精神及其进行计划》,《少年中国》第 1 卷第 6 期(1919 年 12 月)。
② 陈独秀:《回答常乃惠》(1917 年 4 月),《陈独秀著作选》,第 1 卷第 290 页,上海:上海人民出版社,1984 年 9 月版。
③ 李大钊:《宪法与思想自由》(1916 年 12 月),《李大钊文集》,上卷第 246 页,北京:人民出版社,1984 年 10 月版。
④ 陈独秀:《新文化运动是什么》,《陈独秀文章选编》,上卷第 517 页,北京:生活·读书·新知三联书店,1984 年 6 月版。另参见鲁迅《且介亭杂文·〈草鞋脚〉小引》,郁达夫《中国新文学大系·散文二集导言》,茅盾《关于"创作"》等。

运动的先驱者们，如鲁迅、郁达夫、茅盾等，一直把人的觉醒和解放当作新文化运动和五四新文学的基本特征。

五四文学就诞生在这个人的觉醒和解放的时代大潮中。胡适、陈独秀、钱玄同、刘半农等新文学的理论倡导者们，他们是将新文学运动当作新文化运动的一支劲旅。五四文学也正表现了这种人的觉醒、爱憎和歌哭。显示文学革命实绩，标志中国现代文学伟大开端的《狂人日记》（1918 年 4 月），以从未有过的格式和忧愤，在揭示封建礼教吃人本质的同时，宣告"将来容不得吃人的人，活在世上"，预示着"真的人"的世界将会诞生的历史消息。从此以后，人应当成为人，便成了五四新文学的基本主题，成了整个中国现代文学的基本主题。

最初被新文化运动"震"上文坛的新文学创作者们，他们打破旧小说的道德说教和人生游戏，创作"问题小说"，"提出一种问题，借小说来研究他，求人解决"①。这些小说在艺术表现上是幼稚的，叙述多于描写，观念大于形象。但这里却表现了人的觉醒和觉醒后的人对于社会历史的责任。冰心后来回忆自己五四时期文学创作情况说："这个强烈的时代思潮，把我卷出了狭小的家庭和教会学校的门槛，使我由模糊而慢慢地看出了在我周围的半封建半殖民地的中国社会里的种种问题。这里面有血，有泪，有凌辱和呻吟，有压迫和呼喊。……静夜听来，连凄清悠远的'赛梨的萝卜'的叫卖声，以及敲震心弦的算命的锣声，都会引起我的许多感喟。"②她开始创作小说的目的，"是要想感化社会"，借着"消极的文字"，去惊醒人们，激励人们去改良社会。③ 庐隐创作初期，"是朝着客观的写实主义走"，"她在自身以外的广大的社会生活中找题材"④。郭沫若留学

① 仲密（周作人）：《中国小说里的男女问题》，《每周评论》7 号（1919 年 2 月）。
② 冰心：《从"五四"到"四五"》，《冰心论创作》，第 14 页，上海：上海文艺出版社，1982 年 10 月版。
③ 冰心：《我做小说何曾悲观呢？》，《晨报》1911 年 11 月 11 日。
④ 未明（茅盾）：《庐隐论》，《文学》第 3 卷第 1 号（1934 年 7 月）。

日本,较多地挣脱了封建思想的羁绊。《女神》(上海泰东图书局,1921年8月出版)中,泛神论的宇宙观化成了审美意识上天狗式的横空出世的抒情主体形象;对五四后的祖国那种情人般的殷切希望和眷恋,以及由受泰戈尔、海涅的影响转向惠特曼、歌德、瓦格纳式的宏阔豪放,他描绘出了象征着个人新生,同时也是祖国新生的凤凰涅槃的壮美雄丽的重彩华章。正是郭沫若唱出了五四时代人的觉醒和解放的时代强音,并开创了五四新文学审美艺术上的积极浪漫主义传统。

三

五四文学诞生在新文化运动人的觉醒和解放的时代潮流中,也随着这个人的时代潮流的发展而发展演变着。

五四新文化运动觉醒解放了的人,主要是当时的青年知识分子。中国新式知识分子开始形成于戊戌变法前后,到1916年仅在校学生数已达到300万,从数量上说已大于产业工人200万左右的数字。① 这些在校大中学生,加上社会上的知识青年,受新文化运动影响后是一股最活跃的社会力量。不同于欧洲近代社会知识分子发动文艺复兴和启蒙运动,是在饱食了所属资产阶级的丰厚乳汁长大后,代表本阶级利益和要求,参与历史创造;中国近现代知识分子,在科举制度废除后,成了自由的飘忽不定的社会阶层。他们生死歌哭于这片土地,秉承着浓厚的民族情感、国家意识和以天下为己任的优良精神传统,处在近现代世界环境中,主要起着调剂中西方文化的时代历史落差的文化移介作用,担负着为民族思考出路的历史使命。他们将人从封建道德伦理纲常中解放出来,接受以西学为面目的近代思想意识观念,建立新人生,重铸民族心理,救亡图存,参与社会历史创造。"因此觉醒的人,愈觉有改造社

---

① 参见彭明:《五四运动史》,第89页,北京:人民出版社,1984年4月版。

会的任务。"①将人性的觉醒，人生价值的追求，自觉地与救亡图存，改造社会的现实历史要求结合起来，慨然肩负起"我总想为大家辟一条光明的路"的光荣使命，②就成了五四新人生，也是中国现代社会人生最庄严崇高的神明烛照！

在严峻的社会现实面前，五四新一代的人生，他们敢于直面人生，获得了人生现实感（这与阿Q、孔乙己们是迥异的）。十月革命的胜利给中国带来马克思主义更广泛的传播和发展，使得这种人生现实感找到了理论上的支持，升华为辩证唯物主义的人生观。他们接受了马克思主义学说，获得了正确认识世界的世界观和改造社会的科学方法。这时，五四新文化运动关于人的时代命题被注入了新的思想内容。由进化论基础上的一般年青人争取摆脱封建伦理道德纲常的思想观念解放，到阶级论基础上的广大下层社会人民大众的社会解放；从追求个性解放的民主个人主义，到寻求阶级解放、民族解放的社会共产主义，从而发展深化了新文化运动关于人的时代命题。

作为在新文化运动中被唤醒了的"人之子"们的一般五四文学创作者，他们持以创作和在作品中所表现出的个性解放观念、普遍人道主义观念，都是属于民主个人主义思想范畴。这种思想观念与五四后已经发展了的社会现实之间的隔膜和差距，使他们在生活中既看到了半封建半殖民地的中国社会人生的腐败缺陷，也因此而经历着理想碰壁的幻灭失败，更感受着人生彷徨的痛苦悲哀。他们心中似乎郁积得太多，只有通过艺术的外泄才能达到心理的平衡。于是，一种感伤的浪漫主义文学思潮出现了。它是追求个性解放而不得，陷于苦闷和忧伤，在五四落潮后严酷的

---

① 鲁迅：《坟·我们现在怎样做父亲》（1919 年 10 月），《鲁迅全集》，第 1 卷第 138 页，北京：人民文学出版社，1981 年版。

② 瞿秋白：《饿乡纪程·绪言》（1920 年 11 月），《瞿秋白文集》，第 1 卷第 5 页，北京：人民文学出版社，1953 年 10 月版。

社会现实面前搁浅碰壁的人生生命的审美反映。

1921 年 8 月,茅盾总结上半年的小说创作情况,据他的统计,"描写男女恋爱的小说占了全数百分之九十八"①。在这些表现"人之子"的觉醒和歌哭的小说中,自由恋爱不是作为人生的一部分,而是人生觉醒解放的标志,是对人生意义和价值追求的出发点和归宿点。郁达夫《沉沦》(1921 年 5 月)一时成为时尚,颇为激动年青人的,不仅在于大胆刻骨的描写,而且在于主人公对爱情的呼唤中,祈求着人与人心灵的相通和理解。淦女士《旅行》(1923 年)中的男女主人公,行为的羞怯保守与他们自己对这种行为评价的夸张自耀,说明在爱情生活中,男女双方寻求作为觉醒了的人的心灵相通和彼此理解,是更为本质的东西。相反,男女双方的不能理解,或所爱不能如所愿,则成为这类题材小说创作的另一方面的内容。但到鲁迅《伤逝》(1925 年 10 月),便已经艺术地暴露出仅限于以恋爱婚姻关系缔结的人与人心灵相通理解的人的解放思想的严重缺陷。郁达夫的创作从《沉沦》到《茫茫夜》(1922 年 2 月)、《秋柳》(1924 年 10 月)、《迷羊》(1927 年),表现在生活的窘困和爱情的不幸后,依翠偎红的成分逐渐增多;张资平的创作滑进三角四角的恋爱游戏,都是这种人的解放思想在现实中破产失败的病态艺术反映。

另外一批作家,他们从普遍人道主义思想出发,将艺术的眼光注视着下层社会人生。被他们发现的是生活的苦痛和重辙下的呻吟。鲁迅《故乡》(1921 年 1 月)、《祝福》(1924 年 2 月),叶绍钧写小市民和小学教员生活的作品是典型代表。但不论是庐隐的"人生是憎"、冰心的"人生是爱",还是叶绍钧、王统照、许地山的"爱""美""自然",与宗教观念,都是觉醒了的人对社会人生的感悟和解脱。其间正隐含着对他们

---

① 郎损(茅盾):《评四五六月的创作》,《小说月报》第 12 卷第 8 号(1921 年 8 月)。

所接受了的属于民主个人主义思想范畴的人的解放思想的令人揪心的否定。

四

五四文学创作者中的绝大多数是为人生而文学，而不是为文学而人生。"是经验了人生才来做小说的，而不是为了什么才来做小说的。"①所以，从五四文学开始，中国现代文学的发展演变，就直接而生动地在审美艺术的深层联系着中国现代社会的人生命运。

五四文学"从真实这点来看，应该说是很优秀的"②，"很少随随便便的作品"③。郁达夫、庐隐式的玩世，是对由民主个人主义思想出发，追求个性解放而陷于苦闷忧伤的文酒诗骚般的解脱，于洒脱不羁、玩世颓废中正跳动着对于真的人生的执着和对于人性美的追求的赤诚火热的心。许地山扮作"许真人"，被视为遁入空门，毋宁说是缘于他在坎坷经历中，接触到受宗教思想影响的芸芸众生，关注此众生命运，探寻新的人生。他是为人生文学主张的"这一个"范例。新文学创作者们对时代社会的忠诚，使他们在民主个人主义思想破产后，基于强烈的人生现实感，自觉地走向对中国现代社会历史现实的人生认同，从自身民主个人主义思想的分化中，摆脱心灵泣血的苦闷忧伤，走向五四时期关于人的时代命题的发展深化道路。

五四时期的鲁迅，受进化论思想影响，将革命的希望寄予青年身上。但他以坚定的现实立场，在作品中石破天惊地揭露中国封建家族制度和礼教的"吃人"本质，指控"所谓中国的文明者，其实不过是安排给阔人享

---

① 茅盾：《我走过的路》，中卷第 3 页，北京：人民文学出版社，1984 年 5 月版。
② 鲁迅：《集外集拾遗补编·"中国杰作小说"小引》，《鲁迅全集》，第 8 卷第 399 页，北京：人民文学出版社，1981 年版。
③ 鲁迅：《集外集拾遗补编·〈中国新文学大系〉小说二集编选感言》，《鲁迅全集》，第 8 卷第 383 页，北京：人民文学出版社，1981 年版。

用的人肉筵宴。所谓中国者,其实不过是安排这人肉筵宴的厨房"①。这种极其清醒的人生现实感,使他意识到同是中国人,却分为阔人与穷人,贵人与贱人,上等人与下等人。并且人与人之间彼此相隔着一层可悲的厚障壁。要创造为我们所未经生活过的第三种生活,只有扫荡这些食人者,从没有路的地方踏出新生的路来。经历过女师大事件、"三·一八"惨案等流血事件后,残酷现实更动摇了他进化论思想基础。《彷徨》《野草》中,他郑重清醒理智地正视着巨痛,并写下了巨痛。他深切地感受着涓生、子君、吕纬甫、魏连殳们的悲剧人生,沉重而坚毅地埋葬了资产阶级和小资产阶级民主个人主义的人的解放思想。在对严峻社会现实的不断认同和对自身决心自食的不断反省自剖中,以及对先进思想的审慎接受中,他逐渐发展成为一位坚强的马克思主义者,代表了中华民族新文化的方向。

郭沫若继《女神》后,创作出《星空》《前茅》,由昂首天外的放歌,转向对水平线以下的现实人生的注视。他说,"在那时我自己的确走到了人生的歧路","从前的一些泛神论的思想,所谓个性的发展,所谓自由,所谓表现,无形无影之间已经遭了清算"②。《漂流三部曲》(1924年)、《行路难》(1925年)等小说,表现了在现实生活中追求个性解放而不得的彷徨苦闷,艺术地写出了他稍后奔向大革命潮流的个人生活经验和思想发展基础。郁达夫在其早期创作中,青年性的苦闷中就已经隐含着个性解放的思想追求与民族解放的现实实际的矛盾联系。到创作《茑萝行》(1923年4月),他正经历着"碰壁,碰壁,再碰壁,刚从流放地点(指留学日本,引者注)遇赦回来的一位旅客,却永远地踏入了一个并无铁窗的故国的囚牢"的痛苦经验③。

---

① 鲁迅:《坟·灯下漫笔》(1925年4月),《鲁迅全集》,第1卷第216页,北京:人民文学出版社,1981年版。

② 郭沫若:《学生时代》,第166页,北京:人民文学出版社,1979年3月版。

③ 郁达夫:《忏余独白》,《郁达夫文论集》第466页,杭州:浙江文艺出版社,1985年12月版。

他的《春风沉醉的晚上》（1923年7月）描写落入社会最底层的知识分子"我"，接触到中国的产业工人。作者以不寻常的艺术敏感和真实性，刻画了烟厂工人陈二妹形象，表明"只有在无产者的纯洁与诚实的品质中，在他们的尊严和劳动中，才能找到从当前的贫困阴暗中摆脱出来的解放之路"①。在这里，以及《薄奠》（1924年8月）中，我们可以看到作者的情感趋向，看到新文学创作者们怎样通过自己的生活经验，走向艺术地表现无产阶级革命斗争的人生道路。

在五四浪漫主义文学思潮过后，大体以文学研究会或倾向于它的一派作家，转向创作"乡土文学"；以创造社或倾向于它的一派作家，转向创作"身边小说"。从而，农村生活题材和农民命运，知识分子生活题材和知识分子命运，成为五四文学表现觉醒了的人和"人之子"们参与对中国现代社会历史现实思考认识的重要艺术途径；现实主义创作思想和创作方法，逐渐成为中国现代文学发展的主流。

乡土文学作者，他们从乡间来到都市，接受过新文化运动的思想启蒙。在鲁迅的扶植和影响下，他们回顾乡村社会的生活，重新审视下层社会的人生，带着质朴的"泥土的气息"，混合着"乡间的死生"②，将自己的作品呈现出来。乡规民俗、风土人情，在创作过程的审美回味中，是对游子伤心最为酸楚的精神抚慰。更重要更值得重视的，是他们对占人口绝大多数的半封建半殖民地的中国农村社会的人生现实的心理感知、认同和表现，以及现实主义的艺术创作精神。这种现实主义文学思潮出现的审美思想意义，就是作为新文化运动中觉醒了的人和被唤醒了的"人之子"们，基于强烈的人生现实感，在自己的生活经验和艺术创作中，感受到

---

① [捷]普实克：《茅盾和郁达夫》，《普实克中国现代文学论集》第169页，长沙：湖南文艺出版社，1987年8月版。引文有改动。
② 鲁迅：《且介亭杂文二集·〈中国新文学大系〉小说二集序》，《鲁迅全集》，第6卷第255页，北京：人民文学出版社，1981年版。

并表现了从个人解放到阶级解放、民族解放的历史必然趋向,由民主个人主义走向社会共产主义的情感精神历程。

中国现代社会历史、人生的复杂性、丰富性和严峻性,使当事者难以保持对自身历史状况的清醒理性认识,甚至政治功利、世俗观念或道德意识,总是自觉不自觉地骚扰侵袭着作家审美意识的确立。从审美创作论的角度看,这种文学绝大多数是不成熟的。但恰恰是这种历史所给予的不成熟的文学,从内容到形式,从风格到缺陷的各个方面,都显示出丰富具体的人生历史内容和艺术表现特征,真实地记述了我们民族从"东亚病夫"到"东方巨人"的精神心理,为人类社会走出封建中世纪,迈进近现代社会历史提供了新鲜生动的"这一个"人生范例。

茄花色：鲁迅与左翼文化的分歧点①

1930 年 3 月 2 日下午，鲁迅参加中国左翼作家联盟成立大会，发表语重心长的演讲，成为历史的佳话。可是，鲁迅自己对参加这次会议的左翼文化界人士，是什么观感呢？

3 月 27 日，在回复章廷谦的信中说道："中国之可作梯子者，其实除我之外，也无几了。所以我十年以来，帮未名社，帮狂飙社，帮朝华社，而无不或失败，或受欺，但愿有英俊出于中国之心，终于未死，所以此次又应青年之请，除自由同盟外，又加入左翼作家联盟，于会场中，一览了荟萃于上海的革命作家，然而以我看来，皆茄花色，于是不佞势又不得不有作梯子之险，但还怕他们尚未必能爬梯了也。哀哉！"②

"茄花色"，是绍兴方言，有不靠谱、不道地的意思。满堂都是"茄花色"，就是对左翼作家整体的观感。为什么？从语言说起。

鲁迅与左翼作家话语的差异在于，鲁迅的话语是源于生命体验的，对于每个新概念几乎都是经过认真辨别、心里体味、感受、掂量过的。比如，"丧家的资本家的乏走狗"。更生动形象的还有"四条汉子"。

左翼文化界对于鲁迅，无论是咒骂，还是褒奖，都是用的大概念。这些大概念很生硬，很笨重。因为这些大概念是外来的，左翼文化界自己未

---

① 本文为作者应邀参加 2020 年 10 月 19 日由上海中国左翼作家联盟会址纪念馆举办的"鲁迅与左翼文化精神"学术研讨会的发言提纲。

② 鲁迅：《致章廷谦》1930 年 3 月 27 日，《鲁迅全集》第 12 卷第 8 页，北京：人民文学出版社，1981 年版。

必完全理解,更谈不上用心血去消化溶解,把真理的力量转化为人格的力量。比如,从 1927 年始,创造社、太阳社的左翼青年们,确曾集中火力攻击鲁迅长达三年之久。成仿吾说鲁迅"代表着有闲的资产阶级,或是睡在鼓里面的小资产阶级",已堕落到"趣味文学"的绝路上;冯乃超嘲笑他"醉眼陶然",成了社会变革的落伍者;钱杏邨说鲁迅笔下"没有光明",只会"利用中国人的病态的性格,把阴险刻毒的精神和俏皮的语句,来混淆青年的耳目",……其中,要数郭沫若(小鲁迅十岁)骂得最狠。1928 年夏,郭化名"杜荃",刊文《文艺战线上的封建余孽》,对鲁迅大扣帽子,说他是"资本主义以前的一个封建余孽","是二重的反革命的人物","是一位不得志的 Fascist(法西斯谛)"。

1933 年 7 月,瞿秋白《〈鲁迅杂感选集〉序言》代表左翼文化界对鲁迅首次充分肯定,称其为"鲁迅从进化论到阶级论,从绅士阶级的逆子贰臣进到无产阶级和劳动群众的真正的友人,以至于战士,他是经历了辛亥革命以前直到现在的四分之一世纪的战斗,从痛苦的经验和深刻的观察之中,带着宝贵的革命传统到新的阵营里来的"。鲁迅对此判断,总体上是认可的,为此题赠瞿秋白"人生得一知己足矣,斯世当以同怀视之"。但是这里的一些大概念,未必完全符合鲁迅的精神思想实际。

1937 年 12 月,陈独秀《我对于鲁迅之认识》谈到自己对鲁迅的认识,以及左翼文化界对鲁迅前后态度的观感。"鲁迅先生的短篇幽默文章,在中国有空前的天才,思想也是前进的。在民国十六七年,他还没有接近政党以前,党中一班无知妄人,把他骂得一文不值,那时我曾为他大抱不平。后来他接近了政党,同是那一班无知妄人,忽然把他抬到三十三层天以上,仿佛鲁迅先生从前是个狗,后来是个神。我却以为真实的鲁迅并不是神,也不是狗,而是个人,有文学天才的人。"[1]

---

[1] 陈独秀:《我对于鲁迅之认识》,《宇宙风》第 52 期(1937 年 11 月)。

1937 年 10 月 19 日，毛泽东在延安纪念鲁迅周年祭日上的讲话："鲁迅在中国的价值，据我看要算是中国的第一等圣人。孔子是封建社会的圣人，鲁迅是新中国的圣人。"①

　　1940 年 1 月，毛泽东《新民主主义论》："鲁迅是中国文化革命的主将，他不但是伟大的文学家，而且是伟大的思想家和伟大的革命家。鲁迅的骨头是最硬的，他没有丝毫的奴颜和媚骨，这是殖民地半殖民地人民最可宝贵的性格。"②骨头，性格，很贴切。

　　1938 年 11 月，周扬在纪念鲁迅逝世两周年撰文《一个伟大的民主主义现实主义者之路》，完全用政治概念图解鲁迅。此后，沿袭几十年。

　　这里有一个真理的力量，与人格的力量问题；有一个西方革命理论与中国革命实际的问题；有一个现代中国在世界格局下的话语权的问题；有一个我们如何向世界讲好中国故事的问题。

---

① 毛泽东：《论鲁迅》（1937 年 10 月），《毛泽东文集》，第 2 卷第 43 页，北京：人民出版社，1993 年 12 月版。

② 毛泽东：《新民主主义论》（1940 年 1 月），《毛泽东选集》，第 2 卷第 698 页，北京：人民出版社，1991 年 6 月第 2 版。

第二节　劳动审美与现代芭蕾

最是芭蕾《宝塔山》①

坐在排练场地,近距离观赏芭蕾舞剧《宝塔山》,我被那青春气息、优雅品质,革命精神、人文情怀所震烁。

海派芭蕾典雅尊贵的气质,举手投足之间,让人望而脱俗。他就是王子,她就是公主,他们每个人都是王子和公主。音乐里流淌着那个烽火连天的岁月里黄河怒吼的涛声,延河淙淙的誓言,还有那黄土地上五千年亘古流传的中华民族的精神血脉。舞蹈中闪烁着中华文明骨子里的高贵尊严和优雅风韵,演绎着中华儿女反抗侵略,战胜困难,奋发图强,励精图治的斗争意志和忠贞品质。芭蕾,这个来自西洋的高雅艺术形式,竟然在骨子里与延安时期革命历史题材结缘了。看过在上海大剧院的正式首演,甚至让我惊叹,只有芭蕾才足以表达对于延安、陕北这片被称为中华民族皇天后土的深情致敬。

农耕文明,重土难迁,祈愿天地人和,追求□□□,最爱以文会友,最恨强盗贼寇。谦谦君子,窈窕淑女,每□□□□教育都是自强不息,厚德载物,修身齐家治国平天下,"□□□□",“远人不服则修文德以来之"。在人与社会人的关系上□□□□体,在人与自然物的关系上追求生命共同体。中华民族□□□□,也不怕事,始终奉行人不犯我,我不犯人,人若犯我,我必□□□□每当灾难灭顶,危险时刻,中华儿女决然奋起反击,把个体□□□□血肉之躯

---

① 本文首发《解放日报》(沪),2021 年 7 月 1 日。

筑起新的长城,为了捍卫那份骨子里的体面与尊严。《义勇军进行曲》唱出了中华民族近现代历史英勇反抗侵略,誓死捍卫尊严的精神气概。

"打断骨头连着筋,扒了皮肉还有心,只要还有一口气,爬也爬到延安城。"这是1938年5月西安八路军办事处接待一批上海爱国青年,被告知中国人民抗日军政大学当期招生名额已满时,他们当即表态,义无反顾,坚决要求到延安。

"妈妈,把我献给祖国吧!"这是奔赴延安的爱国青年写给父母信中的心声。

从1840年到1945年一百余年屈辱的中国近现代史,到抗日战争已是中华民族生死存亡关头。从1931年九一八事变,到1937年七七事变,山河破碎,国土沦丧。一个政党六年时间企图攘外必先安内,一个政党始终高举抗日救亡旗帜。到延安去,怎能不成为一代爱国青年的最高时尚选择?那个年代的莘莘学子,几乎都是温饱之上,甚至中产阶级家庭子弟。面对华北之大却已经放不下一张平静书桌的危难形势,他们选择抗战,选择到延安去。"听吧,满耳是大众的嗟伤。看吧,一年年国土的沦丧。我们是要选择战还是降?我们要做主人去拼死在疆场,我们不愿做奴隶而青云直上。"这是那个时代的毕业歌,壮怀激烈,掷地有声。中华民族因为这些优秀子孙们的生死抉择,英勇献身,一次又一次抬高了民族精神的整体道德水准。

从西安事变和平解决,到皖南事变爆发前夕,共计大约有四万多名爱国青年冲破日寇和国民党的封锁刁难,汇聚到延安,集结在延安。诗人何其芳描述当时的情景:"延安的城门成天开着,成天有从各个方向走过来的青年,背着行李,燃烧着希望,走进这城门。学习,歌唱,过着紧张的快活的日子。然后一群一群地,穿着军服,燃烧着热情,走散到各个方向去。"①

---

① 何其芳:《我歌唱延安》,《文艺战线》(延安)创刊号(1939年2月)。

延水河边，宝塔山下，中华民族优秀的子孙走与工农大众相结合的道路，崇尚劳动美学，重塑理想人生，创造崭新社会，延安的天空是晴朗的，解放区的天空是晴朗的，新中国的天空也是晴朗的。芭蕾舞剧《宝塔山》的舞美风格，是纯粹的，靓丽的。延安大生产运动评选劳动英雄，当时有人惊叹，自从盘古开天地，只有在共产党的天下种地可以成为状元。七十年后的今天，上海芭蕾舞团第一次用舞台艺术把大生产运动演绎得如此惊心动魄，气势磅礴。劳动间隙，陕北村姑五人舞，朴素优雅，喜悦活泼，引人入胜，让人遐思。我的那些生活在农村的姐妹们，她们生命深处就有这份诙谐幽默，从容雅致，她们就应该过上如此平安喜乐，体面尊严的日子。

　　人不能选择出生，但可以选择人生路径。参加《宝塔山》舞台演出的舞者，主要都是80后和90后，甚至还有2000年后出生的年轻人。其中男主扮演者吴虎生是一位85后，上海芭蕾舞团首席明星演员，年主演剧目数量10台以上，近80场次，是目前全国范围内不可多得的、技术全面、表演细腻、能够完美演绎不同风格作品的顶尖舞者。女主扮演者戚冰雪，也是上芭主要演员，2014年毕业于上海戏剧学院附属舞蹈学校芭蕾舞表演专业，凭借自身刻苦好学的精神和良好的艺术悟性实现了快速的、惊人的进步，不仅在各大国际赛事中拔得头筹，更在多部大型芭蕾舞剧中担任主角和重要角色，成为上海芭蕾舞团演员阵容中的骨干力量。这些年轻的舞者，每个人都是家庭里的王子和公主，他们用精湛的舞蹈艺术，淋漓尽致，美轮美奂地演绎着爷爷奶奶那一代人青春年华的生死抉择。掌声鲜花，人生荣耀，来自捍卫民众利益、造福人民福祉、献身民族振兴的使命担当。他们用海派芭蕾艺术，致敬永远的延安精神。

　　哦，最是芭蕾《宝塔山》。

延安时期劳动审美形成机制研究①
——以古元木刻创作为例

　　把劳动当作审美对象,进而形成劳动审美观,是延安时期文艺创作的显著美学特征和最高艺术成就。以古元为代表的新兴木刻"延安学派",正是在延安和陕甘宁边区抗日民主政权环境下,艺术地表现了广大劳动者与土地生产资料自由结合后,劳动成为丰衣足食、当家作主美好生活的一种实现方式,从而创作出一系列新兴木刻艺术经典作品。研究古元木刻创作,可以梳理延安时期劳动审美观形成的实践逻辑、历史逻辑和理论逻辑。

　　延安文艺走出延安,引起全国进步美术界关注,是1940年代以古元为代表的延安艺术家们创作的新兴木刻作品。② 1942年10月,古元的一组木刻作品参加在重庆举办的"全国木刻展览会"。徐悲鸿参观展览,情不自禁地惊呼:"发现中国艺术界中一卓绝之天才,乃中国共产党之大艺术家古元。"他毫不掩饰地称赞"古元之《割草》可称为中国近代美术史上

---

① 本文是国家社科基金重点课题《延安文艺与现代中国研究》(批准号:18ZDA280)的阶段性研究成果。

② 1941年皖南事变之前,陕甘宁边区与国统区之间人员来往比较自由,延安作家和艺术家的文艺作品可以通过邮寄投稿到国统区报刊发表,共产党在武汉、重庆主办的《新华日报》经常刊载延安美术作品。并且,1939年下半年,中国政府曾在苏联举办"中国抗战美术作品展览会",延安鲁艺家焦心河的木刻作品《制寒衣》入选其中。但是,延安木刻版画真正引起国内外关注,是古元的木刻版画作品。参见周爱民:《延安木刻艺术研究》,第184—186页,石家庄:河北教育出版社,2009年12月版。

最成功作品之一"。①此后,古元所代表的延安木刻作品,陆续走出国门,走向世界艺术殿堂。1944 年,美国《生活》杂志发表古元木刻作品,这是延安文艺作品首次在西方媒体公开刊载。1949 年,古元木刻作品在捷克斯洛伐克首都布拉格召开的拥护和平大会上展出。1950 年代,古元木刻作品多次在苏联和东欧国家报纸杂志上发表。1961 年,古元个人画展在匈牙利、保加利亚展出,德国、南斯拉夫、法国、英国、印度、朝鲜等国家的艺术馆和博物馆收藏其作品。新颖的题材,独到的技法,清新朴实的艺术风格,黄土地上劳动审美主题,延安新兴木刻作品在 20 世纪中国美术界刮起一股强烈的中国风。

实践逻辑:从文艺入伍到乡村挂职

延安时期劳动成为艺术审美对象,其直接形成机制,是艺术家深入乡村群众生活,深度沉浸式体验陕甘宁边区劳动者在自己的土地上自由劳动所焕发出的精神面貌。

在抗日民族统一战线旗帜下,陕甘宁边区建设抗日民主政权,创建抗日民主示范地区。农民在土地革命时期就已经获得土地分配,耕种自己的土地;在没有经过土地革命的新区,则执行减租减息与交租交息政策,合理调节农村土地关系,团结一切可以团结的力量,齐心协力,共同抗日。此外,由于历史原因形成陕北地区地广人稀,存在大量荒山荒地。大生产运动中,陕甘宁边区政府积极鼓励并善待外来移民和难民,其所开垦荒山荒地,归属个人所有,三年免缴公粮,政府按市场价格照单收购。农民群众在自己的土地上,从事着可以通过诚实劳动而发家致富的生产劳动,农民们的精神面貌是扬眉吐气的。这不仅在中国近现代历史上,而且在中国几千年历史上都是前所未有的新社会、新天地。

---

① 徐悲鸿:《全国木刻展》,《新民报》(渝),1942 年 10 月 18 日。

抗日战争爆发后,奔赴延安成为一代爱国知识分子最时尚的人生选择。1939年底,年轻画家蔡若虹和新婚妻子夏蕾,经过七个多月的辗转跋涉,从上海出发,取道香港、越南、昆明、重庆、西安等地,终于来到憧憬已久的革命圣地延安。蔡若虹多年后都保留着那份喜悦和惊叹:"延安啊延安,你从艰苦中找得乐观,你从劳动中夺取幸福,你从战斗中获得安乐与发展!延安啊延安,我不能用别的名称叫你,我只能称呼你是个'赤脚天堂'!"①年轻诗人何其芳在散文《我歌唱延安》中写道:"在青年们的嘴里、耳里、想象里、回忆里,延安像一支崇高的名曲的开端,响着洪亮的动人的音调。"②来自五湖四海的爱国青年们,燃烧着希望来到延安,学习,歌唱,锻炼,更燃烧着热情奔向各个方向去。

1940年6月,鲁迅艺术文学院第三期学员学业期满。根据学校统一安排,学员们分别到部队、农村、工厂从事为期一年的实习工作。美术系学员古元和文学系学员葛洛、孔厥、岳瑟、洪流共5人,来到延安县川口区碾庄乡工作。延安县政府依据鲁艺校方意见,决定葛洛担任副乡长,古元担任乡文书,其他三位分别协助乡政府有关部门工作。古元住在乡政府办公室窑洞里,白天办公,晚上住宿兼值班,伙食安排在村里老乡家轮流"派饭"。经历过一段生活的苦恼,听不懂陕北话,不习惯睡热炕,担心老乡家碗筷不干净,等等,造成睡不好、吃不饱、谈不来的尴尬状况。"夜晚他们躺在床上,听着窗外狂风中野狼的吼叫,心情更为复杂。在工作之余感到寂寞,也使他们很难忍受。每天傍晚,他们到村外比赛掷石头,这是他们唯一的消遣。"③朝夕相处的工作和生活,慢慢弥合了彼此之间的偏见和隔阂。尤其是农村基层工作中人情世故的复杂和微妙,让古元逐渐

① 蔡若虹:《赤脚天堂——延安回忆录》,第129页,长沙:湖南美术出版社,2000年4月版。
② 何其芳:《我歌唱延安》,《文艺战线》(延安、桂林),创刊号(1939年2月)。
③ 葛洛:《古元之路——记青年古元的一段经历》,《延安鲁艺回忆录》,第417页,北京:光明日报出版社,1992年8月版。

意识到自己的无知和农民的智慧。"乡文书的工作是既辛苦又繁杂,但每当工作之余,稍有空闲,古元都要跟老乡下地,学习耕种、锄草、收割、放羊、推磨、起围、赶车……每当干农活的时候,他总是首先以一个画家的眼睛细致观察,看出活计的'门道',一定弄个明白。"①比如,赶车必须先套车,很多根绳索和缰套,先后左右,里外有序,一点也乱不得,否则就会"乱了套"。牲口还要搭配好,快慢相当,否则就会累死快的,拖死慢的。吆喝牲口有讲究,扬鞭子也有名堂,要反复练习才能甩得响,打得准……深入下去,古元发现所有在农民世代相传、习见为常的农活,其实都有很深刻很独到的规律与奥妙之处。

知之深,持之谦,爱之切。思想认识上的改变,带来情感态度的变化,艺术审美才成为可能。古元在回忆这段农村挂职生活经历时说:"在参加生产劳动、文教卫生、征购农产品、拥军优属各项工作中,学习到许多实际知识,深感创造物质财富的艰辛,体会到劳动人民的勤劳智慧、艰苦朴素的高尚品质。"②吃住在碾庄,工作之余,古元开始琢磨如何更好地为老乡们服务。他发现碾庄42户人家,全村除正在小学读书的儿童外,只有一人识字,其余都是文盲。自从1936年建立人民政权以来,村民们政治上解放了,生活也逐渐得到好转,成年人文化上如何翻身,摘掉文盲的帽子成为一个很现实也很棘手的问题。

古元利用工作之余时间,每天制作一些识字画片,上边是简笔绘画,下边是相应汉字。每天轮流派饭到哪家,就送一套识字画片。乡亲们劳动收工后,茶余饭后就拿着这些画片识字。每天两个字,一个月就能认识几十个字,效果很好。待到汉字认识后,老乡们都把画着大公鸡、大犍牛、大肥猪、骡、马、驴、羊的画裁下来,张贴在窑洞墙面上,朝夕欣赏。"我从

---

① 曹文汉:《古元传》,第35页,长春:吉林美术出版社,1989年8月版。

② 古元:《摇篮》,《延安鲁艺回忆录》,第413页,北京:光明日报出版社,1992年8月版。

这里发现乡亲们对于家畜的喜爱心情,也知道了他们的审美趣味,我就以这方面的题材创作了《牛群》《羊群》《锄草》《家园》四幅木刻,分送给乡亲们。"①得到的反馈是热烈的、较真的,又是朴素的、道地的。

"这条驴真带劲!"

"这不是刘起兰家的大犍牛吗?"

"放羊不带狗不行!"

"放羊娃要带上一条麻袋,母羊在山上下羔,装进麻袋里背回来。"

这些现实生活细节,充满了智慧和情趣,表达着乡亲们在自己的土地上创造美好生活的热情和意愿。古元的艺术创作激情被一点一点地点燃了,每一个细节的完善都寄托着延安文艺创作如何把劳动当作审美的情感投入,意象生成,精神升华。按照乡亲们的指点,古元在《羊群》画面上适当地添加了一条矫健的牧羊犬,又在放羊人手上增加一只出生不久的小羊羔。这样,画面更丰富,情绪更饱满,乡亲们称赞这画是"美得那个太"。"大家特别喜欢那个揽羊娃,你看他多么神气,因为他现在不是给地主放羊,是在给全村的有羊户服务啊。"②

当农业生产劳动成为艺术创作的审美对象,劳动工具和牲畜等自然或准自然生命也都获得了崭新的艺术创作视角和前所未有的美学价值发现。在专业人士眼中,这是一幅"具有牧歌似的、抒情诗一般的"作品,"表现的是陕北牧童晚归的情景,羊群进圈了,牧童怀里抱着一个可爱的在山里新出生的小羊羔,意味着人间的希望和欢乐"。③ 特别是作者用精致的手法刻画出羊的眼神,那独特的羊眼瞳仁,含蕴着美与善的审美气质。

① 古元:《摇篮》,《延安鲁艺回忆录》,第 414 页,北京:光明日报出版社,1992 年 8 月版。
② 葛洛:《古元之路——记青年古元的一段经历》,《延安鲁艺回忆录》,第 419 页,北京:光明日报出版社,1992 年 8 月版。
③ 力群:《悼念杰出的版画家古元》,《古元纪念文集》,第 35 页,北京:人民美术出版社,1998 年 8 月版。

如果说羊群是富有的象征,寄托着陕北老乡对幸福生活的美好意愿;那么牛就是力量的象征,寄托着陕北农民获得土地后,在自己的田地里创造更美好生活的可能性。《羊群》之后,古元又创作了木刻版画《牛群》。整个画面上,只有五头牛,大大小小,形态各异,背景是一处陕北农家院墙,静穆祥和,朴实硬朗,没有精致的装饰,也没有夸张的变形,是一派生机勃勃的现实生活场景。曾经和古元同时在碾庄挂职的葛洛回忆说:"那几头牛是多么可爱啊,大的膘壮体圆,坚强有力,小的憨态可掬,富有生机。无怪乎这幅作品刚完成,就受到老乡们的热爱,争着向古元讨取一张。儿童们则指着画中的牛展开争议,有的说那头大犍牛画的是我家的,有的又说是他家的。"耕牛对于农民来说,不仅是最大的牲畜,而且是家里最大的劳动力。"古元在这幅木刻中所表达的与其说是牛的形体美,不如说是农民对生活的信心和希望。"①

　　在碾庄工作期间,古元从识字画片转为木刻作品,先后创作《羊群》《牛群》《锄草》《家园》4 幅作品,第一时间分送给老乡们。经过指点后,进一步修改完善,除了内容生活细节上补充,还有艺术手法上的重大突破。在表现陕甘宁边区劳动妇女获得婚姻自主权的木刻作品《离婚诉》前,老乡们问古元:"为啥脸孔一片黑一片白,长了那么多黑道道?"这是中国现代木刻艺术模仿欧洲木刻作品表现手法,其单点透视艺术原理不符合陕北农村审美习惯。古元经过慎重思考,反复琢磨后,进行艺术技法上的创新探索。"以后我又重新刻了一幅《离婚诉》,和以前的刻法就不同了,用单线的轮廓和简练的刀法来表现物体,画面明快,群众也就喜欢接受了。"②中国传统美术作品遵循整体观照、散点透视原理,陕北老乡们是用陕北剪纸的审美习惯,要求古元的木刻版画艺术。这种以读者需求为

①　葛洛:《古元之路——记青年古元的一段经历》,《延安鲁艺回忆录》,第 419 页,北京:光明日报出版社,1992 年 8 月版。
②　古元:《摇篮》,《延安鲁艺回忆录》,第 414 页,北京:光明日报出版社,1992 年 8 月版。

审美导向的艺术创作,成就了新兴木刻"延安学派"的诞生。

抗战爆发,民族危亡,爱国艺术家们纷纷响应"文章入伍""艺术入伍"号召。他们从城市到农村,尤其是从"小鲁艺"到"大鲁艺",深入前线部队、乡村农户、工厂企业,在文艺服务抗战,文艺服务工农兵中,实现着劳动审美观的历史性转变,创造了具有中国作风和中国气派的木刻艺术作品。

历史逻辑:从新兴木刻到木刻"延安学派"

以古元木刻为代表的新兴木刻所表现的劳动审美观,其形成机制的历史逻辑,是中国现代新兴木刻发展的一种必然结果。

古元(1919—1996),原名古帝源,广东中山人。父母亲曾到巴拿马谋生,家庭小康,思想开明,鼓励支持孩子读书成才。古元在本村读完小学,1932年考取广州的广雅中学。这是一所知名的现代学堂,其前身为洋务派兴办的广雅书院,现在为广东省第一中学。古元在校学习刻苦,爱好广泛,性格沉稳,关心社会。1937年七七事变爆发后,日军飞机轰炸广州,市民死伤惨重,很多美观典雅的历史建筑遭到毁坏,古元第一次看到战争带来的悲惨景象。广州被轰炸得一片狼藉,广雅中学决定疏散到偏远的乡村去。古元没有跟随学校转移,他中断了中学学业,回到自己的家乡,参加抗日宣传活动。随后,他通过八路军驻广州办事处申请办理有关手续,1938年9月启程,辗转武汉、郑州、西安,来到旬邑,进入陕北公学第44队学习。在这里,他申请获准加入中国共产党。为期三个月的训练班毕业后,1939年1月,古元来到延安,考入鲁艺美术系第三期学习。

鲁艺是中共创办的第一所专门艺术学校,以"培养抗战艺术干部,提高抗战艺术的技术水平"为目标,以"服务于抗战,服务于这艰苦的长期的民族解放战争"为宗旨,并且"更进一步,我们还要为抗战胜利以后建立独立自由幸福的新中国而工作"①。学校美术系聚集了一批卓有才识的艺术家。专业课程中王曼硕教授素描,江丰教授艺术概论,胡蛮教授美术史,蔡若虹教授漫画,马达教授木刻,等等。

马达是一位个性鲜明的青年美术家,他参加过广州起义,负伤到上海治疗,痊愈后加入"左翼美术家联盟""中国自由运动大同盟",在鲁迅的直接影响下从事中国新兴版画运动。鲁迅逝世后他激情绘制《鲁迅先生像(遗容)》,影响深远。全面抗战爆发后,马达在武汉发起组织"武汉木刻人联谊会",先后参与发起成立"中华全国木刻界抗敌协会""中华全国美术界抗敌协会"。1938年10月,他与冼星海等同行来到延安,在鲁艺美术系任教。他发起成立"木刻研究班",悉心负责教学工作。"马达是以鲁迅为导师的新兴木刻运动老木刻家之一,他的人品和画品,给后人留下无声的榜样。"②他沉默寡言,却充满着创造精神。他将自己的窑洞布置成"马达花园",在延安闻名遐迩。曾在鲁艺文学系任教的茅盾,对马达花园印象深刻,称其为"巨人型的马达","一切都是他亲手布置,一切都染有他的个性。他在这里工作,阔嘴角斜叼着他那硕大无比的烟斗。他沉默,然而这像是沉默的海似的沉默。他不大笑,轩动着他的浓重的眉毛就是他代替了笑的"③。马达像骆驼一样沉默,像牛一样勤奋创作,《高尔基》《鲁迅》《贺龙》《冼星海》《保卫大西北》等诸多木刻作品经常出现在延安的报纸杂志上。人格魅力增添了木刻艺术魅力,老师的为人风范更吸引了同学们对于木刻艺术课程的极大兴趣。

当时鲁艺美术系教学条件的实际情况,也促进了木刻艺术在陕北的发展繁荣。受战争环境影响,延安的绘画材料非常缺乏,传统国画、水彩

---

① 《鲁迅艺术学院成立宣言》(1938年4月),《新文化史料》(京),1987年第5期。
② 罗工柳:《缅怀马达》,见《余晖洒尽在人间——纪念马达同志百年诞辰》,代序第1页,天津美术家协会、天津市解放区文学研究会,2003年6月编印。
③ 茅盾:《马达的故事》,《艺文志》(渝),1945年第2期。

画或西洋油画都无法满足其基本条件。天无绝人之路，鲁艺美术家们很快发现黄土高原的沟壑里生长着一种杜梨树，木质结实、细腻而绵韧，带有淡雅的甜涩味，是制作木刻的绝好材料。没有木刻刀，他们先后尝试过用粗铁丝、阳伞骨磨制成木刻刀，最后寻找到日军飞机扔下的炸弹皮，经过铁匠炉熔化后是上等的钢材，可以打造成出色的木刻刀。没有砂纸磨光木板，就利用老乡碾米的碾盘和石板、石凳磨木板。纸张有边区生产的马兰，纸油墨也可以自己制作。特护的环境，特殊的材料，成就了特殊的木刻艺术。"鲁艺的美术系，实际上成了木刻系，木刻几乎成为每个学员的必修课。"①在延安，在鲁艺美术系，木刻成为一种革命的艺术。

中国新兴版画是在鲁迅的倡导和培育下发展起来的。"用几柄雕刀，一块木板，制成许多艺术品，传布于大众中者，是现代的木刻。木刻是中国所固有的，而久被埋没在地下了。现在要复兴，但是充满着新的生命。新的木刻是刚健，分明，是新的青年的艺术，是好的大众的艺术。"②鲁迅从推动大众艺术，唤醒民族斗争意志，催生中国传统艺术现代转换的角度，关注西方新兴木刻艺术，通过各种关系购买并翻译介绍西方木刻作品，组织编辑出版《近代木刻选集》《引玉集》《凯绥·珂勒惠支版画选集》等画册，发起举办多场次木刻作品展览，以启迪中国青年美术家们从事这种"以刀为笔""入木三分"的新兴木刻艺术。在鲁迅的影响下，1930年代上海先后成立了"一八艺社""野风画会""MK木刻研究会""野穗木刻社""春地美术研究所""未名木刻社""木铃木刻研究会"等木刻群体和机构，广州成立了"现代版画研究会"，北平成立了"平津木刻研究会"。这些木刻团体汇集了一大批青年美术家选择木刻艺术，正视严酷的社会现

---

① 江丰：《温故拾零——延安美术活动散记及由此所感》，见孙新元、尚德周编：《延安岁月：延安时期革命美术活动回忆录》，第123页，西安：陕西人民美术出版社，1985年4月版。

② 鲁迅：《〈无名木刻集〉序》（1934年3月），《鲁迅全集》，第8卷第365页，北京：人民出版社，1981年版。

实,反映民间的疾苦,揭露社会的黑暗,用艺术表达革命的理想意愿。

在鲁迅看来,现代木刻艺术是一种斗争的艺术。"鲁迅说,现在有些人画的画,作为资产阶级的欣赏品也不够格,我看是浪费油彩而已。我们应当多多创作些反映民众生活的作品,借此唤醒人们的爱国激情,艺术应当为劳苦大众服务。"从新文学运动到革命文学、抗战文艺,鲁迅认为,"目前只有文艺大众化,才是文艺的出路,因为目前的时代,已不是'皮鞋脚'时代,而是'泥脚''黑手'的时代了……"①抗日战争全面爆发后,华北、华东、华南大片国土沦陷,几乎所有爱国艺术家们纷纷转赴西南或西北,特别是奔赴陕北延安,走向抗日前线,从生活到艺术,开始直接进入革命队伍,真切感受着从"皮鞋脚"到"草鞋脚"的战争硝烟和时代烽火。

以鲁迅的名字命名的延安鲁艺,其美术系师生们直接传承着鲁迅关于新兴木刻艺术的审美倾向,在延安和陕甘宁边区身体力行,用丰富生动的艺术创作实践着新兴木刻艺术的劳动审美观。"延安的木刻是在继承三十年代鲁迅先生苦心培育的革命传统基础上发展起来的。它主要依靠的骨干是那 批二十年代活动于上海的木刻家。"马达之外,还有温涛、胡一川、沃渣、江丰、陈铁耕、力群等人。"正是这些人将新兴木刻的革命精神和创作经验直接传授给青年一代。"②此外,1937 年八一三上海淞沪抗战爆发前夕,原计划在上海举办全国第三届木刻展览会而征集的 200 多幅木刻作品,辗转带到延安,由胡一川、罗工柳、彦涵等组成的"鲁艺木刻工作团",将这些作品制作成战地巡回展览活动叠页,成为鲁艺学员学习观摩的样本。

曾经在鲁艺美术系任教的力群,将延安时期的新兴木刻称为"延安学

① 王森然:《难忘的谈话——回忆鲁迅先生的教诲》,《光明日报》(京),1981 年 9 月 20 日。
② 江丰:《温故拾零——延安美术活动散记及由此所感》,见孙新元、尚德周编:《延安岁月:延安时期革命美术活动回忆录》,第 123 页,西安:陕西人民美术出版社,1985 年 4 月版。

派"。"这个学派,是由延安的木刻家们在政治思想、艺术方向上的一致,描绘内容和艺术风格上的接近,以及地理环境和人物风貌,互相学习和影响等因素而自然形成的。"该学派"以延安鲁迅艺术学院为中心","它的最突出的代表人物是古元"。其基本艺术特征表现为,"艺术内容上的特点是歌颂的——歌颂陕甘宁边区人民在共产党领导下所过的民主幸福生活;歌颂敌后军民的英勇战斗和英雄业绩。艺术形式上的特点是脱离了外国影响的富有民族气味的风格"①。这个概括是准确的,中国新兴木刻"延安学派"的鲜明艺术特色,是劳动审美观的形成。

1939年初进鲁艺,古元在马达的悉心指导下,就表现出杰出的木刻才华。作为学习创作作品《开荒》《播种》《秋收》《骆驼队》等,其题材选取陕北劳动生活,虽然还是远观,但是其审美倾向已然明确。1940年毕业前夕创作的《挑水》《运草》等作品,洋溢着一种革命现实主义与革命浪漫主义的浓郁气息。毕业实习到碾庄生活工作一年间,古元所创作的四幅木刻作品,经过老乡们的指点后进一步加以完善,已经从题材内容到艺术形式上基本形成独到的艺术风格。1941年5月,古元回到鲁艺,担任鲁艺美术工场木刻组长,更加潜心木刻创作,《逃亡的地主归来》《骡马店》等场面宏大,人物关系戏剧性结构,木刻技法大胆创新,艺术风格逐渐形成。1942年5月,参加延安文艺座谈会,古元木刻艺术的审美特征,经由感性认识上升到理性认识,更加自觉地走向艺术为政治服务、为工农兵服务的发展方向。《哥哥的假期》《调解婚姻诉讼》《刘志丹》等木刻作品,成为新兴木刻延安学派的杰出代表。力群评价,"我认为他(古元,引者注)的木刻是中国新兴版画有史以来最富有社会气息的,生动地反映了陕北新农村和陕北农民的朴实、美的形象"②。

---

① 力群:《鲁艺六年》,《延安鲁艺回忆录》,第1、2页,北京:光明日报出版社,1992年8月版。
② 力群:《鲁艺六年》,《延安鲁艺回忆录》,第8页,北京:光明日报出版社,1992年8月版。

此外，力群、王式廓、彦涵、刘岘、沃渣、张映雪、焦心河、夏风、胡一川，等等，鲁艺美术系师生们创作的一大批新兴木刻作品，聚焦延安和陕甘宁边区劳动者的风采，表现革命战斗光彩、生产劳动光荣的时代价值观，共同创造了中国现代版画艺术高峰。

理论逻辑：从普罗大众文学到人民文艺

延安时期劳动审美观的艺术实现机制，其理论逻辑是中国新文学和新文艺以艺术的方式，积极投身中国现代社会革命事业，从倡导普罗大众文学到工农兵文艺、人民文艺，其艺术审美的背后是共产党领导无产阶级革命斗争实现人民翻身解放的思想观念。

按照鲁迅的观点，版画最早出现在中国，分石刻、木刻和砖刻，大约汉唐时代就已经兴盛，活字印刷术将其广泛使用于书籍绣像，"从唐到明，曾经有过很体面的历史"①。近代以来随着现代印刷技术传入中国，传统版画逐渐衰微。与此同时，大约19世纪末，欧洲一些艺术家们重新发现版画技艺，"用刀代了笔，自画，自刻，自印，使它确然成为一种艺术品，而给人赏鉴的量，却比单能成就一张的油画之类还要多。这种艺术，现在谓之'创作版画'"②。这种现代版画艺术，手工制作的劳动属性，尺幅不大的便捷特征，多张反复拓印的传播功能，很快获得革命艺术家的青睐。"毫无疑义，右倾的人，决不弄木刻（此乃中国的怪现象），但爱好木刻者决不限于左倾的人。"③鲁迅所大力推介和倡导的木刻版画，主要是这类表达革命精神和斗争意志的美术创作。

革命精神和斗争意志，是中国现代新文学和新文艺发展的基本主题。

① 鲁迅：《〈木刻纪程〉小引》，《鲁迅全集》，第6卷第47页，北京：人民文学出版社，1981年版。
② 鲁迅：《介绍德国作家版画展》（1931年12月），《鲁迅全集》，第8卷第322页，北京：人民文学出版社，1981年版。
③ 徐悲鸿：《全国木刻展》，《新民报》（渝），1942年10月18日。

救亡图存,反抗帝国主义的侵略压迫,反对封建专制的黑暗统治,实现中华民族伟大复兴,是中国现代文学艺术发展史的一条鲜明主线。围绕着这个主题,沿着这条主线,中国新文学和新文艺从"文学革命"到"革命文学",在实现了文学艺术自身解放的过程中,积极参与民族国家解放、劳苦大众解放、人民群众解放的时代洪流。中国共产党领导的中国现代革命,是属于现代世界革命范畴,其最高理想是实现每个人的自由发展成为个人自由发展的前提条件,生产劳动不再是一种被迫的社会行为,而是一种自觉、自为、自由的行为,最终实现使劳动成为一种审美的崇高愿景。

1927 年大革命失败后,曾经投笔从戎的新文学和新文艺青年,纷纷来到上海,利用租界这种特殊的社会空间,或改名换姓,或隐姓埋名,继续从事现代文学和文艺运动。他们以遥远的苏联为榜样,引进"普罗大众文艺",发起左翼文艺运动,倡导无产阶级文学艺术,宣告"我们不能不站在无产阶级的解放斗争的战线上,攻破一切反动的保守的要素,而发展被压迫的进步的要素","我们的艺术不能不呈献给'胜利不然就死'的血腥的斗争","我们的艺术不能不以无产阶级在这黑暗的阶级社会之'中世纪'里面所感觉的感情为内容"。左翼文艺是反封建阶级的,反资产阶级的,反小资产阶级倾向的,"我们不能不援助而且从事无产阶级艺术的产生"[①]。在极"左"思潮影响下,左翼文化界判断当时的社会形势为,"整个世界都在革命的前夜,特别是中国革命快要到高潮的时期"。基于这样的形势判断,"我们号召'左联'全体盟员到工厂到农村到战线到社会的地下层去。那边郁积着要爆发的感情,那边展开着迫切需要革命的非人的苦痛生活,那边横亘着火山的动脉,那边埋藏着要点火的火药库"[②]。左

① 《中国左翼作家联盟底理论纲领》(1930 年 3 月),《中国新文学大系(1927—1937)》,第 19 卷第 91 页,上海:上海文艺出版社,1989 年 5 月版。
② 《无产阶级文学运动新的情势及我们的任务》(1930 年 8 月),《中国新文学大系(1927—1937)》,第 19 卷第 96—97 页,上海:上海文艺出版社,1989 年 5 月版。

翼文艺家们站在城市生活的"这边",如何表达无产阶级的"那边"现实生活呢?鼓励作家艺术家深入工农大众,创作报告文学,开展工农兵通信运动,在工农通信员中培养新的工人农民作家之预备队,是左翼文化运动倡导者们的文艺主张。

中国现代革命始终是新式知识分子引领着时代前进的步伐。他们几乎都是出身于生活温饱以上,甚至小康乃至殷实的人家,接受了新式学校教育和新文化运动影响,积极投身民族解放和人民解放斗争,背叛自己出生的家庭,抛弃传统宗族姓氏,选择与工农大众相结合的人生道路,在改造客观世界的同时,不断改造自己的主观世界。限于左翼文艺运动所处的城市生活条件,很多时候表现出口号高于行动、理想盖过现实的弊端。对此,鲁迅作为某种意义上的"过来人",早有高度警觉,提醒如果不注意和实际社会斗争接触,不明白革命的实际情形,左翼就很容易成为"右翼"。正如站在原地不动,连续左转,左转,再左转,最后又回到原点,再漂亮的革命口号也是空洞的,并不能改变社会现实。"革命是痛苦的,其中也必然混有污秽和血,决不是如诗人所想象的那般有趣,那般完美;革命尤其是现实的事,需要各种卑贱的、麻烦的工作,决不如诗人所想象的那般浪漫;革命当然有破坏,然而更需要建设,破坏是痛快的,但建设却是麻烦的事。"①谆谆嘱咐,用心良苦。

由于左翼文艺家们与社会现实之间存在的客观实际距离,上海时期青年艺术家创作的新兴木刻作品,虽然内容上主观意愿希望表达无产阶级革命斗争主题,但形态上只能是凭借着一般生活经验常识或对其他艺术作品的模仿借鉴,尤其是细节上难免空疏浮泛。延安时期,一方面初步实现了耕者有其田,农民自由劳动的社会理想;另一方面,积极倡导文艺

---

① 鲁迅:《对于左翼作家联盟的意见》(1930年2月),《鲁迅全集》,第4卷第233—234页,北京:人民文学出版社,1981年版。

为工农兵服务。"我们要求全国文艺界人士能够言行一致,在抗战前面更广大地动员起来,善于利用十年来和数十年来文化运动的成果,组织成千成万的干部到火线中去,到民间去,为保卫祖国和开发民智而服务,展开新启蒙运动,发挥科学文化的教养,创造三民主义的文化,创造中华民族的新文化。"①全面抗战爆发后,丁玲、吴奚如等文艺家们在延安迅速发起组织"西北战地服务团",开赴山西抗日前线,进行战地宣传服务,成为进步文艺界履行"文章入伍""上前线去"的一面旗帜。

抗日战争进入相持阶段,延安文艺界进一步主张,"革命的实践是一切艺术生命的源泉"。"我们是强调文艺工作者都要坚决的'上前线去',在新阶段相持战争快要到来的今天,我们要展开新阶段的文艺突击运动——更有组织的、计划的巩固与扩大文艺统一战线,使它密切的配合民族统一战线所进行着的更艰巨的战争。"来到延安革命队伍里的文艺工作者,有条件和可能直接与工农兵相结合。陕甘宁边区文协和八路军总政治部组织的"抗战文艺工作团"先后安排6个批次文艺工作者深入华北敌后抗日根据地。鲁艺安排师生到抗日前线实习。多个文艺社团长期到边区农村和工厂、兵营巡回演出。"在这里,每个文艺工作者要到敌人的后方去,要到每一条战线上去,要亲身的去参加每一个斗争,去呼吸每一个斗争中的'人'的声息,运用他的武器——文艺。"②在深入抗战前线的文艺工作团中,鲁艺美术家们将木刻版画设计制作成可以展开作临时展览,又可以折叠收拾起来便于携带转移的款式,极大地发挥了美术服务抗战的社会功能。

1942年5月,延安文艺座谈会召开,进一步倡导文艺为政治服务,为工农兵服务的方针政策。问题在于,"在理论上,就是说在口头上,我们队

---

① 陕甘宁边区文化界救亡协会:《我们关于目前文化运动的意见》,《解放》周刊(延安),第39期(1938年5月)。
② 鲁黎:《目前的文艺工作者》,《文艺突击》(延安),第4期(1939年4月)。

伍中没有一个人把工农兵群众看得比小资产阶级还不重要的"；但是在实际行动上，"有许多同志比较地注重研究小资产阶级，分析他们的心理，着重地去表现他们，原谅并辩护他们的缺点，而不是引导他们和自己一道去接近工农兵，去参加工农兵的实际斗争，去表现工农兵，去教育工农兵"。其根本原因，在于其阶级出身和教育背景使然。"有许多同志，因为他们自己是从小资产阶级出身，自己是知识分子，于是就只在知识分子的队伍中找朋友，把自己的注意力放在研究和描写知识分子上面。"知识分子不是不可以描写，问题的关键是站在什么立场上去描写。如果是站在小资产阶级立场上，就会表现出"对于小资产阶级出身的知识分子寄予满腔的同情，连他们的缺点也给以同情甚至鼓吹。对于工农兵群众，则缺乏接近，缺乏了解，缺乏研究，缺乏知心朋友，不善于描写他们；倘若描写，也是衣服是工农兵，面孔却是小资产阶级"。立场问题，关乎世界观、人生观、价值观问题，涉及灵魂深处的革命改造。毛泽东在《延安文艺座谈会上的讲话》中尖锐地指出，革命文艺工作者进入革命队伍后，存在着一个立场转换、思想改造的任务。"他们的灵魂深处还是一个小资产阶级的王国。这样，为什么人的问题他们就还是没有解决，或者没有明确地解决。"①这是中国现代文学艺术家必须正视的一个根本问题、原则问题，需要十年八年甚至更长时间去进行自我改造，自我革命。只有站在人民的立场，才能创作出真正的人民文艺。

值得一提的是，古元创作的新兴木刻，是在 1942 年 5 月延安文艺座谈会之前。1941 年 5 月，古元从碾庄回到延安鲁艺，集中创作一批木刻作品，同年 8 月参加在延安军人俱乐部举办的"边区美协 1941 年展览会"，其中木刻作品还有力群、焦心河、刘岘等人的创作。曾经在法国学习绘画，后来成为诗人的艾青参观此次画展，称赞古元的碾庄木刻作品，"《牛

––––––––––

① 毛泽东：《在延安文艺座谈会上的讲话》，《解放日报》（延安），1943 年 10 月 19 日。

群》《羊群》《家畜》都是农村生活的赞美诗,这些赞美诗里充分地表现了作者对于农村生活的爱。这些农村的美并不是士大夫的田园诗里的美,却是土地之子的真挚的眼睛所看见的日常的美"①。同时参加此次画展,从延安鲁艺时期就作为亦师亦友的力群,评价古元木刻创作成就,认为"古元成功的秘密除了他的才华和勤奋,就在于他对于陕北延安地区和人民的无比热爱","当他刻出了具有牧歌似的、抒情诗一般的《羊群》时,我一看就感到钦佩⋯⋯"②当劳动成为审美,陕甘宁边区的社会风尚就变得硬朗起来,美术家笔下的木刻线条也变得流畅起来。

　　艺术创作中立场问题是根本,关键要素是情感和灵感,决定性环节是形式创新,尊重作家艺术家的主体人格是核心要义。这些基本要素共同构成艺术审美创作奥秘的惟微与惟危。经过几十年的艰苦奋斗,浴血斗争,延安时期终于局部实现了把劳动当作审美对象的社会理想。特别是在大生产运动和整风运动过程中,陕甘宁边区评选并表彰劳动英雄,给予平凡普通的优秀劳动者最崇高的礼遇。但是,文艺创作并没有因此同步出现杰出的艺术作品。这其中,留下很多需要进一步深入思考探究的历史命题和研究课题。

---

① 艾青:《第一日——略评"边区美协 1941 年展览会"中的木刻》,《解放日报》(延安),
　　1941 年 8 月 18 日。
② 力群:《悼念杰出的版画家古元》,《古元纪念集》,第 35 页,北京:人民美术出版社,1998
　　年 8 月版。

杂花生树是文艺的春天①

政治路线和方针政策确定后,人才是决定事业成败的关键。在抗日民族统一战线旗帜下,延安革命队伍集聚了大量的人才。在极其有限的物质条件下,给予知识人才较高的待遇,并为他们的创造性劳动提供力所能及的有利条件。这样,共产党在陕甘宁边区局部执政环境下,充分发挥了各类知识人才的聪明才智。特别是在文化艺术、科学技术、医疗卫生、农牧林业等多个领域,涌现出一大批发明创造成果,极大地提高了边区劳动生产力,振奋了边区军民的抗战必胜信心。延安文学艺术家们回报这个时代的,是把延安打造成一座歌城、一座诗城,创造了黄土地上文艺发展繁荣的历史盛事。

一、延安曾经是一座歌城

千百万个知识青年和延安文人作为叛逆者、逃亡者和追求者聚集延安,供给制和军事化的组织生活,从社会存在形态上将他们融合为一个集体,而集体歌咏和其他文艺活动则是从意识存在形态上将他们化合成一个情绪、意志和精神整体。团结抗日、救亡图存、工农兵、大生产、共产党、新中国,成了他们反复咏唱的集体情绪和意志,汇成了圣地延安革命理想主义的滚滚洪流,集体歌咏的浩瀚海洋。

延安的歌声是集体的心声。站在集体队伍里,张开歌喉,放声高歌,

---

① 本文首发《档案春秋》(沪),2020 年第 3 期。

歌声是可以感染人的。借着歌声的翅膀，人们彼此情感呼应，心灵感召。曾在中国女子大学学习的鲍侃回忆，"每逢大型集会，就有一列列整齐的队伍，从山沟里、山腰上，从四面八方走来，年轻人迈着矫健的步伐进入延安大砭沟（后改称为文化沟）的会场。中央党校、马列学院、抗大、女大、鲁迅艺术学院、军事科学院成千上万的青年，汇合在山沟峡谷口的开阔空旷的广场，立刻成为人头滚滚、歌声琅琅的海洋。你啦我唱，我啦你唱，此起彼伏，一浪高过一浪"①。没有乐器伴奏，没有麦克风扩音器，一场大会下来，很多人嗓子都唱得嘶哑了，心里却美滋滋的，期待着下次集会再出风头。

对延安歌声最精彩的描述，是曾任陕甘宁边区文化界救亡协会（简称"文协"）秘书长的吴伯箫。

> 延安唱歌，成为一种风气。部队里唱歌，学校里唱歌，工厂、农村、机关里也唱歌。每逢开会，各路队伍都是踏着歌走来，踏着歌回去。往往开会以前唱歌，休息的时候还是唱歌。没有歌声的集会几乎是没有的。……在延安，大家是在解放了的自由的土地上，为什么不随时随地、集体地、大声地唱歌呢？每次唱歌，都有唱有和，互相鼓舞着唱，互相竞赛着唱。有时简直形成歌的河流，歌的海洋。歌声一波未平，一波又起，接唱，联唱，轮唱，使你辨不清头尾，摸不到边际。那才叫尽情地歌唱哩！②

相传春秋时期，管仲随齐桓公出征，遇到险山峻岭阻挡，行军艰难，人困马乏，前进缓慢。管仲就编成《上山歌》与《下山歌》，让将士们集体唱

---

① 鲍侃：《女大歌声》，见《延安女大——纪念延安中国女子大学建校五十周年（1939—1989）》，第103页，北京：纪念延安女大五十周年筹委会，1989年5月编印。
② 吴伯箫：《歌声》，《光明日报》（京），1961年10月1日。

和,翻山越岭,如履平地。齐桓公见此情景,问管仲是何原因?管仲说:"凡人劳其形者疲其神,悦其神者忘其身。"齐桓公感叹:"寡人今日知人力可以歌取也。"①人力可以歌取,就是集体精神意志可以通过歌声来协调统一,从而焕发出无限力量。

延安轰轰烈烈的歌咏活动,是一种风气,也是一种革命传统和斗争需要。抗战初期共产党在关中地区的安吴堡举办战时青年训练班,就发现"一次长篇大论的演讲,往往不及一个歌曲的力量大"②。当无数个个人的声音融入一个声音,一种共同的理想信念被歌声传递着,注入每一个个体的心灵深处,从而形成一个统一的意志与力量。革命歌声,可以发挥唤醒民众,激发抗日救亡的热情和信心的艺术作用。革命文艺成为传递一种思想、一种语言、一种号令的有效载体。千百万人能被一种歌声席卷起来,踏着统一的步伐前进,听着统一的号令去战斗。

红军和中央机关初到延安时,"几乎没有什么文娱活动,只是队伍集合或行进时,唱支歌,像《义勇军进行曲》《大刀进行曲》和红军时期的《三大纪律,八项注意》等歌曲。到了1937年下半年之后,延安陆续来了许多青年学生,他们是来延安求学参加革命的,也给延安带来了新气象,尤其文艺方面的新气象"③。群众性的集体歌咏是这一时期延安文艺活动的主要形式。

莫耶(1917—1986),原名陈淑媛,生长在厦门鼓浪屿一个富裕家庭,曾在上海女子书店任职,1937年"八·一三"淞沪抗战爆发后,随上海救亡演剧第五队到西北,同年10月奔赴延安,进入抗大第三期学习。她晚年回忆这段生活说:"对于我这个十九岁的女青年,延安,是孕育乐观向上

---

① 参见冯梦龙:《东周列国志》第21回。
② 陈希文:《安吴青训班各类教育教学活动总结·职工大队概况》(1938年8月),见李智主编:《熔炉·丰碑——安吴青训班文献集》,上册第286页,北京:中共党史出版社,2006年8月版。
③ 黄霖:《延安轶事》,第56页,北京:解放军文艺出版社,1982年10月版。

性格的深厚土壤，是培养革命乐观主义精神的温床。我走路想跳，张口想唱。大家歌声和着歌声，歌声引着歌声。歌声就像生活中的空气、阳光，没有歌声，生活便会窒息。"①在延安无处不在的革命歌声感染下，她创作了歌颂延安的经典歌曲。

　　　　啊，延安！／你这庄严雄伟的古城，／到处传遍了抗战的歌声。／啊，延安！／你这庄严雄伟的古城，／热血在你胸中奔腾。②

　　这是革命青年发自肺腑的心声，唱出了无数知识青年奔向延安，投身革命事业的感动、喜悦和骄傲。

　　塞克（1906—1988），原名陈秉钧，出生于河北霸县，1930年代参加左翼文化运动，改名为塞克（"布尔塞维克"之缩略）。抗战爆发后，他参加西北战地服务团，1938年到延安，曾任教于鲁艺戏剧系，后来担任延安青年艺术剧院院长。他与冼星海合作，创作《生产大合唱》，把一场艰苦的生产运动演绎升华为一次快乐的群众歌咏。

　　有艺术家对这部作品评价说："这部大合唱词曲并茂，完美结合，属空前的辉煌之作。它促进了延安的生产运动，在山坡上、小河边，劳动大军不时地传出'二月里来好春光，家家户户种田忙……''小米饭，香又香……'等活泼愉快的歌声。"③

　　冼星海（1905—1945），出生于澳门，祖籍广东番禺。1938年11月，冼星海携新婚夫人钱韵玲从武汉来到延安，积极投身集体歌咏活动，创作并

① 莫耶：《〈延安颂〉诞生记》，《生活的波澜》，第115页，西安：陕西人民出版社，1984年3月版。

② 莫耶词、郑律成曲：《延安颂》（1938年），《抗战名曲100首》，第133—134页，杭州：浙江文艺出版社，1995年3月版。

③ 丁里：《延水昼夜放歌喉》，见艾克恩主编：《延安艺术家》，第92页，西安：陕西人民教育出版社，1992年8月版。

指挥《生产大合唱》（塞克作词，冼星海作曲）、《黄河大合唱》（光未然作词，冼星海作曲）等充分表现时代情绪和民族精神的经典作品，使延安集体歌咏达到高潮。

据当时的参加者吴伯箫回忆："冼星海同志指挥得那样有气派，姿势优美，大方；动作有节奏，有感情。随着指挥棒的移动，上百人，不，上千人，还不，仿佛全部到会的，上万人，都一齐歌唱。歌声悠扬，淳朴，像谆谆的教诲，又像娓娓的谈话，一直唱到人们的心里，又从心里唱出来，弥漫整个广场。声浪碰到群山，群山发出回响；声浪越过延河，河水演出伴奏；几番回荡往复，一直辐散到遥远的地方。"①

在这样的社会群体里，他找到了艺术的知音，得到了心灵的共振，激发出极大的创作热情。据冼星海夫人钱韵玲介绍："在延安时期，是星海的创作最旺盛的时期。他的乐思如泉涌，有时饭吃到一半，突然有一个乐想，立刻放下碗，写下这段旋律。甚至有一次睡在床上，听到风声，脑海里浮现出一段旋律，赶快起来记下。"②生活相对安定，感于时代，忧乎民族，追求"为中国老百姓所喜闻乐见的中国作风和中国气派"，他更善于抒发壮丽强烈的情感。1939 年春，创作《生产大合唱》，是他在延安第一次尝试民族形式、进步技巧的作品。接着，在一个星期时间里便创作出《黄河大合唱》组曲。

黄河是中华民族的象征。描绘黄河形象，塑造黄河性格，正可以艺术地表达作者在抗日救亡运动中对民族命运的强烈忧患情感。当延安文人胸襟开阔，情绪激昂，让黄河从心中流过，延安的歌咏更是如浪如涛，壮丽辉煌。

艺术是一种生命形态的审美表现。《黄河大合唱》的词作者和曲作者

---

① 吴伯箫：《歌声》，《光明日报》（京），1961 年 10 月 1 日。
② 钱韵玲：《深情无限忆星海》，《音乐爱好者》（沪），1980 年第 3 期。

都是用心灵在塑造着黄河的形象,表达着崇高的民族情感,唱出了一个时代的心声。

二、延安也曾是一座诗城

与延安歌咏同时出现的,还有朗诵诗运动。

1937 年底,陕甘宁边区文化协会(简称"文协")成立"战歌社",由有狂飙诗人美称的柯仲平任社长。该社指导并推动诗歌大众化运动。随后抗大、陕北公学(陕公)等相继成立战歌社分社,许多学生和教师开始诗歌朗诵运动。1938 年 8 月 7 日,以柯仲平、林山为代表的"战歌社",与田间、邵子南为代表的西北战地服务团"战地社"联合发表《街头诗歌运动宣言》:"有名氏、无名氏的诗人们呵,不要让乡村的一堵墙,路旁的一片岩石,白白地空着;也不要让群众会上的空气呆板沉寂。写吧——抗战的,民族的,大众的! 唱吧——抗战的,民族的,大众的!"[1]

他们定期举办诗歌朗诵会,出诗歌墙报,四处张贴散发油印诗歌传单。

1939 年 3 月,萧三(1896—1983)自苏联到延安,组织成立"延安诗社",出版《新诗歌》油印刊物(后改为铅印)。1940 年 12 月,又成立"新诗歌会"。1941 年 3 月,艾青到延安,办起《诗刊》杂志。同年 9 月,十余位 60 岁以上的文人墨客于延水雅集,成立"怀安诗社",在《解放日报》刊载"怀安诗选"。

一时间,延安的土墙上,门窗边,石壁上,树干上,庭院里,敌机轰炸过的残垣上,到处都是诗。这些诗有的是用大排笔像标语一样刷出来,有的是用粉笔、黑木炭写的,还有的是用树枝写在沙地上……"延安——陕甘宁边区是诗境,是诗的生活。"[2]

---

[1] 《街头诗运动宣言》,《新中华报》(延安),1938 年 8 月 10 日。

[2] 萧三:《出版新诗歌的几句话》,转引自高陶:《萧三》,第 261 页,北京:中国青年出版社,1991 年 6 月版。

1938年6月的一个周末,解放社印刷厂文艺晚会,柯仲平美髯酡颜,声情并作,兴奋陶醉地朗诵自己的诗作《边区自卫军》。至第二章诵完,他才从诗里清醒几分,看看会场,感到时间已晚。弯腰问前排的毛泽东:

"主席,我看算了,时间不早了。"

毛泽东回头看看后边的听众,问柯仲平余下多少。

"还有一章。"

"朗诵下去。"

毛泽东的本质算诗人。柯仲平朗诵完后,毛泽东从座位上站起来,紧紧握着柯仲平的手说:"很好!抗战的、民族的、大众的、民歌风的。"并索去诗稿。第二天,毛泽东派人送还诗稿时,在稿上改了一个字,并批语:"此诗很好,赶快发表。毛泽东。"中央机关理论刊物《解放》周刊第41、42两期(1938年6月8日、6月20日)破例连载。

1941年初"皖南事变"发生后,最后一批从重庆经成都、宝鸡、西安来到延安的知识分子艾青、张仃、罗烽等人,被安排在中华全国文艺界抗敌协会延安分会(简称"文抗"),作为驻会作家、艺术家,从事专业文艺创作。同年8月,总共40余位驻会作家、艺术家从杨家岭后沟集体搬迁到蓝家坪山坡上的几十孔窑洞新址。四排窑洞错落分布,每个窑洞门前都留有一片宽敞的土坪,边上栽着杨柳,种着花草和蔬菜,"树下用木板钉成长条凳,工作累了坐在这里可以远眺,一边看着延河边运盐的骆驼队徐徐远去,一边倾听驼铃的叮咚,既令人陶醉又得到了休息。蓝家坪,多么好的延安作家之家!几十年来我也没有忘却"①。

艾青、韦嫈夫妇分到一大一小两孔窑洞,大窑洞底还连带一个小防空洞,可以存储冬天取暖用的木炭和杂物。家具虽然简陋,却都是公家配置

---

① 韦嫈:《延安作家生活纪实》,见程远主编:《延安作家》,第501页,西安:陕西人民教育出版社,1992年8月版。

的。他们在大窑洞正中安放一张木板双人床,靠窗一张原色木制书桌,配一把皮靠背的木凳子,靠里间艾青自己设计,请工人帮助用黄土垒起一条沙发底座,大约四尺长两尺多宽,刷过一层白石灰,压上一层厚厚的草垫子,再铺上陕北特产的白羊毛毡,女主人亲手缝制两个红黑镶嵌的布质坐垫,时常博得来客的夸奖和惊叹。小窑洞里放置一张单人木板床,也配一张小书桌和凳子,没有书架,没有脸盆架,脸盆、脚盆和锅碗什物都放在地上,沿墙根排列着。冬季到来的时候,他们又在窑洞当中垒起一个火盆,既可以取暖,又可以兼作炉灶。拿一只大搪瓷缸放在炭火上,里面放置红枣,加少许的清水,不一会儿,诱人的枣香味儿充溢窑洞,生活既温暖又甜美。

集体伙房在山坡底下,"公家派的炊事员,开饭时由小勤务员用木桶挑上山,高喊一声'打饭了!'大家便纷纷走出窑洞,等候小勤务员分发。虽然经常吃的小米干饭,熬萝卜条、熬土豆条,或者南瓜煮白菜,但大家心情却十分愉快,写作之余不自己忙着做饭,每星期总有一两次肉吃,当时叫做'会餐',改善大家的生活。大家把时间和精力大部分用到了工作上,说心里话,比我们在国民党统治区的生活要安定得多"①。

除住处、家具、伙食由公家供给外,还有四季衣服、夜间照明用的蜡烛或油灯及灯油、写作用的墨水纸张,甚至妇女用的卫生纸,一概都由公家按时定量供给。韦嫈晚年深情地回忆说:"我感到生活真是有了保障,虽然一切都是简陋的粗糙的,但心情是愉快的。我们不追求豪华,追求的是理想,美好的人类理想,才来到这荒凉的山沟沟里,这里的人们都在从事一番轰轰烈烈的革命事业,这些人是不追求物质生活的享乐才来到这儿的,他们都是崇高的'同志'!"②崇高的理想精神可以感人,但是,简约而富足的物质生活保障是支撑理想精神大厦持久矗立的必要条件。

---

① 韦嫈:《延安作家生活纪实》,见程远主编:《延安作家》,第 502 页,西安:陕西人民教育出版社,1992 年 8 月版。
② 同上注。

安适的生活供给,平等的人际关系,自由开放的社会环境,积极进取的学习风尚,清廉高效的政府职能,延安知识分子因此称颂延安曾经天堂般的岁月。这种天堂岁月的核心记忆,是纷繁的文事活动,频繁的群体集会,飘扬的旗帜,嘹亮的歌声,群情激昂的口号,振臂如林的高呼;还有延河边黄昏浪漫的散步,窑洞里冬夜温馨的围炉。每个日子都被安排得满满的,轰轰烈烈,忙忙碌碌。融入革命集体的个体生命,随着集体情绪饱满的河流飞遄旋转着。

三、丰富多彩的文艺组织与活动

一个思想开明、文化活跃的时代,文学艺术不仅仅是文艺家的事业,文学青年的追求,而且还被社会上各阶层的人们所喜爱。1941年9月12日,重庆《新华日报》载文《文艺活动在延安》介绍延安文艺活动:

> 如果谁想知道一点关于延安文艺活动的事情,首先在报纸上的各种启事或消息中便可以获得这样一个概念,你会觉得:延安的文艺活动确是够活跃啊!
>
> 这话倒不是假的,在延安,文艺工作者正愉快地努力地进行着他们的工作,许多爱好文艺的青年被组织在85个文艺小组中,成为667个组员。文艺小组的成立,普遍在包括了机关、学校、团体、工厂和部队等54个单位中。因此,文艺小组和组员就有了工人、战士、学生和公务员这些各样的人们。

这种文艺小组最早是1938年解放社印刷厂四五个工人成立的。1940年春边区文协第一次代表大会后由"文抗"负责帮助领导,这项工作蓬勃发展。1941年9月30日,中央文化工作委员会(中央文委)专门发出《关于组织文艺小组对延安各机关学校的通知》。

以前延安各机关学校的文艺小组活动，都是自发的组织，由文抗分会(即"文抗"，引者注)的文艺小组工作委员会领导，各机关学校行政当局不负领导责任。因此工作上发生一些困难：第一，有些文艺小组活动和本机关学校的工作冲突，不能适当调解；第二，机关学校太多，文抗分会来不及普遍领导。为着便利群众文艺活动更加发展起见，希望各机关行政当局更多注意文艺小组的工作，办法如下：

（一）各机关学校的俱乐部应把文艺小组的组织工作作为自己工作的一部分，负责将本机关学校对文艺有兴趣的人组织到小组中来。

（二）文抗分会文艺小组工作委员会只负教育上的责任。关于小组的写作和研究上的问题，由各俱乐部与文抗分会接洽，取得帮助。

（三）各俱乐部应经常注意检查小组的工作，并在这一方面经常与文抗分会文艺小组工作委员会取得联系。①

紧接着，"文抗"文艺小组工作委员会次日便公布《文艺小组工作提纲及其组织条例》，明确提出，"文艺小组是根据大众对文艺普遍的爱好和要求，而在自由民主的边区所产生的一种群众的文艺运动。它提示大众对文艺的正确认识，提高大众的文化水平，并培养、教育写作人才，使之生动、真实地反映生活"。根据"自愿、活泼、民主"的组织原则，"三人即可组织之(学校、机关、部队、工厂皆适用)，推组长一人负责计划工作，推动工作"。② "文抗"文艺小组工作委员会先后举行过12次巡回座谈会，围绕着"写什么和怎样写？读什么和怎样读？"的总题目，组织文艺家们到各

---

① 《中央文委关于组织文艺小组对延安各机关学校的通知》，《文艺月报》(延安)，第10期(1941年10月)。
② 《文艺小组工作提纲及其组织条例》，《文艺月报》(延安)，第12期(1941年12月)

文艺小组，与组员和爱好文学的广大群众直接交流讨论。

此外，由艾思奇组织、毛泽东经常参加的"新哲学学会"，范文澜、吕振羽主持的"中国历史问题讨论会"，萧军筹建的"鲁迅研究会"，萧三负责的"文化俱乐部"，以及"延安诗会"（艾青主持）、"延安评剧院"（张庚主持）、"鲁艺平剧团"（阿甲主持）、"边区美术工作者协会"（江丰主持），等等，都非常活跃，活动不断。

据清凉山新闻出版革命纪念馆统计，抗日战争时期延安和陕甘宁边区出版的报刊有近 70 种之多，其中报纸 23 种，刊物 48 种。图书出版发行机构 10 余家，各类书店、图书馆约 20 家。这些报刊和出版机构主要发表生活在延安及抗日根据地作家和文学爱好者的原创作品，充分反应了延安革命队伍的文化创造状态。

杂花生树，莺飞草长，黄土地上，春意盎然。作为专门培养文学艺术方面人才的鲁迅艺术学院（1940 年 5 月改名为"鲁迅艺术文学院"；1943 年 4 月并入延安大学，作为一个学院，又改名为"鲁迅文学院"），自 1938 年 4 月 10 日创办后，经过几年的实践，到 1940、1941 年，逐步建立起正规的学制，走上正规化、专门化办学道路，并影响这个时期的延安文艺生活。戏剧音乐系帮助推动了整个延安戏剧活动向演"大戏"方向发展。《日出》《雷雨》《钦差大臣》《蜕变》《李秀成之死》《望江亭》《法门寺》等中外戏剧名作先后在延安演出，受到热烈欢迎。据延安《新中华报》1940 年 1 月 19 日报道，话剧《日出》在延安公演八天，观众近万人，中共中央领导同志备极赞扬。王明招待参加该剧演出的工作人员，嘉勉有加。"工余剧人协会"和"鲁艺实验剧团"都排演此剧。该报同年 8 月 27 日刊载叶澜《关于〈雷雨〉的演出》介绍，8 月上旬《雷雨》由"青年救国总会剧团"公演七场，每场上千人，场场满座，颇得延安一般人士的好评。该报同年 11 月 10 日发表叶澜《略谈〈蜕变〉》介绍，《蜕变》由"陕北公学文艺工作队"连续上演 11 天。《新中华报》1940 年 1 月 24 日发表于敏的文章《评〈日出〉公演》，认为"如果说在过去的时期我们曾经沿着一条较为狭隘的道路前进，那末，现在这条道路是被放宽了"。美术系于 1941 年 8 月筹办了陕甘宁边区美术协会大型美术展览会。文学系编印出版文学刊物《草叶》；另由周扬主编、桂林印刷的综合文艺刊物《文艺战线》，影响波及全国。

不同地域、不同特色的戏剧艺术形式，与延安的革命理想结合起来，形成了延安早期特有的一种开放情怀、浪漫情调和革命乐观主义精神。这座本来灰色狭小的古城，顿然间焕发出年轻的光彩，革命圣地的文化情怀也变得越来越活泼和激荡。

如果说 1942 年以前，延安文学艺术的发展繁荣主要是抒发革命者的精神情怀，表达了在抗日民族统一战线旗帜下，民族觉醒，同仇敌忾的时代精神；那么，经历过延安整风运动后的延安文学艺术，则主要是为工农兵服务，改造人生，与民同乐，从而创造出"新秧歌"红色革命文化。工农兵文艺的现实精神，与抗战文艺的世界情怀，这是不同时期的两种文化发展繁荣形态，它们共同创造了延安革命文艺发展繁荣的历史盛事。

第三节　文化机制与文化创新

抗战时期的延安现代建筑①

    延安十年(1937—1947)处在战争环境中,是一个破坏的时代,也是一个即将到来的建设时代的开始。当延安老城被日本侵略者飞机炸毁,中共中央领导机关及其下属各单位迁移城外,陆续组织规划建设很多新建筑。破旧立新之中,旧与新的观念矛盾主要表现为,以古与今的更替,穿越中与西的差异;以时间轴线上进步与落后的价值判断,弥合空间轴线上东方与西方的审美判断。砸碎一个旧世界,创造一个新世界,是中国革命队伍的最高社会理想。

一

    延安新建筑始于 1939 年底,为准备召开党的第七次全国代表大会建造大礼堂。据当时参与并主持此项建筑设计和施工监督工作的杨作材回忆,延安时期为准备召开中共七大先后三次修建中央大礼堂。

    第一次修建的中央大礼堂,是 1939 年底至 1940 年春,在安塞李家塔。工程项目负责人张子良,是一位陕北红军老干部,清涧人,对当地地理环境和工匠技术比较熟悉。杨作材当时是延安自然科学院筹备处工作人员,临时接到通知,先到枣园的中央办公厅报到,当晚就骑马赶到安塞选址现场。"我到李家塔以后,他(张子良,引者注)向我交代了任务,告诉我这个礼堂是为召开'七大'用的,要容纳 1 000 人左右。同时要造三

---

① 本文首发《档案春秋》(沪),2019 年第 12 期。

四百个窑洞,供代表们住宿,时间要求很紧。"时年27岁的小伙子,浑身充满着革命豪情和干劲,领会意图后,迅速就进入设计状态。"根据他的要求,我就在热炕头上连夜开始了设计,一连干了几个通宵,就把礼堂的设计图纸绘制出来。那时候的建筑不像现在这么复杂,用不着进行地质钻探,也不用画细部图,更没有水暖、电器设备那一套。构思好了,一个通宵就画出了平面图、立面图、侧面图和断面图。这个礼堂还有一个小楼。于是又画上了一个总的侧面图和断面图。所有这些图都画在一张纸上。至于那些局部细节,是在施工的过程中一边跟工人讲,一边拿根棍在地上画,再进行施工的。"①

　　这是一幢具有西式现代感的木石结构新建筑。正面当中是两个石柱子、三个圆拱。两边是两个方形的堡垒式二层楼。外立面为块石砌墙,内里屋顶为九檩八椽木结构。所用的砖瓦材料,都是现场烧制的。木料是从附近山林里砍伐拖运来的。"一根两丈多长的榆木房梁,要派100名自卫军从十五里以外的山沟伐下来,因为湿,故而非常重,拉三天才能拉到工地。有一个人还被压断了腿。"②可见当时条件的艰苦和施工的艰难。施工使用的工具,基本上都是因地制宜自己制作的。把一根细柳木破成两半,用根铁轴,装上一截三四寸厚的圆木头作为轮子,再放上一个柳条编的畚箕就成了运土用的手推车。石材是雇佣当地的石匠师傅,就近开采石料,打凿成石材,特殊部位如礼堂门窗顶上还根据需要雕刻出装饰花纹,有的图案是杨作材参考当时交通银行和中国银行等发行的钞票上的花纹画出来的,有的是石匠师傅自己提供的图案。礼堂用的铸铁窗棂,是请鲁迅艺术文学院老师们设计的。图案设

---

① 杨作材:《我在延安从事建筑工作》,见《延安文史》第9辑《延安岁月》,上卷第306页,中国人民政治协商会议延安市政协文史与学习委员会编印,2006年1月。
② 杨作材:《我在延安从事建筑工作》,见《延安文史》第9辑《延安岁月》,上卷第307页,中国人民政治协商会议延安市政协文史与学习委员会编印,2006年1月。

计很漂亮,但是太繁琐,透光性也很差,送到茶坊兵工厂加工时,负责铸造的同志将其修造成了一个大的红五星,中间有"1940"字样,周围是几个大格子。此预制件当时因故没有使用上,后来用在杨家岭中央大礼堂上。

这是一项政治任务,整个建设施工非常高效。承担施工任务的,名义上是三个营的自卫军,大约300人,还有一些临时雇用的石工和木工。施工组织采用分组承包制,一个师傅带一部分人承包某一项具体任务,另一个师傅领一部分人承包另一项任务。大家情绪都很高涨,不问工钱,没有人抱怨。杨作材整天泡在工地上,与工匠师傅们朝夕相处。张子良负责政治思想和后勤保障工作,工地上需要什么东西,随时开条子派人到他那里去取。遇到任何大小问题,都能及时得到妥善解决。中央办公厅有关同志事先考察选择指定的礼堂地点是在朝北的山洼里,目的为了防空。实际建造时,杨作材发现原址存在背阳、阴冷,山洼里多水、结冰等问题,很不适宜。张子良得知后让杨作材赶快写报告,向直接领导此项工作的李富春同志请示,同意另选新址。

一个可以容纳千人的大礼堂,加上300多孔窑洞,整个工程只用三四个月时间就竣工了。这时已是1940年春天,李家塔山沟里矗立起一座现代新式建筑,参加建筑的工程技术人员和自卫军战士们都很自豪地盼望着即将在这里召开的重要政治会议。杨作材忽然接到通知,"七大"会议暂时不开了,马上回延安枣园接受新的任务。

杨作材得到的指示,是在枣园修建一个能容纳三四百人的礼堂,为着要在这里召开一个扩大的中央政治局会议。据杨作材回忆,"枣园礼堂是一个木结构。原来,延安城拆迁时,拆下了许多木料,由边区建设厅保管。建造枣园礼堂时,全部给了我们。这些木料,锯口和榫口很多,年代久远,用来建造礼堂技术上困难很多,必须根据木料的具体情况进行设计。原来从鼓楼拆下的重檐上的木料,正好做成了礼堂的天窗;斗拱做成了礼堂二楼的挑檐。这为后来建造中央大礼堂作了技术上的过度"①。这座枣园小礼堂竣工于 1940 年秋天,也是西洋建筑风格,后来作为中央书记处小礼堂。

这座小礼堂建成后,中央办公厅曾经计划在枣园后沟为七大召开修建中央大礼堂。这里树木密集,便于隐蔽。距离市内也比较近,各类物资采购和供应都方便。于是选定后沟西边山坡比较平坦的山坳盖大礼堂,在附近山体修筑窑洞作为会议代表住处。修建过程中,发现整个空间太小,而且只有一口水井,水质不好,会议期间饮用水问题不能解决,只得再次放弃。

二

中央大礼堂最后选址在杨家岭。

杨家岭,是位于延安老城北门外大约 2.5 公里的一条山沟,临近延河,原名杨家陵,因山上有明代兵部兼工部尚书杨兆陵墓而得名,延安时期传说这是杨家将的后代陵墓。沟口的平地上,有一座大古墓,有石人、石牛、石马。墓的周围,是平溜溜的一片庄稼地。1938 年 11 月日本飞机轰炸延安后,中央机关迁驻这里,并改名为杨家岭。这里地势开阔,两边山坡已建有多处窑洞,其中中央党校校舍可以用作"七大"代表们的住处,只需要建造一座大礼堂。

与中央办公厅隔河相望的中央大礼堂,原址是一座砖木结构的小礼堂,可以容纳三四百人。1941 年冬季,中央机关俱乐部主任住在礼堂里,不慎将刚发放的过冬棉花放在床铺上,房里生着一盆炭火,就到鲁艺跳舞去了。孰料火盆里的火花一爆,引燃了棉花,酿成一场大火,把小礼堂全

---

① 杨作材:《我在延安从事建筑工作》,见《延安文史》第 9 辑《延安岁月》,上卷第 308 页,中国人民政治协商会议延安市政协文史与学习委员会编印,2006 年 1 月。

部烧毁。

火灾后的第三天,杨作材接到通知来到中央办公厅,时任中央办公厅主任的李富春亲自安排任务,要求在杨家岭重新修建一个大礼堂。杨作材仔细考察地形地势,提出两个建筑方案。其一,在杨家岭沟口的一块大田地当中修建中央大礼堂,将所有的中央机关,包括中央组织部、宣传部、统战部、政策研究室以及办公厅、行政处等都集中到一起,形成一个比较集中的中央办公中心。其二,在被烧毁的小礼堂原址修建中央大礼堂,其他机构办公地址不变。两个方案草图一起送交中央办公厅,李富春对第一套方案笑着问道:"你怎么了,你是要在这里建都还怎么着?"于是,就决定在小礼堂原址重建大礼堂。

杨作材把设计平面图、正立面图、侧面图和剖面图都画在一张大图纸上,然后钉在办公桌上,供大家阅读。没有细部施工图纸,而是照老办法在施工现场临时画给工人们看,或在木板上放个比划的样子。好在施工队伍是当初李家塔礼堂建设班底,彼此熟悉,合作默契。

这是在当时条件下精心设计制作的建筑作品。整个建筑由多个体块组合而成,入口处是一座方整的小楼,两侧壁柱,巍峨庄重,楼顶设置旗杆,正门上方是一个特制的圆形气窗,嵌入一个硕大的铸铁五角星,革命标志性特征非常鲜明。建筑主体部分是正厅,可以安排1 000多个座位,采用四个大石拱作为主梁,形成无柱脚穹顶式结构,达到内部空间最大化效果,避免了在礼堂内出现两排阻挡视线的柱子;东侧是一个小会议室,兼作舞厅,并配有小耳房,为文艺演出时演员化妆间;西侧的三间房子,分别用于休息室、阅览室和游艺室,与入口门厅相通,功能利用上实现多种用途并重。

整个建筑砖石结构。正厅采用跨距达15.6米的大石拱代替木梁,是一个极大的技术突破。由于伐木烧炭多年砍伐,当地可以用作大梁的木料已经十分缺乏,而石料资源在当地却是很丰富的,并且当地石匠师傅们的技术水平非常精湛。所以,礼堂正厅采用石拱结构,拱与拱之间用木料连结,再以木板盖顶。这些木料同时又用作施工脚手架和挂滑车的木支架,当礼堂造好后木料也已基本用完,减少浪费。为了安装巨大的石拱,杨作材和中央机关工程师张协和合作,研究具体施工办法,请温家沟农具厂(即兵工厂)特制了一个五轮复式滑车,利用滑轮组的原理顺利地完成安装任务。这些石拱属于半圆拱,其所承受的力可以直接传递到地下,不会产生侧推力。为了谨慎起见,建设者们在东西两侧分别修建小会议室和阅览室,以抵御半圆拱万一产生的侧推力。这样,造型上的体块结构与功能上的承重安全相结合,天衣无缝。此外,为了提高大石拱的承载力,参照隋代赵州桥的结构形式,在大拱上又修了几孔小型砖拱。然后用单砖墙砌平,使它既能承重,又显得外观平整、美观。内部视觉空间像一个巨大的窑洞,给人朴实亲切温暖感。

建筑外观显得洋气,庄重,大方。瓦屋面不出檐,是典型的欧式屋面做法。大厅和舞厅则是互相垂直嵌入的矩形,三个一组的长窗形成明显的韵律。正厅窗户分两层,丰富了建筑表情,共设四个出入口,两两对称又不雷同,生动而不呆板。正门边的壁柱,采用希腊建筑柱式。杨作材回忆说:"这根石柱采用的是希腊雅典的爱翁尼(Ionic)式柱,是我当时参考了美国的一本大学教科书而设计出来的。"[1]

施工过程中,为了赶工期,后面的石山没有完全削平就将舞台的后墙砌了上去。等到墙体快砌完时,发生滑坡,只好拆了返工重砌。工程预算是5万元法币,由于物价上涨的原因,中央办公厅领导指示,不要受预算限制,一定要将礼堂盖好,实际花费12万元法币。修建时对建筑用途严格保密,许多人不明白为什么在边区经济十分困难的情况下大兴土木,甚

① 杨作材:《我在延安从事建筑工作》,见《延安文史》第9辑《延安岁月》,上卷第313页,中国人民政治协商会议延安市政协文史与学习委员会编印,2006年1月。

至有人直接给中央写信,认为这是铺张浪费。等到"七大"召开,人们才明白其中的原委。

整个建筑体块结构,彼此支撑,相互关联,外表庄重、刚毅、洋气,内里大跨度穹隆式空间,视线高度集中,意志绝对统一,乡土的朴实与同志的温暖都融会在革命大家庭的亲切里。建筑艺术地诠释了中共"七大"所实现的中国革命政治理想。正门上方"中央大礼堂"为康生题写。

"七大"召开后,中央大礼堂作为一个重大历史事件的见证物,获得了建筑之外的特殊历史意义。当时在延安的机关学校为了学习贯彻"七大"精神,陆续开始组织师生员工参观这座延安标志性建筑。"为了使我们对'七大'的实况和历史意义有更为深刻的理解,学校领导组织我们参观了'七大'会场。记得在5月(此处有误,引者注)的一天,'七大'刚刚闭幕,我们来回步行30多华里,怀着惊奇和崇敬的心情,参观了'七大'会场和中央办公厅的小石楼,也从远处看到了毛主席和中央首长居住的窑洞。我对杨家岭周围的优美环境,对'七大'会场庄严肃穆的布置,特别是对大礼堂建筑精美的弓形设计留下了美好的印象。"①这是当时在已经并入延安大学的鲁迅艺术学院学习的学生多年后的回忆,并以此作为印象最深刻的事。

三

延安时期的新建筑,主要是指用于住居、办公的窑洞,其高档者为砖石材料垒砌的石窑,其普通者为土窑,基本采用传统建筑工艺。另有用于政治集会、银行机构、权力部门的公共建筑,大多采用西洋建筑风格,可称为新建筑中的新式建筑。其代表作品除了中央大礼堂外,还有杨家岭的

---

① 张逊斌:《怀念在延安大学学习和工作的岁月》,见延安大学西安校友会编:《延安大学回忆录》,第253页,西安:陕西人民出版社,1998年8月版。中共七大召开时间为1945年4月23日至6月11日,历时50天。

中央办公厅"飞机楼"、南门外的边区参议会大礼堂、边区银行大楼,以及中央党校、陕北公学、八路军军政学院、西北行政学院等各级各类学校兴建的大小礼堂。唯一例外的,是王家坪的中央军委大礼堂,以及附近的八路军总部机构建筑,都采用中国传统建筑模式。

早在杨家岭中央大礼堂一年前修建的中央办公厅小楼,是当时延安最初出现的西洋式三层楼建筑。主持该建筑设计建造的杨作材当初也是提供两套方案,画了两张草图。第一个方案是修建三座平房;第二个方案是一幢小洋楼,中间主体部分三层,两边各两层,最外边是一层。中央有关领导决定采用第二个方案。将三座平房叠加起来,造成一座三层小楼房,这在当时的延安属于建筑创新。建筑造型选用20世纪30年代流行的火柴盒式建筑,功能主义,简约风格,仿佛用几个火柴盒子搭成的积木。依傍山势,施工过程中因地制宜,将三层楼的窗户改建为边门,增加一个天桥,直通上边毛泽东住居的窑洞门口;二层楼的楼梯间正好对着警卫排的住房,也作相应改动。东厅是一个作战研究室,为了保密,将窗户设计得很小,并且没有向外开的门。整个建筑形态中间高,两翼延展,很像一架飞机,当时就被称为"飞机楼"。

建筑所用的石材来自对面山上开采。采石时每天早晨要放炮,而住在山沟对面窑洞里的毛泽东的生活习惯几乎昼夜颠倒,他每天晚上工作到深夜,早晨正是他睡觉的时候。一连放了几天炮以后,严重影响毛泽东的休息。时任中央办公厅秘书处长王首道把负责建筑施工的几位同志叫到毛泽东警卫连长叶子龙住处商议。叶子龙说:"我们正好趁这个机会把毛主席夜间工作的习惯给改过来。"

从湘赣苏区到中央苏区就熟悉毛泽东的王首道说:"那还行?"意思是根本不可能,那是异想天开。商议的结果,决定改为每天下午放炮。

小楼将近落成时,时任中共中央秘书长的王若飞派人送来一块铭石,按当时西方建筑惯例,刻勒该建筑名称、设计者、建设者和时间等内容。

但负责工程建设的杨作材认为不合适，便将其砌在墙里面了。

该建筑很有现代感，朴实，简约，不事雕饰，却新颖洋派。1941年春开工，当年完工。1942年5月，延安文艺座谈会在这里召开。

与此同时建设的陕甘宁边区参议会大礼堂，同样具有浓厚的西洋风格，又能够与当地环境相融洽，被誉为"富丽堂皇的民主之宫"①。陕北知名乡绅、边区参议会常驻参议员李丹生专门题写《大礼堂颂》，畅叙自己身临其境，参政议政，共商国是的深切感受，并由此激发起对于民族复兴、国家再造的美好意愿。"议员列座，来宾旁听。而其提议答复，一上一下，融融泄泄，和气所致，天人共应。……制礼制乐，治定功成。奠乾坤于宁静，酿世界于和平。国祚绵延，天休滋至，岂不懿欤休哉？然而自今思昔，由委溯源，如此旋转乾坤之奇才，震古烁今之伟业，问开始于何地，开始于何人？金曰：开始于此堂，开始于作此堂会此堂者。"②

该建筑由毛之江设计，杨作材负责修正，丁仲文、李付缙指导施工，钟敬之承担内部装饰设计工作。礼堂为砖木石结构，主体一层，局部二层，由前部门廊、中间大会议厅、后部舞台组成。正门是一排石砌拱廊，当中为五孔拱券，拱间加壁柱。两侧实体墙面，与中空拱廊形成强烈对比，山墙高耸，巍峨庄严。细部柱顶、额枋多用中国传统建筑符号。正厅可容纳1200人。谢觉哉题写"陕甘宁边区参议会大礼堂"，刻勒在正门上方。1947年3月国民党军占领延安后，该建筑被毁。1956年5月，谢觉哉回到延安，重新题名"延安大礼堂"，现今仍然作为一些重要活动的举办场地。

所有这些新建筑，其物质条件和内部装修"远比不上现在的中南海怀仁堂和人民大会堂。但它的使用价值、政治意义、对社会的贡献，却可以

---

① 海燕：《开幕式——边区参议会剪影之一》，《解放日报》（延安），1941年11月8日。

② 李丹生：《大礼堂颂》，《解放日报》（延安），1941年11月25日。

和怀仁堂、人民大会堂相媲美"①。1947 年 3 月,国民党将领胡宗南率军占领延安后,除自己指挥作战用了王家坪建筑,得以使其保留原貌,其他建筑全部烧毁。1950 年代人民政府又按原样重建,1980 年代再次修建。

值得一提的是,位于延安城南门外的陕甘宁边区政府办公场所始终是很简易的,依山开凿的两排窑洞,砖石砌面,朴素,简洁,可亲可近。

建筑艺术的文化品质和意识形态特征,是一种功能性存在,是在设计者、决策者、建设者、装饰者的劳动过程中那么一种只可意会不可言传的选择判断,是一种集体无意识的意识形态。延安新式建筑,全部是用于政党政治的公共事务活动。其功能内容需要与审美形式特征,都是必须充分满足的建筑意图。它代表着一个新时代的开始,寄托着无产阶级革命队伍对于新时代的梦想和信念,并因而成为后来延续半个多世纪的中国标志性建筑的先河。

---

① 陈其:《重回延安》,见杨复沛、吴一虹主编:《从延安到中南海——中共中央部分机要人员的回忆》,第 95 页,北京:北京出版社,1994 年 6 月版。

矢志建设中华民族现代文明①

在新的历史起点上,继续推动文化繁荣、建设文化强国、建设中华民族现代文明,要坚定文化自信,坚持走自己的路。习近平总书记在出席文化传承发展座谈会上的重要讲话精神②,为我们在全面建成小康社会,迈向全面建设社会主义现代化国家新征程上,坚定文化自信,坚持文化自省,实践文化自觉,实现文化自新,建设中华民族现代文明,创造人类文明新形态提供了方向指引和价值遵循。

坚定文化自信,守护好中华民族现代文明的根本

灿烂悠久的中华古代文明,是中华民族的精神血脉之所在,是中华民族现代文明的根本之所存。滥觞于远古歌舞祭祀,肇源于夏商周礼周易,奠基于先秦诸子学说,宏阔于楚辞汉赋,兴盛于唐诗宋词,繁华于元明清市井话本戏曲小说。中华民族创造了中华文明,中华文明呵护着中华民族,在世界四大文明古国中唯一能够弦歌不断,五千年赓续传承,历经磨难,历久弥新。

相对于西方游牧和航海的不断迁徙,崇尚自由,向往彼岸世界;中华民族选择定居农耕的生产生活方式,中华文明崇尚集体,重土难迁,讲信

① 本文首发《光明日报》(北京),2023 年 6 月 9 日,题为《坚定文化自信,矢志建设中华民族现代文明》。
② 参见《担负起新的文化使命,努力建设中华民族现代文明》,《人民日报》(北京),2023 年 6 月 3 日。

修睦,守望相助,共存共荣,追求此岸世界的美好生活。在世世代代生死歌哭的土地上,中华儿女自强不息,厚德载物。"有朋自远方来,不亦乐乎。"①朋友来了有好酒,财狼来了有猎枪。我们祖祖辈辈生活的村庄,是家园,是故乡,也是祖国的最小单元。遇到洪水或疫情,大家一起去抗争;遇到强盗来犯,大家集体去战斗。有集体就有组织,有领导,有领袖。

每当中华民族到了最危险的时候,中华儿女的必然选择,是把我们的血肉筑起新的长城,誓死反抗,浴火重生。在汉语甲骨文里,"自"是鼻子,"自己"是一条会呼吸的软体虫类,不具备生命的社会学价值。人生的价值取决于个体对集体的责任承担和贡献大小。从自己成长为具有第一人称代词的"我",是人与戈的组合,是一个可以拿起武器保家卫国的"丁",像钉子一样牢固地守卫在国境线上,尽心尽职在自己的工作岗位上。从"我"再到无特定人称代词的"或",即有的人,就是如兵马俑那样跻身行伍的士兵甲乙丙丁,以成泱泱大"國"。

文化是凝结在生产方式和生活方式里的价值观念,文明是判断社会历史文化发展水平和品质的价值标准。中华文明具有突出的连续性,从根本上决定了中华民族必然走中国式现代化发展道路。建设中华民族现代文明,必须深深扎根在中华优秀传统文化的土壤里。只有根深,才能树壮,枝繁叶茂。

坚定文化自信,凝聚好中华民族现代文明的心魂

"一个民族、一个国家,必须知道自己是谁,是从哪里来的,要到哪里去,想明白了、想对了,就要坚定不移朝着目标前进。"②2014 年 5 月,习近平总书记同北京大学师生座谈中提出的文化命题,就是要坚定文化自信,

---

① 《论语·学而》。

② 习近平:《积极培育和践行社会主义核心价值观》,《习近平著作选读》,第 1 卷第 243 页,北京:人民出版社,2023 年 4 月版。

在现代化历史进程中立足脚下，胸怀天下，正视当下，做堂堂正正的中国人，凝心聚力，立德树人，培根铸魂，以青春之我，创造现代化之中国。

进入近现代社会，中国逐步沦落为半殖民地半封建社会，国家蒙辱、人民蒙难、文明蒙尘，中华民族遭受了前所未有的劫难。自 1840 年鸦片战争至 1945 年抗日战争胜利的百余年，中国与西方帝国主义列强进行了无数次战争，只有最后一次才赢得胜利。屡战屡败，屡败屡战，前赴后继，英勇斗争的过程中，先进的仁人志士们沉痛地反省，不得不一次又一次地被迫承认我们器物不如人、制度不如人、文化不如人。中国传统农耕文明，在西方工业文明的冲击下，遭遇了三千年未有之大变局，惨遭百余年斗争失败的厄运。我们曾经一度丧失了文化自信，丧失了在现代文明世界的话语权，丧失了关于现代化的价值和意义分配权。

曾几何时，我们现代汉语词汇里的现代化被误解为西方化；生活中的正装被曲解为西装领带；一个以经典音乐频率为标榜的广播电台，播放的是所谓纯粹的西方古典音乐；大学课堂里奉西方理论范式为圭臬，分析研究中国历史，批评中国现实；街头上的青年男女，把黑头发焗染成所谓时尚的黄头发。从正装的定义，到染发时尚，再到黑人歌手把皮肤漂白，甚至换皮肤，其背后的价值理念是五十步与百步而已。没有文化自信的民族，注定是现代化世界里的弃儿，在追赶所谓时尚的过程中，掩饰着内心深处的空虚荒凉。失去文化自信，就失去了历史主动。只有坚定文化自信，才能凝聚起亿万中华儿女的精神气魄，在新时代新征程踔厉奋发，勇毅前行。

坚定文化自信，续写好中华民族现代文明的精彩华章

党的十八大以来，以习近平同志为核心的党中央高度重视中国特色社会主义文化建设，特别强调坚定历史自信、增强历史主动，坚定文化自信、提高政治自觉，激发全社会文化创新创造活力，焕发全民族投身伟大

复兴事业的澎湃精神动力。在庆祝共产党成立100周年大会上，习近平首次提出"坚持把马克思主义基本原理同中国具体实际相结合、同中华优秀传统文化相结合"①。这第二个结合，是又一次思想解放。党的二十大报告进一步明确，"我们必须坚定历史自信、文化自信，坚持古为今用、推陈出新，把马克思主义思想精髓同中华优秀传统文化精华贯通起来、同人民群众日用而不觉的共同价值观念融通起来"，不断开拓马克思主义中国化时代化的新境界，不断谱写以中国式现代化推进中华民族伟大复兴的历史新篇章。

"周虽旧邦，其命维新。"②中华民族素来具有开放的情怀，家国天下意识，自我革命精神，超强自我纠错功能。从中华古代文明向中华民族现代文明转换过程中，经历着三次历史性变革：其一是新文化运动中，引进历史进化论，彻底扭转了中国传统文化价值取向向后看的坐标方向，接受并采用公元纪年，从而融入现代世界格局；其二是共产党人接受马克思主义，把中国问题放置在世界格局中思考出路，并选择以工人阶级为领导，走与工农大众打成一片的人生道路，从而开辟了中国革命的新天地；其三是实现马克思主义中国化时代化，"两个结合"开创中华民族现代文明新境界。

中华民族现代文明，是人类现代文明的一种新形态。面向未来，不忘本来，吸收外来，创造中华民族现代文明新华章，需要文化自觉、文化自省、文化自新、文化自强。坚定文化自信，是守护根本，凝聚心魂，创造未来的精神皈依与保障。

---

① 习近平：《在庆祝中国共产党成立100周年大会上的讲话》，《人民日报》（北京），2021年7月2日。
② 《诗经·大雅·文王》。

第四章

生命经验：著作等心

第一节　文化自省与道不弘人

桂花时节送先生^①

一

今年沪上桂花比往年开得晚一些。

9 月 28 日下午，我在沪西参加一个学术活动后，晚上还有一个聚会，中间相隔两小时，我约同行的朋友到附近的校园散步，忽然发现桂花开了。蓝天白云下，校园道路两旁，一望全是桂花树，芬芳馥郁，沁人心脾。那种蕴藏修持了整整一年的美好意愿，在这个秋高气爽的时节，从树木心灵深处细细碎碎地倾诉出来，有的金黄，有的橙黄，有的银白，还有丹红，缀满在郁郁葱葱的碧枝绿叶中间，文静而又热烈，雅致而又璀璨。我和朋友，以及其他行人都情不自禁地拿起手机拍照，希望留下这个桂花时节的美好记忆。

当晚大约 9：30，我忽然收到一个微信，说钱谷融先生刚刚在华山医院仙逝了。我马上电话王晓明老师，接电话的是师母任老师，说王老师晚上有课，现在不在家。我问有关钱先生的事，任老师证实了刚才的微信。并告诉我，今天下午王老师到华山医院去看望过钱先生，先生精神状态很清晰，晚上很从容地走了。

后来，我知道，当天是钱先生虚岁 99 岁生日。下午，王晓明老师和其他人一起到华山医院为先生过生日，大家唱生日歌，吹蜡烛，吃蛋糕。钱

---

① 本文首发《传记文学》（京），2017 年第 11 期。

先生很开心。大约 4:00,学生们都离开了,先生吩咐拉上窗帘,他想休息一会。就这样,一觉未醒,当晚 9:16 驾鹤西归。

夜深人静,我独坐书房,默默地为先生至善圆满、寿终正寝而欣慰。窗外清风时时飘来桂花馨香,我忽然觉得,今年桂花迟开,莫不是静待先生西归吧!

地上少了先生,天上多了星星。先生人格精神,永远是我引路的明灯。

二

1985 年 7 月,我在安徽师范大学本科毕业,一心向往着报考钱谷融先生的研究生,可惜当年华东师大中国现代文学专业硕士总没有招生。后来,我被本校该专业录取,上到硕士二年级,仍然没有学位授予权,经胡叔和老师和有关方面协调努力,安徽师大中国现代文学专业三名硕士生挂靠到华东师大钱谷融先生门下。这样,我的硕士研究生毕业证书是安徽师大颁发的,硕士学位证书是华东师大授予的。

其间,我有幸聆听钱先生给我们几位研究生讲课。在关于读书的话题上,开课伊始钱先生就说,我们研究中国现代文学,必须清楚这段文学史的总体文学成就不高,没有出现被世界所公认所接受的世界级文学作品。这在当时绝对是我闻所未闻的高见卓识,给我们这些文学研究初入门者一种醍醐灌顶、当头棒喝的感觉。先生接着说,我们要想做一个称职的文学研究者,需要有敏锐的文学审美能力、鉴赏能力,正如要成为一个美食家,仅仅享用青菜萝卜是不够的。所以,我们读书不能局限于中国现代文学作品,必须对世界文学名著名作名篇有所阅读和把玩。所谓观百剑而后识器,只有尝遍山珍海味,你才有可能成为美食家。世界文学名著名作名篇,不仅仅是文学作品,音乐、美术等艺术领域,同样是需要我们学习把玩的。音乐作品中,先生说自己对舒伯特的小夜曲情有独钟,优雅从容的旋律中，是如诗如画、娓娓道来的真挚情意。先生提示我们，读书要读有字的书，还要会读无字的书。感谢学校安排一辆轿车，由我们几位研究生陪同先生，从芜湖出发，经宣城，到马鞍山，沿途在敬亭山、天门山、采石矶寻访诗人李白留下的人生踪迹，欣赏品味李白诗歌的生命审美境界。

在关于学术研究的问题上，先生教导我们，初入门者，切忌求大贪多，可以选择一个比较小的论文选题，深入进去，纵深开掘，做够吃透。譬如挖一口深井，开口要小，挖掘要深，坚持不懈，才能淘漉出清爽甘冽的泉水来。先生坚持中国现代文学专业研究生入学考试，必须要有一份写作试卷，就是当场写一篇命题作文。题目几乎与专业无关，通常是很宽泛很随意的话题，让学生有充分发挥的空间。并且，这份试卷是先生一定要亲自批阅的。先生所看重的是学生对生活对人生的感悟能力，是学生是否具有一颗敏于感受的心。当钱门弟子在文学评论领域有所成就，有人采访钱先生，先生谦逊地回答说，这些学生们入学之前就已经是个半成品了。那么，先生的功劳是善于发现具有心灵厚度的学生，然后根据学生心灵的向度，尊重学生自己选择的学术命题，循循善诱，刮垢磨光，把半成品冶炼打磨成型成品。

三

1988 年 7 月，我完成硕士研究生学习，提交学位论文《在"人"的旗帜下——五四新文学思想论衡》。在钱谷融先生的学术思想指导下，在胡叔和老师的直接辅导下，几年时间里我认真通览了五四时期几种主要报纸杂志，及其新文学作品，在大量第一手原始资料基础上，形成关于五四新文学与五四新文化运动的独立判断。认为五四新文学思想是五四新文化运动的一个重要组成，其思想主题是"人"的觉醒，其社会主体是觉醒了的中国新式知识分子。他们前世的家国精神传统，他们今生的救亡图存责任担当，历史宿命地决定了他们在中国近现代社会的人生道路选择和审美价值追求。参加硕士学位论文答辩时,钱先生率领华师大王晓明、方仁念老师,与安师大胡叔和、严恩图、杨芝明、蔡传桂老师组成答辩委员会,经过严格的陈述、提问、答辩,我比较顺利地通过论文审查答辩。

论文答辩结束,走出会场的路上,王晓明老师问我是否准备继续读书,我说当然想读博啦。王老师说,欢迎以后报考他的博士生。我顿然有一种受宠若惊的感觉和继续学术研究的精神动力。

硕士研究生毕业后,我到淮南工作生活数年,深深地潜入中国现实社会之一角。透过酸甜苦辣的生活工作表面,我发现每次政治运动过程中,任何一个具体单位或部门,都会出现政治主流话语与个人恩怨之间,存在着一种微妙的纠缠穿透关系。事态发展的结果,绝非某一方面势力单独作用,而是显在的势力与潜在的势力纠缠形成一种合力,决定着事态发展走向。近现代以来作为社会主流意识形态的西方文化,与日常生活中的本土精神文化之间,就存在着这种复杂微妙的矛盾纠缠关系,彼此穿透,相互抵牾,又相互吸收,最终形成中国特色的现代性文化。这种介于有字的书与无字的书之间的思想文化纠缠穿透现象,是20世纪中国社会一种普遍存在,并且影响深远的精神文化生态。

带着这样的思考,1995年我报考华东师大中国现代文学专业博士研究生,有幸成为王晓明老师指导下的首届博士生。王老师是钱先生指导下的首届硕士生,平时我们称呼钱先生为先生,称呼王老师为老师。

2017年10月2日,在钱谷融先生追悼会上,王晓明代表钱门弟子讲话,阐释我们为什么习惯于称钱先生为"先生",而非一般的"老师",不仅是他文章写得好,在学术上有特别的贡献,也是难得的好老师,还有更深的原因:一是他的透彻,把事情看到底了,才可能养成随和散淡的应世之道,这当中的曲折、智慧和心力,我们虽不见得都能体会,但一定知道,那是我们难以企及的;二是他的依然率性,虽然洞察世事,决意低调,他却还是多有按捺不住、拍案而起的时候,让我们明白了,什么才是他的精神的底蕴;三是他的高寿,因为这并非一般的高寿,而是一个胸怀志向、却在青壮年时期经受了许多苛待和侮辱的人的高寿,一种即便如此、到生命的最后一刻依然保持宽厚和从容的高寿,这样的高寿里,正有一种极高的尊严在。

从某个角度看,他一生经历的,是一个以各种方式把人往卑琐和功利的方向驱赶的世道,我们做学生的,也正以长短不同的时间,跟他一起经历这样的驱赶。但我们是幸运的,因为有他近距离地给我们示范:即便世道恶劣、天地局促,人还是可以保持高洁的品性,涵养人之为人的大器之志。我深信,这才是这样的时代里的真正"尊严"的"师道"。当我们因此敬称他为"先生"、在这里送别他的时候,我们也该明白,后生者的责任何在。至少至少,他示范给我们的,我们也该示范给我们的学生,和其他远远近近的后生,如此前后接续,我们才配称他的学生,千千万万的师生如此接力,中国和中国人才有未来。

先生晚年自称"散淡""懒惰""没出息",其实还有"猛志固常在"的精神火种。1998 年 7 月,我以《"兵法社会"的延安文学》为题,参加博士学位论文答辩。三年读博期间,我寻访查阅了抗日战争时期延安几乎所有报纸杂志和新闻出版物,站在 20 世纪中国社会思想文化流变的角度,认为"五四"过后是"延安",五四与延安是 20 世纪中国社会文化与文学发展的两大重要历史拐点,试图提出对于中国古代社会文化传统,对于中国现代社会文化特征与文学审美精神一种相对独立的解释。论文没有全部完成,提交答辩的大约是写作计划的五分之二内容。怀着忐忑不安的心情参加论文答辩,钱先生是答辩委员会成员,他的意见被我们十二万分尊重。先生充分肯定了我的学术探索精神,认为对 20 世纪延安这个特殊历史阶段的文学现象,从"兵法社会"与"兵法文化"这个中国现代性的独特性来解读,文字蛮好看,内容也很解渴,希望继续完成未竟章节。论文通过答辩,我心里清楚,先生是鼓励学术研究的创新探索,为创新探索者仗义执言,让创新探索者不惮于继续前行。

四

在华东师大读博期间,钱先生不再给我们授课,但每逢节假日我都尽量去拜访先生。博士研究生毕业后,我留沪工作,逢年过节可以携家人一起看望先生,偶尔请先生赏光,就近一起吃饭。我们与先生谈文学,谈历史,谈社会,谈生活,记得先生说过多次的一句话是,生活得好就是最大的学问。

读书治学不是为读书而读书,为学术而学术,读书治学的目的是谋求更美好的生活,更美好的社会,更美好的世道。先生是江苏武进人,生于1919年,一个世纪的人生旅程,经历了无数的战乱、饥荒、动荡、磨难,"生活得好"这一句极其简单通俗的人生意愿,却是极其复杂艰难,甚至流血冲突而难以实现的社会理想。先生不会说出横渠四句"为天地立心,为生民立命,为往圣继绝学,为万世开太平"那样的豪言壮语,但先生的学术精神是与之相通的,是与修身齐家治国平天下同向同行的。先生坚守的是中国现代学术精神的人格底线,在不尽如人意的生活境遇里,在金刚怒目的时代社会中,惟其如此,才更见宽厚待人,从容律己的生命深度与人格尊严。

据说,在那种政治环境极端恶劣的年月里,先生白天上班受到严厉残酷的批判,下班回家尽量陪同家人去寻找饭店下馆子,是宽慰安抚家人,更是在苦痛中磨炼心志,"何意百炼钢,化为绕指柔"。这绝非一般的柔弱,而是一种难以企及的柔韧。

先生之子钱震来在钱谷融先生追悼会上答谢词中说:

我想我和他虽为父子，但为人处世不太相同，每代人都会自然而然反叛上代人。如果说我父亲是相信人之初，性本善，那我看到更多的则是人之初，性本恶。对待恶，他是秀才遇着兵，有理说不清，但仍守住做人的底线，我们这一代则更可能是愤世嫉俗，看破红尘，自以为因别人的作恶而拿到了也做坏人的许可证，虽然我们受到的伤害远远比不上我们父辈们的。

鲁迅评价俄罗斯作家朵斯泰也夫斯基（陀思妥耶夫斯基，引者注）：朵（陀）氏对人的灵魂的解剖是如此深刻，他不但从善的表象中看出人心之恶，他还能再从这恶的后面看到善。我想我只是自鸣得意地看到了笑脸后面的人性之恶，而我父亲则再进一步在恶的背后看到善，所以他活得比我平静，潇洒，快乐，因为他虽然对别人的欺骗，出卖，恶行心如明镜，但他能理解，宽容，不求全责备，深知包括自己在内谁也不是圣人。

这种心态当然由他的 DNA 天生注定，但他对文学艺术，对美的追求更加强了这一秉性，因为所有好的文艺作品最终都是对人性中美的一面的追求，放大，升华，对在人世间并未实现的正义在文艺作品中给予精神上的补偿。

非常希望人性美的一面最终战胜恶的一面，非暴力战胜了暴力，就像我父亲平凡的一生最终画上了还算完美的句号一般。

我想钱先生坚持倡导的"文学是人学"思想主张，应该放在这样的时代背景和人生境界中去理解，去把握。

五

无论是中国现代文学，还是 20 世纪中国文学，陪伴着中华民族浴火重生，凤凰涅槃式的伟大历史复兴，是其最大的时代背景和历史宿命。自从 1840 年鸦片战争以来,救亡图存是实现民族复兴的首要任务。经过一个多世纪的浴血奋斗,我们中国人终于建立一个完全独立主权的民族国家,实现了中国人民站起来的百年梦想,解决了落后挨打的问题。再经过近七十年的艰难探索,我们又实现了让中国人民富起来的小康社会理想,历史性地解决了绝对贫困问题。现在,我们正继续努力,实现让中国人民强起来、贵起来的第二个百年梦想,努力解决文化自卑,价值迷失而挨骂的问题。从站起来,到富起来,再到强起来、贵起来,在一个时刻都存在着激烈生存竞争的世界里,我们选择的中国特色现代化发展路径,实质上是让中国人民组织起来。战争年代需要组织起来,和平建设时期需要组织起来,社会主义现代化发展同样需要组织起来。在此组织化过程中,我们不得不面对强大社会公权力对社会个体的规约、强迫与惩罚。从文艺为政治服务,为工农兵服务,到文艺为社会主义服务,为人民服务,如果说人民性是中国现代文学艺术的最高理想目标,那么,文学是人学则是中国现代文学艺术必须坚守的一条底线,是防止革命组织行为对个体人性异化的一条预警线,也是防范极"左"文艺思潮泛滥成灾的一条警戒线。用文艺的方式解决文艺问题,说起来不难,做起来很难很难。

我相信钱先生是经过深刻的思考,甚至痛苦的煎熬,最后选择自己的文艺理论主张,并始终坚守自己的理论主张。他为此付出的代价也是惊人的,其中一点就是在大学讲师的岗位上做了 38 年。尔后,从讲师直接晋升为教授。无论是讲师,还是教授,既然自己无能为力,索性抛诸脑后。先生学术思想是建立在生命经验基础上,学术研究与人生修炼,现实社会与历史精神,都是相互贯通,融为一体的。这样的学术思想,不是案牍经学,而是生活人学,理从事来,文从己出,情理交融,通体透明,拒绝一切虚伪矫作,勘破任何虚假高调,崇尚真情真理真话的学术,追求真实真诚真正的生活,用这样的文学艺术涵养人心人性人生,知行合一,人文合一,修行体面、尊严、从容、觉悟的生命。

"一句名言垂千古文学永远是人学，百年大德抵万书无声此地胜有声。"这是陈思和老师敬献钱先生的挽联，道出了"文学是人学"的价值意义。

文学艺术是美好人性的家园。在中华民族伟大复兴的历史进程中，恪守文学是人学的精神底线，用文学艺术涵养真善美的人性，提升全面小康社会后的中国人生的文化道德水准，我想，这是我们对钱谷融先生最好的纪念。

正当丹桂飘香时，尊敬的钱先生您往生吧！

2017 年中秋节　沪上双樟园

但求著作等心①

几年前的一个早晨，我按惯例做好早饭，叫孩子起床。在洗脸间里，估计是我的话说急了，上初中二年级的大孩子拍拍我肩膀，声音低沉，态度沉稳地说：哎，不要太冲动！

我抬头一看，忽然发现孩子个头已经比我高了。面对一个个头比我还高，仿佛比我还有主见，正进入青春期的大小伙子，我感到一种压力，警醒自己需要不断调整完善说话的方式方法。

在随后的家人交往、同学聚会中，我留意到不仅是我的孩子身材比我高，而且我的侄子和侄辈们的身材普遍都比我们这一辈高。我的身高在同辈人中属于中等偏上，从小到大没有因为身材而自卑过。但是，在渐次进入青春期的侄儿们面前，我开始变得没那么自信了。不过，往后看，我发现父亲个子比我矮呀。父亲养我从小在农村长大，在村庄乡镇县里的同辈人中，父亲的个子都算得上是中等偏上的，只是与儿子比显矮了。我出生的时候，祖父已经过世。我问父亲，祖父身高有多少？回答是祖父身高与我相仿，比他高。曾祖父呢？曾祖父身高比祖父高。那么，也就是说在我家五代人中，我父亲个子最矮，形成一个两边梯形谷底，其长辈和晚辈都比他高。我祖母的个子可是偏高的呀，为什么我父亲这辈人身材垫底了呢？

有生以来，我很长时间都不知道我们这个"朱"是从哪里来的，无从过

---

① 本文首发《解放日报》(沪)，2019 年 4 月 11 日。

问,也无暇过问。两年前,父亲随两车人马浩浩荡荡从老家来到上海,我好生伺候着,酒席上族谱修订委员会的尊辈长辈们郑重其事地宣布,朱氏宗谱续修工作进展顺利,经研究决定授权由尔等撰写续修谱序。我诚惶诚恐,却之不恭,唯有恭敬不如从命。我心里清楚,这活有几斤几两,需要投入几多时间精力去研究去写作,堪称责任重大,使命光荣,做不好就会留下骂名的。

修谱委员会为我准备了有关资料,尤其是25卷线装本复印件上次族谱,我怀着崇敬的心情细细研读,并找来朱熹年谱和相关著作为依照,梳理脉络,厘清支系,不禁感慨良多。距离上次修谱已逾百年,老谱明确载明"三代不修谱即为不孝"的祖训,如果按照二十年为一代人的传统算法,大约五六代人要担待着不孝的罪名。这不正好是我家从曾祖父、祖父、父亲到我和孩子这几代人吗!我和孩子不知道有家谱,当初曾祖父、祖父辈应该是知道的,为什么没有如期及时续修族谱呢?

我找到家乡县志,进一步寻找家族史与社会发展历史可以相互印证的踪迹。故乡背靠大别山余脉,面向长江中下游地带,位于安徽旧省会安庆市与新省会合肥市之间。这样一个地理位置,在近现代中国社会发展史上几乎所有的战争动乱都经历过,都苦受过,都惨烈过。我依稀记得儿时听祖母讲过,长毛子兵(太平天国军队)来了,留发不留辫,留辫不留头;清政府官兵打回来,又留辫不留发,留发不留头。没过几年,大都督府新兵(辛亥革命军)杀过来,长发辫子都不留,谁留就杀头。后来,地方军阀混战,这个杀过来,那个杀过去,村头上也不断变幻着王旗。再后来,国共合作,北伐战争,歌声飘扬,青天白日满地红,打倒军阀去共和。唱着唱着,村里人谁都没想到国共两党不合作了,紧接着就是国民党剿杀共产党,共产党惩治国民党,一个在村里,一个在山里,枪声不断,歌声断了。再后来,日本鬼子来了,二鬼子(汪伪政府军)来了,广西佬(李宗仁部队)来了,走马灯似的,你方唱罢我登场。抗日战争胜利没几年,解放战争中大军过江（渡江战役）从村里经过，家乡县城先后被解放过四次之多。此后，没有了战争，却有接连不断的政治运动。在这百余年时间里，我的故乡根本就找不到连续十年的和平日子。生计尚且难保，遑论追远敬宗续谱。

战争就是动乱、逃难，就意味着强盗、匪患，就注定是饥饿、死亡。父亲身份证上的出生日期是农历，年份是1940年，那是抗日战争后期阶段，经过连年战乱，特别是日本鬼子和二鬼子的连续搜刮，故乡已经残毁颓败贫瘠至极，甚至人心惶惶，人情浇薄。父亲的前半生，祖父的后半生，都是经历过频繁战乱和严重饥荒的，他们能够活下来，在同辈人中已属万幸。乱世人不如太平犬。父辈和祖父辈是我家五六代人中经历社会苦难最多的，他们虽然侥幸生存下来，身高却因为食物匮乏营养不良而受到严重影响。

我出生在1960年代中期，中学时代在学校住宿，还深切体验着饥饿的滋味。一罐咸菜佐餐一周，连续数周不见一片青菜和肉星。周日回家背米到学校食堂兑换成饭票，周一晚上自习课后，几个懵懂少年溜到校外农民家打赌，用饭票换30个肉包子，满满堆堆一脸盆，有人一口气吃下28个，算输了。1981年高考进了大学，早餐可以吃上油条豆浆，从此告别了食不果腹的匮乏记忆，我倍感珍惜。十年后，待到我为人之父，我真心希望余生不再有饥饿，孩子们能远离饥饿，孩子们的孩子们永远没有饥饿。

经历过百年战争离乱，经历过七十年曲折发展，如何让脚下的土地和远处的世界没有饥饿，没有乱离，没有战争，对于一个学人，对于一代知识分子，就意味着通过自己的学术研究，努力尽到横渠四句所言"为天地立心、为生民立命、为往圣继绝学、为万世开太平"的学术社会责任。我想万世太平虽是约莫数字，但绝非妄言，用文科数学思维来推算，一世为30年，万世为30万年，万年就是100个一百年，百年就是10个十年，十年就是连续10个一年。时间如流水，万世在眼前。为万世开太平的学术情怀,其实就体现在学术著作的每句话、每篇文章、每本书,是否有利于这个时代社会的和平公正和可持续发展。

我们判断一个诗人的标准,看其有没有写出此前人类没有说过的诗句,从而提升了一个时代社会的生活理想和生命境界。我们判断一个学者的标准,不应该是出版了几本书,发表了几篇文章多少字数,而是看其有没有创造出此前人类没有发现过的真理、道理和义理,说出人人心中所有,口中所无的锦言妙语。如果没有著作等心的学术操守,著作等身岂不是一种罪过? 因为仅仅把白纸变成黑字,那也是对森林绿化的一种糟蹋。

观天去坐枯井吧①

住进一处小院,结缘一片菜地,时节在流转,生命有轮回,我得以重新体验感悟传统文化中的学术精神。

第一次种香莴笋,春天温暖,雨水充沛,土地肥沃,小苗茁壮成长,转眼之间就蹿到近一米高。赶紧砍倒了,准备凉拌着吃呢,发现尴尬啦。怎么这莴笋长得像竹笋,大拇指粗,细长细长的窈窕身材,只长个子不长肉,让人无法食用呀。我怀疑是否遭遇转基因了,拍下照片,上传互联网请教有关农业专家。多种因素排除后,正确的结论是我种植莴笋的时节错了。江南地区莴笋需要春节前移栽,活棵之后,经过冬季寒冷时段,让它蹲窝坐棵,横向发展,然后春季来临,拔节生长,香莴笋才会长出丰满细嫩的肉质。由此,我领略到,在纯粹自然环境下,时节对于农业生产有多么重要。

稍后,我又遭遇一次种植花菜的难堪。原来我们食用的花菜,就是一种植物番芥蓝的蓓蕾,属于十字花科植物甘蓝,自然生长环境下为两年生草本,花球形成要经过低温春化阶段,其叶丛生长与抽薹开花适宜温度在20℃—25℃之间,超过25℃就难以形成花球。我在清明时节种植的花菜,蓬蓬勃勃,日新月异地疯狂生长着,眼看着抽薹了,眼看着结蕾了,又眼看着分枝了出叉了,节节攀高,你追我赶,根本没有花蕾内敛收紧的时候,也就根本没有形成花菜的样子,而是马不停蹄,不加稍息,猛然间就长成半人高的一地菜丛,有如绽放的烟火,呼啸的礼花。我站在菜地边,四顾茫

---

① 本文首发《文汇报》(沪),2019年2月16日。

然,束手无策。

　　生活在现代化的城市边缘,种不好莴笋,长不成花菜,生活并无大碍,我可以就近到菜市场或超市里去购买。遥想千百年前农耕社会,自给自足自然经济,耽误农时,注定会导致一季减产歉收或绝收饥饿,甚至带来一个时代和社会的反叛。所以,先秦诸子中时常可以听到"不违农时,谷不可胜食也","斧斤以时入山林,材木不可胜用也"的谆谆教导。

　　时节,中国农历二十四节气,其实是立足于北半球中国中原大地,观察测量计算出地球自转,以及地球与太阳、月亮和银河系星象公转运行规律,总结概括出的一套时间概念体系。这是中华农耕文明赖以生存发展的一个坐标系统。与游牧文明、航海文明的流浪性格不同,农耕文明重土难迁,有着深厚的家园意识、家国情怀。中华文化是从土地里慢慢生长出来的,沐浴着阴阳五行的阳光雨露,遵循着天人合一的运行规则,其最高生活境界是唐诗宋词,其最高生命境界是寿终正寝。从某种意义上说,没有时节就没有农业,没有农历节气就没有农耕文明。

　　比不违农时、恪守农时更重要的,是制定农时、颁布农时节令。

　　如果说颁布农时节令,肇始于《周礼·春官》"颁告朔于邦国",周天子向天下诸侯颁布天文年历,是一种政治权力的象征;那么,观察天象,取证物象,制定农时就是一项国家重大课题研究了,并且是一块难啃也得啃的硬骨头。

　　据《尚书·尧典》记载,尧帝"乃命羲和,钦若昊天,历象日月星辰,敬授人时"。这属于国家重大委托课题,由羲氏与和氏牵头,有羲仲、羲叔、和仲、和叔等人参与,组成课题攻关研究小组,分别在国境东西南北四个极点处设立观察站点,然后蹲守其中,长期观察,不间断观察,斗转星移,不离不弃,最后归纳总结出岁时节律。当观察记录和课题成果呈报上来,尧帝喜不自禁,都有点把不住了。"咨!汝羲暨和。期三百有六旬有六日,以闰月定四时,成岁。允厘百工,庶绩咸熙。"哦,点赞点赞! 你们这个羲氏与和氏课题组干得漂亮！根据观察测定，一年有三百六十六天，我们决定采用闰月的办法来划分春夏秋冬四个季节，从而构成年岁概念。年年岁岁，周而复始，百官昭明，万邦协和，天下一家，于变时雍。

在科学技术不发达的远古社会，观察天象运行规律几乎是一件常人不可想象的科研任务。白天用日晷记录太阳运行轨迹，夜晚需要观察天空星象，平时还要时时刻刻注意旁证四时物候变化。无论是计算阳光日脚，还是夜晚观察星象，都不可能在繁华的街市去完成，必须选择人迹罕至的偏远之地。尤其是观察星空，那是田野作业加夜班，寒来暑往，通宵达旦，最需要专心致志，心无旁骛的敬业态度、专业精神。人有多纯，心有多静，神有多专，灵有多显。这个课题组所选择的观察地点，所谓隅夷旸谷、南交、昧谷、朔方幽都，估计很多就是一口枯井。只有坐井的意志，才能观天的奥秘。

遗憾的是，这个课题组负责人未能善始善终。《尚书·胤征》记述："惟时羲和颠覆厥德，沈乱于酒，畔官离次，俶扰天纪，遐弃厥司，乃季秋月朔，辰弗集于房。瞽奏鼓，啬夫驰，庶人走，羲和尸厥官，罔闻知，昏迷于天象，以干先王之诛。政典曰：先时者杀无赦，不及时者杀无赦。"岁时节令准确与否，需要接受日食预告的考验。"书经日食"是一次失败的日食预告，掌管其事的羲和二氏，躺在成功的功劳簿上，沉迷酒色之中，没有能够对一次日食作出预报，结果引起全国上下稀里哗啦一片混乱。这一渎职失职行为，造成严重不良后果，引起人们对政权合法性的怀疑困惑。按《政典》规定，预报日食现象为时过早或为时过晚，都要杀无赦。羲氏与和氏，不能将功折过，只有接受惩罚。

哦，种菜背后讲农时，农时背后竟然如此讲政治！

制定农时，除去其神秘隆重的政治礼仪，骨子里是究天人之际、为天地立心的科学研究。科学是顶针较劲的活，来不得半点虚情假意。马克思在《资本论》法文版序言中说："在科学上没有平坦的大道，只有不畏劳苦沿着陡峭山路攀登的人,才有希望达到光辉的顶点。"①范文澜治学格言:"板凳要坐十年冷,文章不写一句空。"把枯井坐暖,把冷板凳坐热,是科学研究者应有的精神品质。

两年前,我到贵州省布依族苗族自治州平塘县克度镇大窝凼的喀斯特洼坑中的天眼 FAST 作国情调研。南仁东已为之殉职,我问其同道者,为什么要选择如此偏远荒僻的地方,周围二十公里不允许有工业生产,前后二十年时间默默无闻奉献之。他们静静地告诉我,观天就要坐枯井。我愣了半天才醒过神来。遥想北方的枯井,半深不深,井口颇大,人坐进去,可以冥想,可以观天,避免世俗干扰,平心静气只做一件事,做好一件事。

如此说来,坐井观天应该还有别一种解释。那是北方地区井水干涸,尤其是地势偏高的陕北黄土地上的枯井、西北荒漠里的地窖子,干爽温暖,地理位置合适,是可以功能转换,废物利用的。可是,坐井观天的常态语义是贬义词,形容井底之蛙,目光短浅。这可能缘起于喜欢正话反说的杠精庄周之幽默。他熟悉楚国南方的水井,《庄子·秋水》篇寓言井底之蛙与东海之鳖谈人生快乐,引出海水大乐与井水小乐的概念。后来,韩愈在其《原道》中拾庄子之牙慧,称"坐井而观天,曰天小者,非天小也",完全在否定意义上使用这一概念。再后来,沿袭成风,坐井观天就衍变为一个贬义成语被使用着。特别是近代以来中国落后挨打,住在世界还要走向世界,时时刻刻诫勉自己,不能自我为是,不能故步自封,要开阔视野,眼观四面八方,努力追赶西方世界。一个纵身奔跑着的时代社会,哪里顾得上水井与枯井之辨别,更遑论枯坐与冥想啦。

井水河水,水水相通,与海相连。比海辽阔的是天空,比天空辽阔的

<hr />

① ［德］卡尔·马克思:《〈资本论〉法文版序言和跋》,《马克思恩格斯文集》,第 5 卷第 24 页,北京:人民出版社,2009 年 12 月版。

是人的心胸。一个人，一个时代社会，其文明教养的程度，往往就在于其心理的定力、心灵的慧力。当经济社会发展由体量增加转入质量提升阶段，无论是中国创造、中国制造、中国建造，都迫切需要精益求精，凝心聚力，定点突破。其并跑领跑世界的瓶颈，不是简单的技术问题，而是技术背后的文化问题，人文精神问题。所以，我们有必要重新领会并激活坐井观天的专业精神，科学精神，大国工匠精神。

一粒饭的可能性①

两年前,我在上海郊区农村的一次会议上,获悉一个令我震惊的消息,农耕田地里出现成片的土壤中蚯蚓死亡现象。追问其原因,回答说,大量使用除草剂所致。

我在农村长大,略知土地中蕴藏着亿万生命的信息。蚯蚓,名字不好听,形象也不好看,味道更不好闻,但是,它们的职业和工作,就是日夜不停地在土壤的深处消化处理着有机肥料,让土壤保持肥沃,让植物在肥沃的土壤里生根发芽成长开花结果。没有了它们的存在,土壤就不能够顺利地接受粪便等有机肥。上学读书后,我进一步知晓,中国古代称最好的土地为"息壤",就是会呼吸,有生命的土壤。千百万亿兆的生命基因,都潜藏在土壤里,等待着属于自己的阳光、水分和时间机缘,择机参与大自然的生命巡回轮转。出生入死,天长地久,你方唱罢我登场,周而复始,生生不息。

生活在城市,远离了土地。如果,如果有可能,我们把一箱子土壤放置在可以接受自然雨水的空间里,温暖的气候下,适当的时间里,会从土壤中生长出郁郁葱葱的草呀花呀苗呀树呀。如果,如果更有条件,在完全野外的土地里,开挖出一个较为巨大的土坑,不闻不问,半年或一年多的时间,再去观察,我们会惊奇地发现土坑变成了水坑,水坑里活跃着很多爬虫鱼虾。它们绝对不是人为放养的,而是从土壤里萌生的芸芸众生。

---

① 本文首发《文汇报》(沪),2016 年 1 月 6 日。

想到这些，我坐在深夜的书房里，被一种莫名的恐惧震慑着，不禁背后渗出冷汗来。除草剂这种化学制剂的过量使用，不仅杀死了地表的野草，而且也大量杀死了土壤里的亿万生命基因，灭绝了大地深处潜藏着的生命信息。于是，息壤变成了死地，在死地里耕种，追求现代化的产量和效益，只有不断增加化学肥料和农药的使用剂量与能级。一年一年，恶性循环，从这样的土壤里生长出的农作物，携带着化肥和农药的残存信息，通过饮食进入人体，就会滋长出我们意想不到的变异和病变的可能性。

行年五十，人生中途，我期待着下半场哦。问题是，我身边的土地能否持续五十年提供有机的健康的绿色的食物？五十过后，还有儿子、孙子们的健康食物呢？我们有什么理由把祖宗们几千年来，像面团一样揉搓着的土地，传到我们这一代手中，就残暴地蹂躏成死地呢？

土地是有生命的，生命是需要呵护，需要敬重的。不堪重负的土地，伤势严重的土地，病入膏肓的土地，迫切需要拯救治疗。让耕地休养生息，让土地休耕轮种，已经刻不容缓，迫在眉睫。东南亚大米来到广州，市场价格1.36元。国内稻谷收购价格是1.55元。国际粮食市场提供了我们土地休耕轮种的可能性，但是把可能性变成现实性，还有赖于我们每个人生活方式的改变。我们大多数人每天在家早饭，在单位午餐，在饭店或家里晚饭，扪心自问，这其中有多少粮食是浪费的。如果我们每个人，把那些浪费掉的粮食，哪怕是半碗饭节约下来，甚至一粒饭节约下来，实际上我们就为实现土地休耕轮种，争取到了半碗饭的可能性，一粒饭的可能性。

因为，生产方式的改变，有待于生活方式的改变。

童年岁月，奶奶和妈妈都无数次唠叨着叮嘱着，每个人来到世间所携带的口粮是有定数的，浪费半碗饭，就减少半碗饭的寿命；浪费一粒饭，就缩短一粒饭的寿命。懵懂中，我信以为真，恪守不违。长大后，我曾经有过怀疑，以为这话没有科学依据，弃之脑后。现在我觉悟到，这种箴言式的古训,口口相传的未必是一种事实判断,确实是一种价值判断。

粮食不是一般商品,是天赐之物。非常年代,黄金有价,粮食无价。对待粮食的态度,无关财富,关乎德性。让我们从自己做起,从现在做起,珍惜每一粒饭的福祉,敬重每一粒饭的福报,在全面小康社会里,且把好日子过好。

邂逅人间鸟事①

近年来，随着城市绿化环境改善，生活中有关鸟的事情逐渐多起来。徐徐在微信朋友圈里发出一组照片，完整记录下其住处阳台上有一对乌鸫鸟做窠，今年下了六枚斑斓的鸟蛋，夫妻俩轮流暖窠，孵化出六个赤裸裸的小家伙，嗷嗷待哺。此后一个多月，小两口子起早贪黑，外出觅食，喂养着这六张几乎永远也喂不饱的鸟仔们。

看到这些照片，我心怀歉意，想起自己曾经历的一件鸟事。

那是去年这个时节，傍晚时分，我在窗户里看到一只黑鸟从树枝上悄然滑翔下来，扑向菜畦边的空地里，似乎是捕捉到一条蚯蚓。我迅速冲出去，眼前正上演着一场乌鸫战蚯蚓的大戏呢。

乌鸫鸟，形似八哥，声似鹩哥，性喜荤食，最好的美味应该是蚯蚓。但是，鸟在空中，蚯蚓生活在土里，乌鸫鸟是怎么捕食蚯蚓的呢？原来蚯蚓也有冒头透气的时机，尤其是天气闷热潮湿的早晚时间，乌鸫鸟会守候在树枝上，紧盯着土地里的动静，发现目标后，瞅准机会，迅速从树枝上扑向微微露头的蚯蚓，然后使劲将其从土里叼出来。我遇到的乌鸫鸟叼到的是一条壮硕的蚯蚓，双方僵持良久，一个使劲往外拖，一个玩命地往里缩，你死我活，生死搏斗。等我从楼上奔下来，乌鸫鸟刚刚把蚯蚓半个身子拖出了地面。我趁机赶走了乌鸫鸟，用两根细树枝把已经筋疲力尽的蚯蚓拉出来，竟然有将近筷子长，好大一条蚯蚓。我赶紧把它夹起来，丢到乌

———————————

① 本文首发《上海老年报》(沪)，2019 年 5 月 23 日，题为《人间鸟事》。

龟池里,送给同样喜欢吃蚯蚓的大乌龟,算是做个顺手人情。看着乌龟津津有味地享受着蚯蚓美食后,我正准备洗手离开,发现那乌鸫鸟并没有远去,而是眼巴巴地看着我拿蚯蚓喂食大乌龟的全过程。我顿然觉得怎么有点不对劲呢?乌鸫站立在围墙竹篱笆上,与我对过眼神,可怜兮兮又凶巴巴的样子,开始冲着我大叫起来。那意思分明是说:啊,我好不容易抓到一个大家伙,却被你打劫了,这事公平吗?你好了乌龟,却苦了我呀!我容易吗?我家里还有好几个娃们等着我喂食呢!

我虽然不懂鸟语,但从鸟的神情容貌上可以感觉到,这应该是一位年轻的妈妈身份的鸟,捕捉到如此壮硕的一条蚯蚓,绝非容易的事。本来指望着把蚯蚓叼回家,让嗷嗷待哺的娃娃们饱食一餐,不料遇到我这个干涉鸟事的汉子,现在她怎么回家呢?!我呆立在院子里,听着乌鸫鸟的数落,满心惭愧,无言以对。

看到微信朋友圈里这一窝乌鸫鸟,总共六只,由小到大,出绒毛了,抽黑羽了,整个春天要消耗多少食物。所有食物都依靠一对鸟爸鸟妈每天不停息地捕食、送食、喂食。它们,为鸟父母,养家活口,也属实不易!俗谚劝人说:劝君莫捕三月鲫,万千鱼籽藏腹中;劝君莫打三春鸟,子在巢中待母归。信然,应然!

面对身边日渐增多的乌鸫鸟,我深表歉意之外,还有更深的忧患在于,城市小区物业公司,如果打除草剂,就会杀死蚯蚓,鸟儿就没饭吃了。其实蚯蚓被杀死的环境,人生活其间,是绝对不健康的!所以,我数次与住处的物业公司交涉,努力说服他们,一定要制止住宅区域使用除草剂!

我本来是心怀惭愧,表示尔后不再干涉这人间鸟事,现在为着乌鸫鸟的饮食与蚯蚓的生存环境,又四处游说拒绝除草剂,还算是人间鸟事吗?

2019 年 5 月 7 日

此朱何来[①]

　　家是社会组织细胞,宗族是家庭组织之上的一种社会关系。数千年中国古代社会治理结构,修身齐家治国平天下,国家就是家国,家国一体,忠臣多来自孝子,爱国从爱家开始。以血缘关系为纽带,以道德伦理为规范,以节庆祭祀、慎终追远为仪式,家族宗祠关爱弱者,呵护生灵,倡导价值认同,提供人生皈依,发挥着社会基层自治组织的功能作用,维护了中华民族千百年来的精神文化传承。宗族谱系是这种社会关系的历史记忆,是一种中国特色的人生坐标体系,标识着我们每个中国人血脉里流淌澎湃着的文化基因。

　　朱氏宗族,源远流长。探寻考辨其源,计有崇文尚武两个源头。其一以赤心松柏木为图腾,朴实诚挚,挺拔,秀内,慧中,天生我材,参天荫地。《说文解字》载,"朱,赤心木,松柏属。从木,一在其中"。《山海经·大荒经》记有"有盖山之国。有树,赤皮支干青叶,名曰朱木"。朱木,赤心木,虽有形态差异,可以理解为族群迁徙,地理物候不同,价值观念不变。其二以蜘蛛为图腾,睿智尚武,能谋善断。据《元和姓纂》记载,"朱,颛顼之后。周封曹侠于邾,为楚所灭,子孙去邑以为氏"。邾,原作鼃,蜘蛛。这两个氏族源头大体上都生活集聚在黄河流域,逐渐迁徙流转,子孙繁衍,遍布海内外。隋唐之后,大多数朱姓后裔合二为一,文武兼修,耕读传家,亦商亦儒,共认沛邑(今安徽濉溪附近)为郡望,海外朱姓华人以"沛国

----

① 本文为紫阳朱氏庐江宗谱续修所作序言,2016年4月刊印。收入此处,标题新拟。

堂"为宗祠堂号。

纵观朱姓族群历史衍变,先秦滥觞,汉魏六朝多支勃兴,望族冠盖东南。经隋唐发展,南宋时期紫阳朱氏到达一个高峰。

因应唐末政治纷争,朱氏将领从幽州昌平(今北京昌平区)南下避乱,定居徽州歙县黄墩。唐昭宗天祐元年(904),唐军收复婺源,朱瓌受命出任制置茶院使,领州兵三千戍守婺源,负责巡辖浮梁、德兴、祁门、婺源等四县,征收茶赋。嗣后,从歙县举家迁至婺源,卜居万年乡千秋里(今万安乡松岩里),开婺源朱氏宗族之始。朱瓌公,字舜臣、良玉,号环,唐昭宗大顺二年(891)进士,因官任制置茶院使,政绩颇佳,民赖以安,被封为大制置茶院元帅,尊称为茶院府君、茶院公,又被诰封为黄墩忠武侯,后裔称茶院朱氏。

朱瓌公娶杜夫人,生二世祖廷杰、廷隽、廷滔。廷杰公官任歙州团练使,徙居休宁。廷滔公官补常侍承旨,徙居宣城。廷隽公官拜徽州刺史兼番汉总管,再升为节度使,留居婺源,生三世祖昭元、昭亨。昭元公生四世祖惟则、惟甫。惟甫公学至国子学四门博士(北宋国子学博士,相当于国子学教席),隐居乡里,尊德乐道,生五世祖迪、郢、振。振公生六世祖绚。绚公生七世祖虬、蟾、奢、森。森公为人"少务学,不仕进取,谆谆以忠孝和友为本",生八世祖松、柽、槔。松公自幼聪慧,勤奋好学,心怀大志,宋徽宗政和八年(1118)中进士,出任建州政和县尉,迁居建阳(今福建建瓯),娶祝氏,生九世祖熹。

朱熹(1130—1200),字元晦、仲晦,号晦庵、云台子、嵩阳隐吏、鸿庆外史、云壑白鹿洞主,等等。宋高宗绍兴十三年(1143),朱熹失怙,时年十四岁,其父松公临终前托孤好友刘子羽,请其在刘宅旁筑一室曰紫阳楼,让朱熹孤儿寡母居住。绍兴十七年(1147),朱熹中举,次年中进士,绍兴二十一年(1151)铨试中等,授左迪功郎、泉州同安县主簿。为铭记紫阳楼寒窗苦读岁月,朱熹别号紫阳先生。入仕后,朱熹亲历南宋高宗、孝宗、光宗、宁宗四朝,宦海沉浮,政绩显著,志趣高远,治学不辍,著述等身,集理学之大成,被誉为中国文化史上自孔子、孟子后最伟大的思想家,尊称为朱子。朱熹公生前以朝奉大夫、华文阁待制、婺源县开国男、食邑三千户兼秘书阁修撰退休。宋宁宗嘉定二年(1209),被赐谥"文"。宋理宗淳佑元年(1241),被诏令从祀孔庙。清康熙五十一年(1712),尊享荣升大成殿,贵显天下,流芳后世。

宋孝宗淳熙三年(1176),朱熹公曾回婺源故里,祭扫祖坟。淳熙十一年(1184),整理宗谱,更为序次,编撰《婺源茶院朱氏世谱》,"徽、建二派,自今每岁当以新收名数更相告语而附益之,庶千里之外,两书如一,传之永远,有以不忘宗族之谊"。朱氏宗族徽州婺源与福建建州两支,归宗婺源。婺源县城所在地原名弦高,又名蚺城,因朱熹位列圣贤,而更名为紫阳镇。此后,朱氏外迁宗族称为紫阳朱氏。

朱熹公娶刘夫人,生十世祖塾、埜、在。塾公以父荫补将仕郎,官任淮西运使湖南总领,不幸英年早逝。埜公以父荫补迪功郎(又称宣教郎),官任差监湖州德清新市镇户部激赏酒库,逝后追赠为朝散大夫(正五品)。其后裔返回婺源,守护紫阳祖墓家庙。在公以父荫补承务郎,官至江州太平兴国宫,加封建安郡开国侯,食邑三千户,赐紫金鱼袋,其后裔迁居杭州武林。埜公生十一世祖铎。铎公生十二世祖潘。潘公生十三世祖梧。梧公生十四世祖烈。烈公生十五世祖坤。坤公生十六世祖镕。镕公生十七世祖东山。东山公生十八世祖胜。明洪武年间(1368—1398),胜公偕林孺人携五子自建阳游学至舒城乌沙(今安徽舒城万佛湖)。胜公生十九世祖兴一、兴二、兴三、兴四、兴五。兴五公"幼颖异游泮,壮举孝廉,任河南暲德府教授,振兴学校,士争慕之"。(《紫阳朱氏世谱》,卷三,光绪三十四年本)任职九年后,兴五公卸职归养,由舒城迁居庐江三公乡鸭儿畈(又名鸭鹅畈)斗冈村,插标置产,开创紫阳朱氏庐江黄屯宗族①,宗祠堂号为"白鹿堂"。

自斗冈、龙桥、马鞭山至黄屯一带,依山傍水,风景秀美,宜耕宜林,山岗绵延,由浅入深,层层叠嶂,连接大别山脉;山水相间,水系发达,山涧溪流,汇集成河,此水此河,与海相连。兴五公卜居此地,堪称慧眼寓大德,吉人居善地。

兴五公生二十世祖(庐江二世祖)福一、福二、福三、福四。福字辈诸公生二十一世祖(庐江三世祖)十一位,名为贵一、贵二、贵三、贵四、贵五、贵六、贵七、贵八、贵九、贵十、贵十一。贵字辈生二十二世祖(庐江四世祖)大字辈。四世同堂,合族而居,人丁兴旺,声誉远扬。"因家务繁冗,食指殷浩,始议析居,散处本乡数十余宅。"(《分迁祖大塽公行述》)贵一公失传。贵二公迁居黄屯西关,房下分居陶家圩、连河圩、青帘街、吴家院、朱家冲等地。贵三公迁居黄屯马鞭山,房下分居陶家圩、杨桥、荷苞洼、秦家冲、王家湾、姚岗、姚山、李家洼、观音洞、失曹河等地。贵四公迁居沈圩瓦院,房下分居蛤蟆墩、半边街、庐城胡毕塘、双凤吕岭等地。贵五公迁居芦苇嘴(今沈圩龙宫嘴东村),分居郎官山、杨桥、龙门村、二坊院、三坊墩、古塘、瓦洋河、宗家冲、泾县凤村、南陵峨岭镇等地。贵六公失考。贵七公迁居湖南长沙浏阳县春花巷。贵八公迁居沈圩南山院,房下分居地屋、丁马岗、桂树院、朱家楼、高家冲、寻曹洼、缺口高山、铜陵汊星洲等地。贵九公迁居桐城青草镇。贵十公留居斗冈,房下分居树棵、分路碑、冶父山竹院村、盛桥山脚村等地。贵十一公迁居六安。上述主要集中居住地之外,尚有众多零星分散居处,兹不一一列举。

二十三世廷字辈,为庐江五世祖。二十四世金字辈(如钥、鑛、镜等),为庐江六世祖。二十五世走之辈(如廻、迁、运等),为庐江七世祖。二十

---

① 乾隆六年(1741)《续修家谱序》,"而庐江之派,则自十三世祖兴五公始"。疑有误。自婺源始祖朱瓌公计算,兴五公为第十九世祖。自朱熹公计算,兴五公为第十世祖。

六世家字辈,为庐江八世祖。二十七世可字辈,为庐江九世祖。二十八世良字辈,为庐江十世祖。二十九世日字辈,为庐江十一世祖。三十世元字辈,为庐江十二世祖。三十一世徕字辈,为庐江十三世祖。三十二世烈字辈,为庐江十四世祖。三十三世本字辈,为庐江十五世祖。三十四世炁字辈,为庐江十六世祖。三十五世奎字辈,为庐江十七世祖。三十六世铨字辈,为庐江十八世祖。三十七世泳字辈,为庐江十九世祖。三十八世桂字辈,为庐江二十代。三十九世灿字辈,为庐江二十一代。四十世堆字辈,为庐江二十二代。四十一世银字辈,为庐江二十三代。四十二世汉字辈,为庐江二十四代。四十三世桃字辈,为庐江二十五代。四十四世煌字辈,为庐江二十六代。依光绪三十四年宗谱,以下尚有壅、锦、江三个辈份。天行健,朱氏子孙生衍繁息,瓜瓞绵绵。此中恩情,感念世世代代母系外姓宗亲,姻缘善结,血脉传承。

紫阳朱氏宗族,自朱瓌公婺源开宗,迄今已历四十余世代。其中,在婺源、建州经历二十世代,迁移舒城、庐江亦已经历二十余世代。清乾隆七年(1742)《重修宗谱序》载,"显祖文公云,人家三代不修谱即为不孝"。考据紫阳朱氏庐江黄屯宗谱,清朝以来先后于清康熙十三年(1674)、康熙四十七年(1708)、乾隆七年(1742)、乾隆四十八年(1783)、道光十一年(1831)、光绪元年(1875)、光绪三十四年(1908)七次修谱。其中光绪三十四年宗谱,二十卷本,皇皇巨制,详细记录世代繁衍,重要文契,祖坟地理,祭祀规仪,善行义举,家规家训,修谱缘起经历等诸多内容。敦伦教化,凝聚人心,增进文化认同,邻里守望相助。

拜读前贤宗谱,荣恩祖先遗泽,紫阳朱氏庐江黄屯宗族历来崇文尚武,恪守礼仪,耕读传家,诚信敦睦,为人勤勤恳恳,处事兢兢业业。或以务农垦殖,养家活口;或以一技之长,服务百家;或以从军入伍,为国前驱;或以从政入仕,为民福祉;或以经商实业,为天下人办事,帮天下人理财;或以读书治学,为天地立心,为生民立命,继往世之绝学,谋万世之太平。

生计有多样，术业有专攻，为人处事，谨守祖训。《晦庵公家训》和朱柏庐《治家格言》，字字珠玑，传之遐迩，已成中华民族精神文化财富。"黎明即起，洒扫庭除，要内外整洁；既昏便息，关锁门户，必亲自检点。一粥一饭，当思来处不易；半丝半缕，恒念物力维艰。"这是深植内心的教养，毋须提醒的自觉，以约束为前提的自由，为别人着想的善良。

光绪三十四年本《紫阳朱氏世谱》所载《朱子蒙训》，从衣服冠履、言语步趋、洒扫涓洁、读书写字等一应杂细琐事做起，知行合一，寓教于行，说到做到。"我先人常训子弟云，男子有三紧，谓头紧、腰紧、脚紧。头谓头巾，未冠者总髻。腰谓以绦或带束腰。脚谓鞋袜。此三者，皆要紧束，不可宽慢。宽慢则身体放肆不端严，为人所轻贱矣。"言语篇曰："凡为人子，须是常低声下气，语言详缓，不可高声喧哄，浮言嬉笑。父兄长上，有所教督，但当低首以受，不可妄大议论。长大检责，或有过误，不可便自分解，姑且隐嘿，久即徐徐细意条陈，云此事恐是如此……"家常话，大道理。一心向善，万事花开。朱氏祖训，语重声长，教我子孙，规则存心。日常人伦，立世之本，躬行不违，日积月累，盛德之人，其后必昌。

民国以来，战争频仍，兵燹不断，加之历次政治运动影响，朱氏宗谱失修已逾百年。几代人不清楚自己身世，从哪里来，应该到哪里去。维我朱氏同祖同宗，血脉相连，家风相习，家训相传，一切诚念终当相遇。公元2013年伊始，由朱桂留倡议，经朱灿近、朱应贵、朱桂富、朱桂斌、朱桂元、朱桂鹏、朱春林、朱银余等人参与，组成庐江黄屯朱氏宗族修谱理事会，组织开展宗谱续修工作。建立体制机制，制定规章制度，分工负责，走访远近，登门入户，采集信息，募集善款，艰辛备尝，无怨无悔，劳苦功高。由于历时久远，音信渺茫，或有宗亲信息，采录未全，在所难免，以待下次补充完善。

续修宗谱期间，幸得朱铨铭捐出珍藏清光绪三十四年刻本《紫阳朱氏世谱》二十卷，弥足珍贵，谱牒卷宗，因此得以继续。

承蒙修谱理事会信任，专程来沪，嘱我为序。我深感责任重大，德能不配，诚惶诚恐。但身为朱氏子孙，恭敬不如从命，多方考据查证，请教诸多长辈，正本清源，详述流变，温故家训，感念隆恩。衷心祝愿我朱氏子孙铭记祖训，勤勉有为！衷心祝福朱氏宗族厚德载物，繁荣昌盛！

是为序。

文公三十二代孙、兴五公二十二代孙　鸿召博士恭撰

公元 2014 年 7 月 8 日　良辰

第二节　生命抗争与和光同尘

窗子,通往灵魂的幽径

——钱钟书《窗》解读①

　　人之为人,在其心灵,用心灵去感知、怜惜、享受自然世界和社会人生,达到精神的自由境界。是为人性的进化,文明的标志。

　　"又是春天,窗子可以常开了。"文章以"春天"这个自然现象引出"窗子"的话题。通过对比屋子外的春天,阳光到处都是,风懒洋洋的,鸟语琐碎而单薄;与屋子里的春天,阳光明亮,风有生气,鸟语清脆悦耳。从中得出结论,屋子外的春天杂多混乱则显得太贱了,唯有透过窗子在屋里感知到的春天才富有生机,弥足珍贵。就在于窗子的有无。"春天是该镶嵌在窗子里看的,好比画配了框子。"画(尤其是风景画)之所以为画,正是因为有了"框子"对自然作了取舍。"框子"是将自然转化为画的关键,其美学上的意义就在于"框子"隔开了人与自然的心理距离,将人与自然之间的一般利害、生存、生死关系,转化为审美欣赏关系。借此,人由自然的奴隶变成了自然的主人。窗子,是一种人为实在的假设。因为有了这层假设,才造成了人与自然世界(和社会人生)的距离化、对象化,从而获得一种审美的人生姿态。只有获得了这种审美的人生姿态,人才能在广大的自然世界和社会人生面前,执行主人的意志,实现人的主体性,抵御人性的异化,完成生命的全面发展。

　　斯亦大矣! 融此大义于简约文辞,文章才显得新颖精粹。这是一种

---

① 本文首发《名作欣赏》(晋),1997 年第 6 期。

没有丝毫夸张、伪饰的文风，平实简约的字里行间，跃动着作者坦诚纯真的心灵。用心来读，就会得到心的回应。

承接着窗的话题，延续着人性的线索，文章展开了横向的铺陈。其一，是将"春天"的概念推衍成"大自然"；其二，是将上文赏春侧重写春天，转而侧重写人。窗子和门的根本区别，不在这两个器物的实用性上，即让人进出，而是"窗子打通了大自然和人的隔膜"，让人"安坐了享受"大自然的美。人通过门从屋里出去，匍匐于自然的怀抱，劳动生息，生死歌哭，实现人的动物性本能，仅仅是自然的奴隶臣民，有了窗子这层人为实在的假设，人对自然作出合目的性的切割，超越动物性生存的利害关系，拉开人与自然之间的距离，使自然由衣食父母、生杀君王变成审美对象，从而达到人与自然之间的心灵交媾，应答对流。这是窗子对于人生的超于实用性之上的另一层关系意义之所在，也是人生从动物性存在升华为人性存在的关键意义之所在。因为只有实现了这种升华，人才能享受到春天、自然、生活、人生，以及整个大千世界。而此"享受"的真宰，端在人生有其灵魂，亦即人在自然世界和社会人生面前，完成距离化、对象化之后，更要完成其主体性，主体性的通俗表达，就是"主人"意识。

陶渊明"倚南窗以寄傲"，"高卧北窗之下，清风飒至，自谓羲皇上人"①。羲皇上人，是自己成为自己生活的主人之谓，唯其是具有了这种充分的"主人"意识，他才能做自己想做的事，说自己想说的话，进退自如，雍容自若，住柴桑之间，倚南窗抑或北窗之下，寄傲凭眺，心游云山天地之外。援引这个例证，文章进一步说明，"门许我们追求，表示欲望"，洞开的是人的世俗社会，通向人的动物性存在："窗子许我们占领，表示享受"，洞开的是人的精神世界，通向人性存在。

这个道理，自屋里人来看是这样，自屋外人来看也是这样。从门进屋

---

① 陶渊明：《归去来兮辞》。

者,是平常凡俗之人,或有所要求,或有所询问,便是按通例自居于"客人"身份,"一切要等到主人来决定",虽不说仰人鼻息,也是委身于人——哪怕是暂时性的,没了多大来头,也就没有什么戏,从窗子进屋者,大凡有两种人:小偷和情人,前者是要偷东西,后者是偷情。姑且搁置一边世俗道德的评判,只从心理上来说,这两种人都有强烈明确的"主人"意识。不论你屋里人欢迎不欢迎,拒绝不拒绝,他(她)都要破窗而入,秉心行事,直奔主题,直捷痛快。他(她)超越了世俗道德的常轨,这要遭到道德伦理的谴责;他(她)超越了平常凡俗的常规,却应当受到人类审美的赞赏。所以,写在文学艺术作品中的爱情,多是从窗子爬上跳下的情人。也只有这般敢于并善于爬窗跳窗的情人,才似乎更能受到另一个有心人的钟情挚爱。这便成了人性与道德的悖论:合乎人性的往往是不道德的,合乎道德的又往往是非人性的。

行文至此,关于窗子的话题,经过整个第二段做横向的铺陈后,人性的线索已经引向了社会历史的边缘,即如何看待这人性与道德的悖论。于是,文章又作纵向的开掘。

从历史发展的角度看,"窗比门代表更高的人类进化阶段",世人做屋子,先有门,后来才慢慢地学会开窗。门满足了人的物质需要:生存(保存);窗子满足了人的精神需要:享受(奢侈)。物质需要满足,是人的动物性生存的第一要着,由不得你我的,所以是不自由的,精神需要的满足,是人的动物性生存需要满足后的高一层需要的满足,因而可视为一种"奢侈",一种享受。只有在这种奢侈的享受中,人才是自由的。

高建群文学创作的文化意义①

　　高建群的文学创作,有其独到的文化视野,有其特殊的文化价值和意义。他把中国现代革命放到黄土高原农耕文明与游牧文明矛盾交融中去叙事,把家族历史放到关中平原农耕文明与工业文明的对立交替中去透视,把中华文明放到亚欧大陆民族历史兴衰浮沉、文明再造的人类命运共同体语境中去思考,开拓了"文学陕军"的新境界,开辟了中国现当代文学创作的文化新天地。

　　一、陕北:农耕文明与游牧文明。《最后一个匈奴》从生活素材到文学世界,高建群艺术地实现了对中国现代革命的文化叙事,透过革命话语体系,发掘了黄土高原农耕文明与游牧文明生存发展、斗争交融的历史文化背景。从一个更加开阔,更加悠久的历史情景下,讲述中国现代革命的民间故事。背景置换了,人物和事件的形象价值和审美意义都发生了深刻变化。革命的意识形态属性被稀释了,革命叙事的标准答案被解构了,回到黄土地,找到民间语境,重新讲述黄土高原上的爱恨情仇、血雨腥风和家国风流。

　　二、关中:农耕文明与工业文明。《大平原》通过家族历史讲述属于关中地区渭河平原几代人的生存方式,从农业生产到工业化、城市化演变,透视中国近现代社会历史人生的文化价值。革命没有改变的,城市化

---

① 本文是作者应邀参加在上海大学举办的"二十世纪中国文学与'新文明'的再造"学术研讨会的发言提纲(2018 年 11 月 5 日)。其中,基本观念见诸作者对高建群的文化访谈,参见附录。

可以彻底改变。当工业化、城市化彻底改变了人们的生产方式与生活方式以后,生命的价值和意义将如何再造？是小说提出的一个新的人生命题。

三、亚欧：东方文明与西方文明。《统万城》和《我的菩提树》追溯亚欧大陆更遥远的文明历史,探寻人类文明再造的因缘际会。老子说"周礼已死",尼采说"上帝死了",霍金说"哲学也死了",我们这些人类后代子孙们生存的价值和意义是什么？高建群用小说笔法探寻世界三大宗教基督教、佛教、伊斯兰教的发生发展,继而追溯儒释道文化发生、流变与交融,希望寻找到人生新意义,开启人类新文明。

小说是一个民族隐蔽的历史,也是人类社会隐蔽的历史。当以工业化、城市化、全球化为特征的现代化越来越成为人类社会共同的发展主题,高建群的文学创作以其鲜明的地域特征、民族特色,呈现着寻找人类命运共同体的深刻文化意义。

附：寻找人类命运共同体的文化意义

——高建群回答《上海文化》访谈①

编者按：高建群的文学创作，有其独到的文化视野，有其特殊的文化价值和意义。他把中国现代革命放到黄土高原农耕文明与游牧文明矛盾交融中去叙事，把家族历史放到关中平原农耕文明与工业文明的对立交替中去透视，把中华文明放到亚欧大陆民族历史兴衰浮沉、文明再造的人类命运共同体语境中去思考，开拓了"文学陕军"的新境界，开辟了中国现当代文学创作的文化新天地。本刊为此专访高建群先生，感谢魏韬记录整理。

"我有三个精神家园"

《上海文化》：您的文学生涯缘起于军旅生活，从关中到北疆，到陕北，这种空间地域上的大跨度转移，对于文学叙事上的时间审美，特别是对于历史情怀，有过怎样的影响？

高建群：感谢您对我的创作有深刻了解，这是精读以后的思考，专家层上的解读。很多东西，连我自己在写作时都是懵懵懂懂的，而您用批评家的眼光一下子就捕捉到了。路遥当年活着的时候，他觉得没人能够评论他，他对我说，能够评论我的人还没有出生呢。作为我自己来说，也常有这种感慨，环顾四海，知我者寥寥。中国的批评家们格局太小，浅尝辄

---

① 本文首发《上海文化》（沪），2020 年第 12 期。本书作者担任该刊执行主编，策划当代中国作家文化访谈，邀约访谈高建群。

止。很难有人像挠痒痒一样，能挠到你的痛处。所以，感谢鸿召先生。

有个吉尔吉斯斯坦作家，叫艾特玛托夫，他80岁在临去世前，最后一部作品叫《待到冰雪融化时》。他在其中谈到，世界是一个整体，大家都在这一船上。假如有海难发生，每一个乘员都不能幸免。2018年10月，在他诞辰90周年纪念时，当时举行一个国际笔会来纪念他并讨论吉尔吉斯斯坦文学，我原本也要应邀前去参加，但因为参加丝绸之路万里行没能成行。说到人类命运共同体，让我想到这桩往事。现在，国家领导人提倡"人类命运共同体"这一概念，我也十分拥护赞同。

1987年，我的小说《遥远的白房子》发表，当时《中国作家》杂志副主编高洪波先生在《文艺评论》上写过一篇很大的文章，叫《解析高建群》。他说："高建群是一个从陕北高原向我们走来的，略带忧郁色彩的行吟诗人，弹着六弦琴，一路走一路吟唱进入中国文坛。高建群是一个善于在历史与现实两大空间，从容起舞的舞者。一个善于讲'庄严的谎话'的人（巴尔扎克语）。"我从最初的写作到后来的写作，一直都有一种地域方面随时的转换，穿梭于时间和地域的空间。这些与我的经历有关。我有三个精神家园，出生在家乡八百里秦川的渭河边，当兵又在阿勒泰草原。那里有雄伟的阿尔泰山，还有额尔齐斯河。额尔齐斯河是一条国际河流，上海作家白桦来到我曾站岗的地方说，额尔齐斯河是中国唯一一条敢于向西流淌的河流。这条河流穿越阿勒泰草原以后，最终在乌拉尔山脉与鄂毕河交汇，流入北冰洋。

英国人类学家阿诺德·汤因比说过这样一段话：假如让我重新出生一次，我愿意出生在中亚，出生在中国的新疆，出生在阿尔泰山山脉。那是一块多么迷人的地方呀，是世界的人种博物馆。世界三大古游牧民族，古阿尔泰语系游牧民族，古雅利安游牧民族，古欧罗巴民族，前两个都永久地消失在那个地方了。而古欧罗巴游牧民族则从马背上下来，开始定居，然后以舟作马，进入人类的大航海时代。而第三个地方是陕北高原，也是一片雄奇的土地,生活着一群奇特的人们,他们固执、天真、善良、心比天高命比纸薄,他们是生活在高原最后的骑士,尽管胯下的坐骑早在2 000多年前走失了。他们是斯巴达克和堂吉诃德性格的奇妙结合。他们把出生叫"落草",把死亡叫"上山",把生存过程本身叫"受苦"。我不停地在这三块土地上行走,每个文化板块都不一样。在这些文化中我不断地适应,碰了很多钉子。由此,形成了我的思想和我的创作方法。

我曾对新疆的作家说过,你们不论是地方上的作家,或是兵团的作家,抑或是军旅作家,不能把自己局限在自身的生活圈子中。你们为什么不能掘地三尺呢?融入大地,走入历史,马上可以看到历史中那一种辉煌绚烂、光怪陆离、应接不暇的大景象。如果说我稍微比其他作家高明一些的话,那是由于我曾经在大地上走过,我一路走着,左手是天山,右手是阿尔泰山,我骑着马从草原穿过,从坟墓中穿过,从一个个草原石人中间穿过,天高地阔让人不由得产生历史的喟叹。那么深重的历史,充满魅力的历史,而我们的作家却视而不见,局限在自己的小圈子里,局限在骑一匹马一天可以抵达的地方,这是一种遗憾,或者说是一种损失。

书写陕北高原的"百年孤独"

《上海文化》:从《遥远的白房子》到《最后一个匈奴》,您的文学创作发生了巨大飞跃。后者对于中国现代革命历史的文学叙事,是放置在陕北文化大视野中,时空格局一下子就炸开了,鲜亮起来,由此引发被称为"陕军东征"的文学现象。请问您是如何实现背景置换的,人物和事件的形象价值和审美意义都发生了深刻变化?

高建群:《遥远的白房子》是一个边界故事,我是作为一个大头兵站在碉堡旁,站到界河边,对着东方升起的太阳,对着夕阳西下,在那种环境下产生的感情。文学作家其实是个感情的物种,夕阳凄凉地照耀着中亚细亚这块栗色的土地,我就要离它而远去了,我挥动着帽子,向我的白房子告别,向我的苍凉的青春告别,这是向我的梦魇般的白房子告别的一本书,向草原致敬的一本书。

1993 年 5 月 19 日,《最后一个匈奴》在北京举行研讨会,会议上提出一个口号叫"陕军东征",与会记者、散文作家韩小蕙将之作为报道这次会议的标题,发表在第二天的《光明日报》上,这就是新时期陕军东征的由来。随后,陈忠实的《白鹿原》,贾平凹的《废都》,再有京夫的《八里情仇》,程海的《热爱命运》相继推出,一时洛阳纸贵,"陕军东征"随之引发文学界一场大热。现在回过头来看,这可以说是纸质文学的最后一次辉煌,我们很怀念那个崇高的文学时代。

我完成这一背景转换,是在陕北高原。我当时在一家报社担任副刊编辑,经常背着黄挎包在陕北大地游走采访,走遍了高原的沟壑梁峁。每到一个地方,历史大事件以及悲壮的故事带给我的冲击,对我来说是很大的震撼。英国有位小说家叫司格特,是写历史小说的。他说过这么一句话:对于刚刚经历了用血和泪写出人类历史上最壮丽一页的这一代人,必须给予更崇高的东西。这句对我是很大的激励,我有必要把陕北高原这段《百年孤独》式的历史写出来。中国的当代文学没有人能够这样表现,而如果做不到这一点的话,我们将欠下历史一笔债务,欠下我们的父辈一笔债务。我记录历史,记录革命是怎样在这块土地上爆发的。民国十八年大旱以后,陕北高原赤地千里,我看过每个县的县志,满篇记载着一半的陕北历史是战争史,一半的陕北历史是饥饿史,是一种悲惨的人类生存图景,所以一定会有革命发生。我要把陕北高原的二十世纪史写出来,那么一群农民、无产者掀起一场革命。我在书里写道,革命不论将来风行于片刻,还是垂之以久远,那是历史的事。我的着重点是,革命中那些革命者他们的英勇、崇高。我们应该公允地记录下来,像雨果的《九三年》那样记录下来。

实际上,是生活给我带来的这么一本书。我到延水关,对着黄河,看着山西,然后我来到吴起镇,对着洛河,对着子午岭的羊肠小路。当你从这些地方走过,不能不触动你的思考。我自信我在《最后一个匈奴》中,我是真诚地用唱给这块土地的一支咏叹调,来表现陕北高原的"百年孤独":那横亘于天宇之下,那喧嚣于进程之中,那以"拦羊嗓子回牛声"喊出惊天动地歌声的,是我的亲爱的高原故乡吗?哦,延安,我们怀着儿子之于母亲一样的深情,向自遥远而来又向遥远而去的你注目以礼。你像一架太阳神驾驭的车辇一样,自遥远而来,又向遥远而去。芸芸众生在你的庞大的臃肿的身躯上蠕动着,希望着和失望着,失望着和希望着!哦,陕北!

雕刻关中平原现代化的生命悲怆

《上海文化》:《大平原》通过家族历史讲述属于关中地区渭河平原几代人的生存方式,从农业生产到工业化、城市化演变,透视中国近现代社会历史人生的文化价值。革命没有改变的,城市化可以彻底改变。当工业化、城市化彻底改变了人们的生产方式与生活方式以后,生命的价值和意义将如何再造?

高建群:每个中国人都面临着这个过程,充满着痛苦地进入城市化和工业化的进程。每个人在其中进入的方式都不一样,从乡村进入城市底层卑微的人物,进入城市的屋檐下活下来。随着工业化深入,大量的村庄被搬迁,他们被时代裹挟着前行。事实上,城里人和乡里人又是完全不同的两个概念:乡里人往自己门前一蹲,抱一壶茶,旁边再卧只狗,就觉得自己很伟大,一身肌肉;进城里以后,就会觉得自己是弱势群体,没有任何的力量且一无所长,可以说是很悲哀的一群人,一群畸零者。整个民族就是在这样地纠结中,我们走过了城市化进程的四十年。我的《大平原》写的就是我的家族、村庄,那些人怎么一步步走向城市,怎么在时代的大潮中随波逐流,命运各各。《大平原》中,高发生老汉要死了,就在棺材盖即将钉死时,他又活过来了。他欠起身子说,我的名字为什么叫高发生?我现在是知道了,世界上所有的事情都没有道理,它的发生就是它的道理。说完他又平躺下来,让人把棺材盖盖上说,你们把要做的事情继续做完吧。

我想起,当年1965年郭沫若到延安大学演讲时,同学们提出了一些问题让郭老回答。郭老说了一句很有水平的话:你们在提问题的同时实际上答案就在其中,你们自己已经解答了。我现在也有同样的感觉。现在作家、思想家在思考着这么一个问题,我们匆匆忙忙地赶路,奔向不可知的前方,到底这对人类而言是福是祸,现在很难说清。前段我也说过,我们匆匆忙忙走得太快,把灵魂丢在后边了。我们停一停,等等丢失的灵魂吧。而作为一个作家,我只能把我的感受说出来,试图像托尔斯泰那样的解答,我是做不到的。

探寻人类文明涅槃新生的因缘际会

《上海文化》:《统万城》和《我的菩提树》追溯亚欧大陆更遥远的文明历史,探寻人类文明新生再造的因缘际会。老子说"周礼已死",尼采说"上帝死了",霍金说"哲学也死了",我们这些人类后代子孙们生存的价值和意义是什么?您用小说创作探寻世界三大宗教基督教、佛教、伊斯兰教的发生发展,继而追溯儒释道文化发生、流变与交融,是否希望寻找到人生新意义,开启人类新文明?

高建群:《统万城》写的是,匈奴民族在行将退出人类历史舞台以前,如天鹅的最后一声绝唱。赫连勃勃在鄂尔多斯高原与陕北高原之间的地带建立了统万城。依据这一历史遗迹我们知道一些历史故事。前年,我随着丝路万里行,我们的车翻越过帕米尔高原,进入费尔干纳盆地,中亚五国就在那片草原上。古丝绸之路上,有一座古老的城市叫老梅尔城。这是丝绸之路上最古老的城市,古雅利安游牧民族的发生地,而现在是一座废墟。它为谁所灭呢?600年前,中亚出了一个大草原王——跛子帖木儿,他灭掉了这座城市。老梅尔城的形制和统万城居然一模一样,丝毫不差。四边都有城墙、角楼,且有许多的马面。可见,在历史的大空间,人类一直在走着,几乎以相同的步伐。

它行进到今天,包括暗物质的被证实,量子力学理论的提出,让人们脑洞大开。佛教在2 500多年以前,就感觉到这些。佛教里提到,三千小千世界构成一个中千世界;三千中千世界构成一个大千世界,三千大千世界为一佛之化摄也。这些像谜语一样的话,美国一位专家把这些话放到电脑里求答案。电脑给出的答案是,佛家的小千世界,指的是我们小小的地球;中千世界,指的是银河系;所谓的大千世界,指的是茫茫宇宙。佛家在那遥远的年代里,已经站在宇宙的边缘上来观照世界,解释世界。他们所做的所有的努力,都是为了探索宇宙的奥秘,探索我们人的秘密。老子说"周礼已死",尼采说"上帝死了",霍金说"哲学也死了",他们实际上不断发现我们人类固有的观念解释不了世界。我们只是盲人摸象一样,看到世界的一部分,以为这就是全世界。不是这样的。霍金为什么说哲学已死?哲学建立在认识的基础上,它是对事物的一种解释。但百分之九十五的世界,是被黑暗遮蔽的,我们看到的只是百分之五。所以说,我们过去所建立的哲学基础就此轰然倒塌。

在丝绸之路上御风而舞

《上海文化》:中华民族的主体成分炎黄子孙来自黄土地,近现代中国革命历史的发展拐点发生在黄土地上的陕甘宁边区,新中国从延安走来,中华民族几千年的梦想河清海晏的伟大气象,正在变成社会现实。您的文学创作以其鲜明的地域特征、民族特色,呈现着寻找人类命运共同体的深刻文化意义。您说《我的菩提树》是写给孙女的故事,那么,后续的故事您将怎么讲呢?

高建群:近些年,在陕北神木发现了距离现在3 800年至4 200年的石峁遗址。中华民族发展到这个阶段时,按照历史发展的脉络假设,一个个群体部落可以合成中华民族。它也可以散开，就像地中海那些国家一样，成为很多国家。而他们各自在自己的蛋壳里孵化。在这种情况下，黄帝的部落，或者是黄帝的继任者，在黄河中游偏上的地带建立了都城。从而确保这一古人类族群滚雪球般的发展和延续。这些人类族群后来到哪里去了？我的推断是，随着黄河归槽以后，大河套地面周围没有水了，石峁城孤零零地悬在山头上，于是人类逐水草而居，顺着黄河往上走，走到甘肃形成了齐家坪文明。他们在石峁待了500年，又在齐家坪待了500年，然后顺着渭河往下走，走到关中平原，成为周王朝的先民。在这里，凤鸣岐山，在这里筑造丰镐二京，周公制礼，形成了我们中华民族的根基。

陕北高原是一个十分奇异的地方，古人的眼光有限，脚力有限，光知道在游牧线和农耕线上徘徊。游牧民族以八十年为一个周期越过长城线，侵扰中原。不知道的是，在长安和罗马两万余公里的欧亚大平原之中，生活着两百多个古游牧民族，他们以八十年为一个周期，向世界的东方首都长安或是世界的西方首都罗马的定居文明、农耕文明、城市文明索要生存空间。这是生存的需要，因为八十年中会不断频繁出现战乱、瘟疫、天灾等，他们得寻找活路。从这个观点来解释，就可以清晰地理解，在中国古代历史中为何会发生与游牧民族的冲突。西方普遍为大家所认可的一个观点是，这些草原人、游牧者，他们是大地之子，是大地的产物。他们的行为是由环境决定的。

再回到陕北。陕北是鄂尔多斯高原边缘地带。这个地方，人类族群在过去一直是在游牧文明和农耕文明建立的政权中间交错生存。我统计过，这片土地上游牧文明和农耕文明统治时间各占一半。陕北文化之所以能够给我们很多让人惊讶的东西，有很多原因，譬如当年前秦皇帝苻坚派大将吕光灭掉龟兹城，将鸠摩罗什绑到白马上，经过将近二十年时间到达长安城。到达以后，后秦皇帝姚兴将三万名龟兹的遗民安置在陕北高原上，安置在榆林城再往北三十多公里的古城滩。中华文化里面很多东西,包括龟兹乐舞进入到中原以后,我们才有了真正意义上的舞蹈。陕北的唢呐也是龟兹人给我们带来的,以及闻名遐迩的腰鼓等等,陕北民歌、陕北说书,都与那次三万名龟兹遗民迁移到这里有关。

我曾经写过文章,一个陕北人的一生有三次与唢呐有缘:一次是出生时候,吹奏唢呐,向世界宣告我来了;一次是婚嫁的时候吹奏唢呐,有一对青年男女他们要婚配了,高原新的一代将要诞生了;还有一次是死亡的时候,抬着棺材打着引魂幡,向山顶上行走,在这唢呐的宗教般的声音中,死亡就不那么痛苦了。《我的菩提树》是我 60 岁生日时候开始动笔,写了四年。我的孙女出生了,我看到她那么弱小。我说,我在世时候可以罩着你百毒不侵,遇见什么过不去的坎儿,你来问我,我可以给你人生的建议。大而言之,我们这个走了五千年历史路程的民族,必须有些智慧的人告诉人们怎么避开各种风险,明智地避开这些坎儿。我在写这本书时,用四年才写完,我怀着一种心态,要写一部真诚地为我们这个民族祝福的书。

汤因比说过:人类正在走着他的历程,在这个处处冒烟,处处起火的世界上,找不到一片绿洲,也许经过漫长时间考验至今仍郁郁葱葱的中华文明会是人类的福音。但是,这个古老文明必须警惕不使自己进入过去的那种循环中。而作为我来说,我还在写作,后面又有《大刈镰》《我的黑走马》出版,最近又完成了一部重要的书。前年我作为丝路文化大使,参加丝路万里行活动。这次行程总共两万两千多公里,用 70 天时间穿越了17 个欧亚国家 62 座城市。这是一本关于这趟行程的重要的书,叫《丝绸之路千问千答》。这本书已经完成了,明年即将出版,现在正由陕西卫视给书上配图片。这是一部大历史,大地理,大文化的书。其实也就是一部丝绸之路的百科全书。我就像带路党一样,从古丝绸之路走过,把丝绸之路几千年来发生的重要的故事讲给大家听。就像法国小说家大仲马说的那样:历史是一枚钉子,在上面挂我的小说。古丝绸之路两旁布满了这种大仲马式的钉子,作者在这钉子上面御风而舞。

荭荷与野花

——周毅的文采情思与生命轨迹

2019年10月,周毅因病英年早逝,享年50岁,写作30年,其文章著述数量不算多,但其文字给人的穿透力和震撼力是颇为罕见的。她用自己的文采情思和生命轨迹,为当代中国思想知识界立下了一个精神的标杆。承蒙她生前屡赐佳作,我却忙于生计未遑仔细展读,2020年疫情肆虐的春天得暇认真拜读,感触良多,信笔写下,以待知情者指正和后来者进一步研究。

她大学时代的两篇文章

周毅从学生到新闻工作者,公开发表的文章主要是散文随笔、文艺评论、新闻通讯、人物专访,没有明确的文体界限。晶莹透彻的才情,聪慧敏锐的见识,温润优雅的文字,像一江清澈的春水从家乡奔涌到上海,承载着她对理想人生的价值追求,对中国现代化进程中重建精神文化家园的深刻思考。

20世纪80年代的大学生,能公开发表文学作品已属优秀,能在专业权威杂志上公开发表学术论文,那是让同辈人心生景仰的佼佼者。周毅1986年9月考入复旦大学中文系学习,本科三年级在中国现代文学研究会会刊上公开发表学术论文《浮光掠影器孤魂》,对1930年代新感觉派作家穆时英的文学创作进行评论。其理论见识与文采情思,都达到一种令人称奇的学术高度。

这篇学术论文的最大特色,是不像一般的学术论文。没有引文注释,没有学术俗套,而是开门见山,娓娓道来,对一个曾经被主流意识形态所抛弃,又被非主流的香港文学史所鄙弃的作家和文学流派,做出独具慧眼的解读与分析。她是从小说文本细读中,从词汇、意象、句式、节奏、结构的文学成色感觉里,走进了穆时英的心灵世界,寻找到这位从"左翼"革命文学青年转变为"中国新感觉派圣手和都市文学的先驱"的精神蜕变轨迹,寻访其颓废虚无,又炫艳的文学审美背后的一片悲苦心与玩世心。在充分肯定穆时英成功地描写了都市生活中形形色色的人与景,并且创造了与之相适应的新的文字感觉和节奏的同时,她更看重的是新感觉派文学对于都市人性异化的命运挣扎与文化警觉。

> 整个世界在五彩缤纷的诱惑之下并无根基,在这个世界里,无论是恣意的享乐还是严肃的思考都显得如履薄冰,前途未卜;而旋风一般的生活节奏,时代巨变又赶得人马不停蹄地奔跑,人如被上足发条的玩具小狗,在不停的翻跟斗中获得自娱来与外部世界保持平衡。[1]

这是周毅对穆时英小说艺术世界的感觉,也是对自己侧身其间的都市生活的感悟。把新感觉派文学放在中国现代文学发展历程中考量,她认为,鲁迅《狂人日记》是以西方文明为参照,纯粹地对中国传统文化进行反思和批判;丁玲、郁达夫小说表现的是从传统乡村社会来到大都市的青年男女们,西方文明已经物化为思想情感不调和的一部分,无论是莎菲式躁动不安的热情欲望,还是沉沦者热泪盈眶的敏感怯懦,他们都承载着两

---

① 周毅:《浮光掠影嚣孤魂——析三十年代作家穆时英》,《中国现代文学研究丛刊》(京),1989 年第 3 期。

种价值体系的相互渗透和厮杀,表现为一种极端个人主义的苦闷和绝叫,已然确定了中国新文学有关都市文学的基调。进入 30 年代,"整个文坛貌似怒气冲冲,实际上稳步升平。穆时英却不安起来了,如一匹迷失在牢笼中的困兽,跑着、嗅着,忘记了家的所在"。

好一个"忘记了家的所在"! 这个"家"不仅是上海人带着骨子里的傲慢所轻蔑的那个"乡下",而且也是由"乡下"所代表的那个农耕社会与中国传统文化。同样也是年轻大学生的穆时英一头扎进上海大都市生活,文字里看不到一星半点农村"家"的影子。"穆时英选择了都市。而都市中的诗情是如此单薄,充满了都市的声光色相都是些一闪即逝、难以把握的东西。"一种对历史发展的焦灼不安感和对个体价值的迷茫情绪,恣肆地弥漫在穆时英的作品中。同样生活在现代化大都市,沈从文有湘西故土,周作人有雨中天地,借以保护内心自由和温暖。而年轻敏感的穆时英毅然决然地拒绝了这方心灵净土,"他也没有矫情地去故作怀念或向往之态,他只有不美丽的沙场,他只有向前冲刺,在与现实的亲密搏斗中,才可求得那瞬间的自由"。这"不美丽的沙场",就是大都市现实生活的沙场,人生的战场,人性的斗兽场。这位 28 岁就遇刺短命的文艺青年,凭着江南才子的才情和宁波人铁骨生硬的胆气,"企图在纯文学领域里重建一个自足的空间。这个信念给作家提供了停留在生活表面的勇气,让他安于充分玩味与体验周围那些虚妄斑斓的表象。这里面多少带点饮鸩止渴的疯狂心理,虽不是出于对艺术的虔诚,却不容怀疑它的现实主义精神"①。

穆时英在周毅这里所得到的文学评价是前所未有的。穿越一个甲子,在同一座城市,同为大学生,能让她垂青惠顾看上法眼的,与其说是文学审美价值,倒不如说是直面大都市生活,拥抱大都市生活,用文学艺术

---

① 周毅:《浮光掠影嚣孤魂——析三十年代作家穆时英》,《中国现代文学研究丛刊》(京),1989 年第 3 期。

为武器,在斑驳陆离加五味杂陈的现代都市生活荒原里,横渡风沙走石、危机四伏的人性沙漠,闯出一片新天地,创造一种新文明,目击道存,虽败犹荣的勇敢尝试。

生逢 20 世纪 80 年代末 90 年代初的女大学生,中国最大的城市,最高的学府,她们对生活的最初感受是"一阵晕眩"。

> 进大学,好像进了一个梦的花园,一切的东西,都具有了一种非常性,充斥心里的是不安的激动,所有的轮廓都消失了,手指抓不住一点点东西。我不知道这是独立生活还是从小的教育造成的。没有人教过我们如何和自然相处,怎么样去尊重身边的人,没有人告诉过我们实情。生活中明明有肮脏、虚伪、绝望和残暴,却没有人承认,更没有人教我们把这些当作我们最基本的现实,必须从中才能汲取力量,并在其中保持爱意。

在如此梦境花园里,"经历无味的恋爱、冷漠的人际、严厉的学业竞争"①,留下的是青涩枯寂的幻灭荒原。大学四年不同的人生轨迹相互交错碰撞后,日渐星光四散,南辕北辙。周毅被保送直升在母校攻读硕士学位研究生,选择一种"横渡"人生的态度。

《横渡》是周毅的一篇散文,写在大学毕业前夕,入选《女大学生抒情散文 100 篇》。这是一本具有广泛代表性,编选严格、点评到位、制作精良的当时女大学生的散文选萃,冰心为之欣然作序。而《横渡》是其中别具一格的一篇。"本文作者虽是一位初涉人世的女大学生,但她的作品凝聚着对人世间深透的洞察力。字字句句,行行段段,洋溢着一股灵敏之气,

---

① 周毅:《大学的梦》,《私心与天籁》第 45～46 页。南昌:江西人民出版社,1996 年 11 月版。

令人赞叹。"这是徐天德老师的点评意见,并指明文章寓意是要"发扬'精卫精神',冲破'稳密的天网',改天换地"。①

何谓"横渡"?作为一种人生态度和立场选择,不能不让人联想到鲁迅的"横站"。"叭儿之类,是不足惧的,最可怕的确是口是心非的所谓'战友',因为防不胜防。……为了防后方,我就得横站,不能正对敌人,而且瞻前顾后,格外费力。"②横站是鲁迅处身20世纪30年代上海大都市环境下,为了防备腹背受敌所选择的一种特别艰难困苦的人生战斗姿态。那么横渡呢,是否意味着选择一种比横站更其顽强勇悍,石破天惊的态度?

"她"是中华创世神话中的女丑之女,带着被扭曲遮蔽的赫赫身世,举着萃取锤炼了九九八十一年的"太阳磁针",起过誓,发过愿,穿越宇宙洪荒,踏破飞沙走石,来到天地之间。

> 她啊,她是个未嫁的处女,却做起太阳母亲的梦来。想做一个光华丰满的母亲,每天迎送十个活活泼泼的儿子。

这何止是重整山河,而是要重整日月星辰呀!"她"知道自己现在还很卑微,却很自在;清醒自己选择的是一条上刀山下火海的道路,"就像海的女儿轻盈的步子是踩在尖刀上一样";但使命在天,目标笃定,九死不悔。"就在那一天,她默默地咀嚼着夕阳,并且发誓了。要炼出太阳磁针,去聚拢九鸟羽毛,再蘸上银河之水去缝制它的胸脯,它的瞳孔,让它的飞腾撞破这稠密的天网。""她"要让母亲女丑那被神话传说曾经屈死的身

---

① 徐天德:《〈横渡〉简评》,见张耀辉编:《女大学生抒情散文100篇》,第270页,合肥:安徽教育出版社,1989年7月版。

② 鲁迅致杨霁云信(1934年12月18日),《鲁迅全集》第12卷(书信),第606页,北京:人民文学出版社,1981年版。

躯起死回生;要放飞三趾鸟,让爱恋自己的"他"按照"她"理想的状态不容躲闪地出现在眼前……"她"所有的努力指向一个目标:"这世界该重新选择一次了!"①

这篇散文,时空格局上,有鲁迅神话小说《补天》的印痕;语言风格上,有穆时英新感觉派小说的明显影响。"那时候的天空飘满了预言。浑身静穆的生命之枢在中央运转着,旋转起乳白色的气泡;黑色土壤上印满了巨人的脚印,和它践踏过的青草和零星的碎骨片。一轮猩红的冷太阳裹着厚厚的暮气停在不周山巅,数不清的精卫鸟衔着那块宿命的石子低飞着找寻东海,将淡薄的天色撩拨得更加零乱。"②如此炫艳诡谲、富丽奢华的语言,寄寓着"她"孤傲自信、横渡时空的雄心壮志。

把"横渡"放在那个时代的女大学生中间,更能见出其高出一格的价值意义。有被称为"精"的,才华出众,胆略过人,登临此岸顶峰,直奔大洋彼岸。有被称为"痴"的,"盈毒傲放","或者做神,或者做鬼,就是做不来人"。③ 此"人"是生命之本然,是在虚荣名誉中迷失自我的人生,可远观,难近处。还有堪称"迷"的,青春被诗歌浸透,欲罢不能,只能相信"诗至千首,人归极乐"。④ 作为一种至真至纯的生命体验,诗歌不只是文学写作,而是一种人生态度。"诗歌(广义上)是一种搏斗,它身负信仰的必然命运而生活在没有信仰的时代。诗歌写作日益成为诗人和环境之间的悲剧,无人能够幸免。"⑤大学毕业后,这位诗人同学书信来往中确认周毅为人生知己。周毅为之深情感动。

① 周毅:《横渡》,见张耀辉编:《女大学生抒情散文100篇》第267、269页,合肥:安徽教育出版社,1989年7月版。
② 同上书,第266页。
③ 周毅:《大学的梦》,《私心与天籁》,第49—50页,南昌:江西人民出版社,1996年11月版。
④ 周毅:《徐津》,《私心与天籁》,第119页,南昌:江西人民出版社,1996年11月版。
⑤ 周毅:《情感与法度》,《上海文学》(沪),1992年第7期。

欲知其人,先观其友。周毅和诗人同学都是文艺的,但同学是诗歌,周毅是美文。诗歌可以独善其身,文章更能纵横捭阖,纠缠善恶,明辨是非,横渡此岸与彼岸,横渡现代文化迷津。

她记者生涯的两种认同

1993年7月,周毅研究生毕业,获复旦大学文艺学硕士学位,应聘到上海文汇报社工作。此后约十年时间,她致力于新闻写作。无论是"独家采访部"的大特写,还是"周末特刊部"的"人与环境"版面和"书缘"版面人物专访,周毅的文章都有一个显著特色,抓问题,找话题,追事件,始终落脚在对人生人心人性的寻思拷问上。她的新闻写作表达了对改革开放社会发展现实与优秀历史文化传统的认同,不仅具有可读性,还兼备思想和学术品质,可以穿越时间对文字的严峻淘汰,成为见证时代社会变迁和她个人文采情思的一部分。

时值上海加快经济建设,周毅采写了一组有关土地征收让农民变市民,"蓝印户"让城市人口扩容,以及外来妹婚姻问题的文章,语言风格受到新闻写作的职业要求,完全脱离了《横渡》时期的学生腔,文字清新晓畅,生动洗练,往往在行文结尾处有精彩闪现,升华文意,曲终奏雅,引人遐思。

浦东开发开放三年间,新区征收农村土地80平方公里,涉及约2.5万户,10万人从农民转变为市民。周毅的大特写文章,从上海社科院有关"新区城市化过程中农村家庭变化"课题成果中获得面上数据,然后深入到高桥、张江等实地采访,站在这些已经"农转非"的新市民角度来讲述日常生活的变迁。家和时间的感觉都变了,房子的性格也变了,所有这些变化对于城市化的主体——人来说意味着什么?老人们都带着不知是欢喜还是惘然的笑容说:"胖了,都发胖了!"一些年轻人欣喜人际关系变得简单了。最后是年轻人沈卫国的两段陈述文字,精明务实之至,周毅被震惊了。"我不知道自己是找对了采访对象,还是找错了采访对象。"

沈卫国的两段话:一是对农村熟人社会人情关系表示出深恶痛绝、干净利落的解放感。"一住进工房人际关系自然而然也就简单了,这样人可以有更多的时间和精力投入到自己真正想做的事业上去。"二是对市场经济环境下城市生活表现出敏锐果断、毋庸置疑的自信心。"房价是经济形势控制每个人生活和刺激劳动的主要手段。买下房子,不要让任何东西来控制你!"他用朴实的话语,说出了市场经济社会的基本规则,只有经济自主,才有精神自由。如此赤裸裸的城市化生活真谛,在思想理论属性上该如何界定?怎么评判?她忍不住想起一句名言:"农民是天生的私有者。"而恰恰是这种被主流意识形态不多待见的私有观念,"在改革开放、建设市场经济的今天,是显得多么如鱼得水。浦东的开发,也许在很大程度上就意味着对这种蕴藏在这些古老私有者身上潜质与智慧的开发"。

在轰轰烈烈的城市化进程中,周毅对眼前鲜活的人生与人性的寻思拷问,激活了学生时代的学术思想认知储备。

> 采访结束,在大风滔天的归途上,我仿佛一时忘记了我从何处来,又将向何处去。
>
> 过去和未来是如此紧密地纠缠在一起;消失的和新生的也就是一个人。
>
> 看看城市的过去,也许更清楚我们所有的放弃与追求吧。①

这三小段很不像新闻写作的文字,却出现在这篇新闻通讯的结尾。为什么?因为行文至此,她是情不自禁地把自己融汇进去,并显出单薄的思想背影。市场经济波涛汹涌,他们如鱼得水,我将何以自处?浦东是他

---

① 周毅:《浦东:消失的与新生的》,《文汇报》(沪),1995年1月3日。

们的，上海是他们的，如此城市，如此生活，我能何为？茫然若有所失中，她不断调整着自己的心态和步履，逐渐走向与社会现实纠缠批判中有认同、对历史文化剖解净化中相亲善、对自我生命价值韧性奋斗中不让步的思想路径。

1998年夏天，长江下游地区酷暑难当，长江中游地区洪涝成灾。周毅笔下文字留下了这个火热与水深处的社会生活截面，以及现实认同感。

上海在连续二十多天持续高温的日子里，周毅受命到居住条件最差的许昌路1255号弄堂棚户区采访。由于线路老化、供电不足，几乎所有的现代化消暑设备条件在棚户区都没有。"我们这里热是热，可是没有一个中暑的！"穿行在这条近百米长的弄堂里，触手可及的都是家长里短，油盐酱醋，井井有条。"弄堂里有一种浓浓的生活气息，有一种暑热也不能扰乱的镇定的生活态度，一和你说话，人们的脸上就自然地带上了笑容。"①这里洋溢着一种城市底层市民积极乐观、勤俭卫生、守望相助的美好品质。随着城市更新，生活空间改善，她希望这种城市"乡愁"能够得到善存延续。

身为年轻女记者，勇敢冲进湘赣抗洪救灾第一线，是需要一股拼搏精神的。在洪灾现场，周毅没有看到既往历史记载的灭顶之灾所带来的哀鸿遍野、民不聊生。牌洲湾溃口的头三天，一片凄凉。几万无家可归的灾民拥挤在县城的街道和大堤上，政府忙于搜索抢救仍然处于水中的灾民，赈灾工作还未全面周到地展开。

这时，全县所有个体的、非个体的餐馆都敞开了门，连续三天免费为灾民提供饭食，将稀饭馒头送到大堤上。许多人在那段时间内累得虚脱，但事后，没有一个人愿意张扬这事。一位个体老板面对我

---

① 周毅：《夏天里的微笑——棚户区居民度夏侧记》，《文汇报》（沪），1998年7月25日。

的提问,只是非常沉稳地说:"看到那个时候的情形,没有一个人的眼泪会干。"他做了,就够了,已从做的本身得到了报答,不愿再说。[①]

这样的事情,竟然是举不胜举。这是一种令人难以忘怀的精神力量,也是一段净化心灵的经历。周毅笔下的文字更干脆果断,明净流畅。"灾民们有灾难后不知去向的惊惶,有失去家园后的悲愁忧郁。但我们所见到的一切确实让人感到,这是不同的时代,已有了不同的灾难标准,确立了新的生命价值。"具体体现在"生活质量观念"和"对自尊的敏感"上。[②]这个滚烫的结论,来自冷静的观察,增加了她对中国现实社会改革发展进步的价值认同。

改革开放现代化进程在带来中国社会进步的同时,也带来对自然环境的巨大冲击。1999年底,周毅跟随中国社科院和云南省社科院有关课题组成员,赴怒江、澜沧江、金沙江三江并流区域考察。12天行程,在高山大河间穿行3200多公里,所看到的现实情况是:"如果以现在的垦殖方式和采伐速度,在50年之后,怒江峡谷的植被破坏将达到很难恢复的状态,而澜沧江峡谷的时限仅为七八年,金沙江峡谷一些区域基本已失去在对人类有意义的时间范围内恢复的可能性。"[③]她公开暴露了三江并流区域壮丽景色掩盖的严酷生存危机,揭示了发展的欲望是怎样不顾一切地冲击自然生态的警戒线,警醒着整个西部开发应该选择更合理的方式去继续的现代化新命题。

新闻记者与书斋学者最大的差异,是可以接触到鲜活的社会现实,在走万里路的过程中,通过对具体个案的深入追寻,深化对万卷书的审慎态

---

① 周毅:《付出就是报答》,《文汇报》(沪),1998年9月19日。
② 周毅:《中国人的"命"在升值——赴抗洪第一线湘赣灾区采访印象》,《文汇报》(沪),1998年9月18日。
③ 周毅:《云南三江并流流域考察日记》,《文汇报》(沪),2000年1月12日。

度。李欧梵在接受周毅采访中谈道："全球化经济与全球化文化是完全不一样的两个视野，被经济界人士支持的全球化，其视野是'单一'的，而全球化文化则强调'多元'的视野，并不存在'一种'所谓的全球化文化。"①"刺猬型"学者擅长专攻，相信系统；"狐狸型"学者喜欢博览，怀疑并解构系统。要像狐狸那样，寻找战机，提防陷阱，通过对具体问题的整理研究，爬罗剔抉，刮垢磨光，才能突破全球化文化的系统"诡计"，确立中国人的现代文化自信。

鲁迅是新文学史绕不过去的一个巨大精神存在。周毅求学期间曾经带着一颗"麻木而盲从的心"，孑然一身乘坐夜班火车跑到绍兴。凌晨下火车，一路惊悚地拿着地图拐弯抹角地找到越城区政府招待所，大门紧闭。此行孤独、艰险、困乏的古城游历，她得出结论："尽信鲁迅，不如无鲁迅。"视鲁迅为"精神的实体"，不如说是"精神的幻想"。"以前在我眼中，绍兴是鲁迅的，而此刻我愿意将鲁迅看作绍兴的鲁迅，绍兴的一种幻想、一种想象、一曲歌啸。"行程尽头，她把鲁迅看得"小"起来，"不能让他占据我全部的精神领域"②。

真是少年气盛呀！

十年过后，尤其是经历记者深入社会现实的切身感受和体验，周毅逐渐改变了自己对鲁迅的这种愤然决然的否定态度。"鲁迅对现代性的理解，他对未来所持的怀疑和迟疑态度；鲁迅对中国人个性心理的透析，对中国人心灵结构中的中庸、瞒和骗的激烈批评；鲁迅对沦为奴隶的反抗，对现实不妥协的精神……这些都至今有效。"鲁迅不是一个两耳不闻窗外事，一心只想着传世与不朽的学者，而是一个"心事浩茫连广宇"的人。

① 周毅：《文化人：以"狐狸"的方式面对全球化——李欧梵谈全球化经济和全球化文化》，《文汇报》（沪），2000 年 6 月 17 日。
② 周毅：《在绍兴和杭州山水间的幻想》，《私心与天籁》，第 41 页，南昌：江西人民出版社，1996 年 11 月版。

"他曾经不避让地承担人生中的诸多矛盾和困难。只要这些矛盾和困难还存在,鲁迅的精神就不会死。"①世纪之交,学术思想界反思亚洲国家在19至20世纪都是"被近代和被现代",伴随着新的主奴关系产生,从而导致现代化进程中的人性异化和非人道现象。池田大作与金庸对话中,将鲁迅精神作为21世纪亚洲文化的象征。周毅采访整理了诸多学者对鲁迅的观点,不是简单机械地转述,而是经过思考并认可的。

中华民族是多民族融合的命运共同体,中华文化是兼容并蓄、多元一体的精神融合体。只有真正具备自己的民族灵魂,才能彻底理解其他民族的优秀文化传统,渗透他们的灵魂。北京三联书店出版"乡土中国"丛书,几位作者用田野调查的方式,发现并展示中国乡土建筑的惊人之美。二十四史没有记述中国绝大多数普通老百姓的衣食住行,是有美中不足的历史。这套丛书告诉世界,原来穷乡僻壤都有那么精美的村落,尤其是从楠溪江到泰顺的乡土民居,让人醒悟一个发人深思的六朝时代。"在深重的战乱和痛苦之下,却开放过中国历史上多情潇洒而又倔强美丽的生命与人格——那是一些怎样的文化人啊。"②对历史文化传统的亲善和解,逐渐超越了中西之别与古今之辨。以"好"为标准,以真善美为目标,曾经走过多少峥嵘岁月,需要填平多少山川沟壑,化解多少恩怨情仇,才赢得如此这般的精神文化状态。

周毅称自己新闻写作"诚实用力"③,严肃认真。她对社会现实的批判认同,对历史传统的亲善和解,都是心血之作,寄托着自己对中国现代化进程中此岸与彼岸关系的深情思考,以及努力融合化解的酸辛喜悦。她把阳光奉献给读者,却把暗影藏掖在心里,揉碎了留给自己。

---

① 周毅:《自发的阅读和自由地抒写——世纪末的"鲁迅热"》,《文汇报》(沪),1999 年 5 月 8 日。
② 周毅:《三人行——一个和"乡土中国"丛书有关的故事》,《文汇报》(沪),2001 年 4 月 14 日。
③ 周毅:《往前走,往后看——周毅新闻作品选》后记,第 296 页,上海:上海人民出版社,2012 年 11 月版。

她同时使用的两个名字

2002 年底,周毅受命担任《文汇报》"笔会"副刊副主编①,从记者转为编辑,介入社会现实的方式改变了。此后十年副主编,其中后两年以副主编主持工作,至 2014 年正式担任"笔会"主编。这段表面波澜不惊的工作经历,对于她的精神心理之影响可能是巨大而深刻的,对于她的文采情思之淬炼也是巨大而深远的。

淬炼,是拿燃烧得红彤彤赤条条的铁块,奋力敲打后,再扔进冷水里。何意百炼钢,化为绕指柔。美好的结果往往都来自艰难的过程。到编辑岗位不久,周毅"带着一股拼拼打打的生气,编发了不少未必合乎副刊习惯的文章"。在私人通信中可以看到她的情绪表露,"今天一天我都有点在生闷气","你知道这里面的悲哀吗?这里面的污沌吗?你准备怎么来担当呢?"②为筹备"笔会"创刊 60 周年纪念活动,她到资料室翻阅积累近 60 年的旧报纸,为这个知名副刊编写一份年谱。张文江老师鼓励她,说这是把前辈的功德一点点地搜寻发挥出来,也算是"孝行"。从后来的结果看,特别是多篇研究论文看,她对这份历时一甲子的"笔会"年谱是尽心尽力,感悟深透。她称"笔会"具有"心灵史记"的品质,"雍容诚挚"的风格,是因为集聚了一批优秀的中国文化人,"他们诚实地对待自己的感情和理智,诚挚地对待我们共同的传统和文字,不躲避现实的矛盾,并把持住文章的品格"③,为时代社会淬炼着自由和深远的精神思想资源。

把工作就当是工作,可以得过且过。把工作当人生事业,就不得不顶

---

① 周毅本人记述担任《文汇报》"笔会"副刊副主编时间从 2003 年开始,见《往前走,往后看》后记(《往前走,往后看——周毅新闻作品选》,第 295 页,上海:上海人民出版社,2012 年 11 月版)。2019 年 10 月 26 日,文汇报社领导参加周毅追悼会所致悼词,说周毅 2002 年起担任"笔会"副主编。

② 张新颖:《纪念周毅:存下一些话,几首诗》,《收获》(沪),2020 年第 1 期。

③ 周毅:《在乎,每条鱼都在乎》,《文汇报》(沪),2004 年 4 月 19 日。

真较劲,案牍劳形,付出心血代价。时光流逝,比石头更坚固的是文字。白纸黑字,永久留存着著作者的精神气质和工作态度。大约在此时段,周毅走过了一段磕磕绊绊的日子。"因为多读了几年书,我如今有一份'体面'的工作,收入中上,但我并不觉得多么快乐,工作中时时遭遇的不诚实常常带来痛苦,自己却也缺乏一份离开的弘毅。加上这两年经历婚姻变异的风波,内心不知不觉对许多事故改变了看法,懂得在短暂的、低微的分秒时光中埋藏着人生所能期望获得的乐趣和价值。"①每一颗敏感锐利的心灵,通常都是纤细脆弱的,容易刺痛别人,更容易受到别人伤害或自我伤害。"这样一种紧张地思考、急切地做事、情绪时有起伏的状态,持续了几年。到 2008 年初,身体查出病,经受了艰难的治疗过程,她顺势放空休息,人也发生了变化,似乎走出了精神的困局,更趋平静、安定和自信了。"②

这段生活经历,她自己公开发表的文字很少涉及,偶尔旁及也是轻描淡写。朋友的文字本着为逝者讳的原则,也是风轻云淡,一笔带过。其实,现实生活里的她是独自经历着心灵的飞沙走石,只身顶着精神的狂风暴雨,默默前行。泥泞挣扎中,她把"周毅"交给了工作,把"芳菲"留给了自己。此后职业写作多署名"周毅",职业以外的个人写作署名"芳菲"。

> 这几年我文章写得不多,并且用了一个奇怪的笔名——芳菲。我一直不好意思给别人解释,也不好意思传播。……那是在我内心有危机的一段时间请一个朋友取的,这个无名无姓荒唐柔弱的名字,总让我想起一段彷徨特殊的日子。③

① 芳菲(周毅):《草根经济》,《天涯》(琼),2003 年第 6 期。
② 张新颖:《纪念周毅:存下一些话,几首诗》,《收获》(沪),2020 年第 1 期。
③ 芳菲(周毅):《觉悟——关于〈圣天门口〉的通信》(2006 年 3 月),《过去心》,第 53 页,上海:复旦大学出版社,2012 年 10 月版。

"人间四月芳菲尽,山寺桃花始盛开。"稍谙古典诗词的人难免不把这个词和这首诗联系起来。也许,朋友存念用一种自在绽放的热烈景象为她加持,引渡过一段黯淡的时光。敏感自尊如她,不会在笔名上随随便便的。这个笔名分明是从周毅那里分身出来的,在时序与空间的错位格局下,是否寄托着她曾经有过飘零落寞的心理准备,甚至有过息影红尘的意念? 最终她没有走这条路,上有老下有小的客观生活现实不允许,她要用职业去承担自己的社会责任和家庭责任。"在爱中生活,或在嘲弄中活下去,应该是各有各的道理吧。"①她申请加入中国共产党,多次获得新闻奖项,并当选上海市"三八红旗手标兵",使用的都是"周毅"的社会身份。与此同时,她用"芳菲"修炼着自己精神上不断追求涅槃新生的生命景象。

这种人生修炼与生命调整的思维路径,围绕着对中国现代知识女性是否有必要选择含忍回家的问题,而展开心灵深处的情感纠缠与精神追问。

周毅尊奉杨绛为先生,敬佩其学识品格和百岁人生。2011 年 7 月,杨绛百岁诞辰之际,周毅代表《文汇报》笔会副刊对老人做独家专访。文章刊发后,被称为"新世纪以来学界最动人的传奇",被誉为"千古美谈"。她为此花费近三个月时间,视为自己"从事新闻工作一个珍贵的经历,也是人生的一个奇缘"②。

杨绛生在一个维新派家庭,一个世纪前孩子生日就用公元纪年,嫁给老派的钱家,从宽裕到寒素,"从旧俗,行旧礼,一点没有'下嫁'的感觉"。抗战时期逃难上海,"生活艰难,从大小姐到老妈子",不感觉委屈。尔后政治运动中受到粗暴待遇,进入新时期各种名誉面前,始终保持深自敛抑,甘当一个零。"我这也忍,那也忍,无非为了保持内心的自由,内心的

① 芳菲(周毅):《载酒游》,《过去心》,第 287 页,上海:复旦大学出版社,2012 年 10 月版。
② 周毅:《往前走,往后看——周毅新闻作品选》后记,第 296 页,上海:上海人民出版社,2012 年 11 月版。

平静。……人家不把我当个东西，我正好可以把看不起我的人看个透。这样，我就可以追求自由，张扬个性。"在杨绛心里，含忍和自由是可以辩证统一的，"含忍是为了自由，要求自由得要学会含忍"①。周毅访谈中突出表达的是，杨绛所选择的迂回中精进，忘我中成我的人生路径，其深厚的人文涵养，表现为笃定从容的人生自信，生命的价值意义就在此岸世界日常生活的寸寸光阴，草木荣枯之间。

两年前的 2009 年，周毅拜读《听杨绛谈往事》一书，就倾慕"她一辈子明白自己想做什么，能做什么，不枝不蔓，自性深透"②，深情地赞美她有"种子之性"，柔弱又坚韧，一生带有一派悠远的少女相。两年后的 2013 年，周毅第三次撰文，称颂杨绛先生有如沙漠里的"一口水井"，"内心自由，在杨先生这里构成了她人之为人的坚定本质"③。

周毅笔下所有女性形象，杨绛先生是唯一至高无上的。对话这位中国现代知识女性的人中之瑞，她得到的是心灵净化、精神澡雪。回顾自己的人生旅程，从家乡到上海，在复旦大学校园里，老师称赞"周毅是个有灵气的姑娘"，不仅学习成绩优秀，被老师们列为可造就之材，"同时还能歌善舞，绘画喜游，兴趣广泛，多才多艺。她做每一样事情都是兴致勃勃，无论是写文章、做健美操、游玩或谈恋爱，都很投入。她用心去感受一切，将情融入生活，因而她的文章、舞蹈和绘画都充满了感情"④。同为 20 世纪中国现代知识女性，周毅在世纪之末所感受到的家庭生活束缚已经很少很弱。相反，困惑她们的是屹立巅峰，独享自由后的孤独寒冷。

① 周毅：《坐在人生的边上——杨绛先生百岁答问》，《文汇报》（沪），2011 年 7 月 8 日。
② 芳菲（周毅）：《宛如种子》，《过去心》，第 123 页，上海：复旦大学出版社，2012 年 10 月版。
③ 周毅：《重温杨绛先生百岁谈自由》，《文汇报》（沪），2013 年 7 月 17 日。
④ 吴中杰：《〈私心与天籁〉序》，《私心与天籁》第 1—2 页，南昌：江西人民出版社，1996 年 11 月版。

没有主宰的流浪的人儿，

不可主宰的流浪人儿。

我们从哪里来，要到哪里去？①

　　人生天地之间，"没有主宰""不可主宰"对于生命个体来说，可能都是一种精神的高度，也是一种臆想的幻觉。卢梭说，人是生而自由的，却无处不在罗网中。老子说，人之道损不足以奉有余，天之道则损有余以补不足。生活中只有饮食男与女，社会关系中才有人的概念。汉字"人"，一撇一捺是一男一女相互支撑，合作共存的产物。有合作，就有矛盾有妥协，要包容，讲亲善，求和解。

　　"野丫头自来比野小子野。"懿翎长篇小说《把绵羊和山羊分开》里的女主小侉子，"野蛮地把女性的天真浑璞推进到了原神话和本质命运的地步"。在男主江远澜出现之前，"小侉子做的每一件事情都是让她更深地与世界交融，她醉意颠顶地爱着这个世界的一草一木，以自己的天性呼应着大地和大地上的人与事。但是江远澜的感情是要把她从这个世界拔出来，离开她与世界浑然一体的状态，属于他，属于他一个人"。周毅认为，在两大至深力量的相互较量与抑制中，小侉子天真地弯下腰来，"让人看到自由与命运的深渊"。从一个"自由的女性"，到一个"服从的女性"，作者以为"这才是一个真正的女性"②。对此，周毅不以为然，更希望这是一部真正的女性主义小说，更欣赏女主靠"热爱"与"硬扛"在天地间自由游荡，成就一部自由蛮荒的女性意志的历险记。

　　大约在评论懿翎小说稍后时间，周毅准备就婚姻家庭问题采访王元化先生，虽然没能成行，但基本观点已经获悉。王先生充分肯定家庭在人

① 周毅：《透明的药水》，《私心与天籁》，第 6 页，南昌：江西人民出版社，1996 年 11 月版。

② 芳菲（周毅）：《这女人的狂歌——懿翎长篇小说〈把绵羊和山羊分开〉》，《名作欣赏》（晋），2004 年第 5 期。

生中应有的正面价值。"传统女性的温良和婉贤惠,很多人认为是一种应该抛弃的过时的封建的东西,其实是值得珍惜的品性。事情辩证地看,妇女解放是有功的,但是现代人解放妇女要解放到什么地方去?"中国古代宗法社会,家国同构,新文化运动全盘否定,带来"娜拉走后怎么样"的新问题。王先生给出的答案是,"社会讲的是自由平等权利,家庭则讲的是和谐爱敬慈孝",不同领域,不同规则,需要区别对待,各行其是。周毅是从胡晓明与王元化谈话记录中捕捉到这些观点,"就觉得其中浸透诚实的个人经验与复杂的时代感受,非常珍贵"。动心起念直接访谈王元化先生,寄托着她人到中年一份"醒"来的追寻,追寻那许多"失落的永恒"①。

杨绛作为中国现代女性的杰出人生价值,是跳出了非此即彼的狭隘人生观念,用深自敛抑代替了金刚怒目,用生命修为化解了矛盾冲突,在成就钱钟书的过程中成就了她自己。在杨绛这座人生灯塔的启示下,周毅逐渐改变着自己"横渡"人生的坚决态度,更深地领悟着"人原本该有的进退"②。她在不断反省中调整步态,完善自己。

她为之倾心的两个人物

对杨绛敬仰之外,周毅为之倾心的两个当代人物是黄永玉和李娟。

从"走向世界"到"重建家园",中国现代化发展进程投射到新文学审美上就表现为一种从"离家"到"回家"的精神旅程。过去与未来不是划然断开,江流到海不是生命的尽途。云蒸霞蔚,化为甘霖。溪水有源,与海相连。中华文化传承的人生观与天下观,主张无远弗届,无往不返。人生百岁,最后回家。所有的矛盾都可以化解,所有的人生都要淬炼,所有的生命都有花开的时节。

---

① 周毅:《每次醒来》,《文汇报》(沪),2006 年 5 月 9 日。
② 芳菲(周毅):《仿佛丛林钟声》,《过去心》,第 290 页,上海:复旦大学出版社,2012 年 10 月版。

2010年上海世博会以"城市，让生活更美好"为主题，周毅受其精神感染，在编辑工作之余，主动拿起记者的笔，走访并写作了大地景观设计师俞孔坚的天人坐标观、"马陆葡萄之父"单传伦的有限发展农业观、世博会中国馆馆长徐沪滨尊重差异、跨越差异，崇尚和平向上、热爱地球家园、可持续发展的价值理念。这些都是她多年前关心的话题和问题，因为这些人的努力，分明激发了她对在此岸世界寻找并重建精神家园的信念。

离家与回家，是现代化后发国家知识分子所面临的一个世界性主题。百余年来，故乡在中国新文学叙事中不断被抛弃，被诅咒，鲁迅的《故乡》、巴金的《家》是其典型代表。"人们一直在被教育如何成为一个异乡人，离开家，获得体面的观念、职业和身份。故乡在溃败，走人，失血。"故乡是老家，是精神的家园，生命的根底，是被现代化所否定与批判、撕扯与掠夺的列祖列宗们的土地。"失落无根，回去也不容易了。近乡情怯。要面对来历、本心、变化……幸亏有了黄永玉。"周毅奋力写作七篇文章，持续十年时间，跟踪评论黄永玉正在写作中的长篇自传体小说《无愁河上的浪荡汉子》，成为她个人文章写作的高峰，也是中国现代文学批评史上的奇观。

> 真的哭过。真的笑过。真的长长地安静过。我家乡不在凤凰，但一样有山，有水。夏天下河游泳，涨水了站在高岸上看；冬天在岩头看下面的河水清到透底；屋后就是山，一转身一迈腿就上去了……那种枝枝相当、叶叶相覆、根根相连的整幅生命图画，正是童年故乡记忆啊。

这种刻骨铭心、勾魂摄魄的阅读体验，让她"抓狂"，独自"羞愧"。只因为"他像一面雪亮的镜子，照出了不肖游子的面目"①。她在四川长大，

---

① 周毅：《风雨雪雾回故乡》，《文汇报》（沪），2012年9月7日。

自认峨嵋山是"我的山",曾经数度念想重走峨嵋,最终未能成行。有谁能走得出去,又转得回来,心无芥蒂,了无挂碍?沈从文所未能完成疏浚的家乡与城市、传统与现代的精神江河,到黄永玉这里才终于畅通无阻,豁然开朗。"这个游子带着征服了世界的全部信息,带着对百年来文化故乡危机的承担,带着你、我、他这百年来莫辨家乡异乡的起起落落动荡情感,强大地归来。"①不是探亲,不是观光,是浪迹天涯、走遍世界后的游子回家,精神皈依。"黄永玉对家乡的态度,说到底是对人、对文明的态度。他在给游子守故园,给无根的文明护元气。"

凡是游子,都是老乡!因为我们有中华文化这个共同的精神家园。自己的家乡回不去,那就且把他乡作故乡。周毅数次探访凤凰城,那个让她心驰神往的艺术世界里的朱雀城,聊慰心里精神文化之饥渴。

> 当我第一次去凤凰,脑子里冒出"跟黄永玉回故乡"这句话时,以为是终于得了喜悦,可以借"无愁河"之力,一脸阳光地面对养育自己的故乡。慢慢知道不仅仅是这样。跟黄永玉回故乡,是看他在已经变化的故乡中,怎么自处,怎么努力,记忆如何成长为信念,有面向未来的生命。

早在 2003 年,周毅最初接触到黄永玉小说未刊稿"自印本",就盛赞"比《红楼梦》还好"②。后来看到小说连载,她数年跟踪阅读,更加坚定地认为,"这是百年中国第一部怀着生命感受和文化信念的回家之作",黄永玉"走着一条真正的回家路"③。这不是单向回归的乡间小路,而是循环

---

① 芳菲(周毅):《高高朱雀城——读黄永玉〈无愁河〉札记》,《上海文学》(沪),2010 年第 2 期。

② 芳菲(周毅):《跋:沿着无愁河到凤凰》,《沿着无愁河到凤凰》,第 220 页,北京:中信出版社,2015 年 9 月版。

③ 周毅:《风雨雪雾回故乡》,《文汇报》(沪),2012 年 9 月 7 日。

往复的通衢立交,是回归中华文化互通互联现代化的路,也是回归人生自我的路。因为在湘西凤凰,她通过陈渠珍、沈从文、黄永玉三代独具一格的文化人,寻找到了中国古代文明相对正常地踩踏着自己的步态走向现代化所难得应有的样子。

每一种文化都有自己的时间坐标,支撑着人生艺术的审美格局和精神品质。以工业化、城市化、全球化为内容的现代化,在塑造世界市场经济过程中,统一了时间概念,却毁灭了文化多元。现代化让很多民族患上失语症,城市化让很多不能回家的游子滋生了思乡病。周毅评价黄永玉的小说,"不以故事做情节,不以情感做线索……黄永玉对当代文学的贡献,就是保留了一个'以物观物'、与万物相通的人身,古老的身体智慧"①。不同于一般"身体写作"通向欲望的路径,周毅所称道的黄永玉写作的"身休智慧",是通向灵魂的路径,表示一种物我同胞,万物皆备,天人合一的生命境界。这种骨子里的诗性艺术,赋予了小说浓郁的抒情特色。在这里,文化是一种生活方式,文化就是过日子,文化成就着生命大自在。

实际上,凤凰城只是朱雀城的影子,沱江也只是无愁河的生活原型。一百多年的中国近现代社会,风雨飘摇,战乱频仍,哪里还有桃花源? 谁的家乡没有过血雨腥风,积贫积弱? 在历史与未来、现实与理性、此岸与彼岸之间,黄永玉是通过艺术审美把泥泞坎坷变成风雨雪雾,把忧愁苦难化解成无忧无愁。"无愁河"的"无","在这里不是一个形容词,它并非在形容一个没有忧愁的世外桃源,无,是一个动词"②,肩负着为故乡、为自己,把忧愁打扫干净的使命担当。

"'无'是一个有生命的动词",是克服、超越、化解万物羁绊的一个过

---

① 芳菲(周毅):《身在万物中》,《沿着无愁河到凤凰》,第 119 页,北京:中信出版社,2015年 9 月版。

② 芳菲(周毅):《高高朱雀城——读黄永玉〈无愁河〉札记》,《上海文学》(沪),2010 年第 2 期。

程。陈思和老师在和周毅讨论无愁河文学现象时更加透彻直白地指出："污垢就是万物……藏污纳垢是一个完整的生命运动过程。无愁河也许是这样一股力量，裹挟着污泥浊水、枯枝败叶甚至是旧时代的腐朽尸体，泥沙俱下，奔腾咆哮，生生不息。"一般人把凤凰当作旅游景点，沈从文视凤凰为寄放人性的小庙，黄永玉视凤凰为家乡，只有周毅才把凤凰奉为"魂魄所系的朝圣之地"和"生命图腾"。无愁河真正的生命超然气象，是没有羁绊，没有执着，没有停留，是黄永玉所说的"无所谓"。"这才是取之不尽，用之不竭，生命满溢的意象。"①怨怼与崇拜都是贪嗔痴，是执着，是羁绊，也是一种人情，深情，诚挚之情。"人情中间，不留痕迹最好。"说来容易，真能做到实属不易。

　　周毅对李娟的发现和器重，正寄托着在纯净明亮的自然底色中萌蘖出文化新芽的惊喜。"这是一个尚在生长的灵魂，种种妙处，就在她尚处天真，没有习气。"新疆，阿勒泰，李娟笔下辽阔的自然天地是心灵自由的精神家园，"她在人性与人情之外，别开了一方天地，若与天地精神轻盈往来。"②在李娟的文学审美世界里，周毅寻找到了毋须"含忍"，也毋须"无所谓"的自在生命，一花一世界，一叶一菩提，活色生香，与时消息。

　　通过大命题来超越自我，心境有提升，心结没化解。据胡展奋回忆，大约 2015 年夏天，有位齐鲁名医来沪开诊，说周毅"肝气郁结，情志不畅"，"恐怕病已游离在膏肓附近矣"。化解之法竟然是："要放下！放下手中的笔，停止写作，放下所有消耗神明的活动，放下一切心结，网上所谓'没心没肺'地药食调理，庶几还有转机。"作为同道中人，胡展奋婉转地转告医生意见，周毅半晌不语，良久，答道："恐怕很难做到了，我的生活已经被剥夺得太多，写作和编辑是唯一的乐趣了。如果连这一点都没有了，

---

① 陈思和：《"无"是一个有生命的动词》，《北京青年报》（京），2016 年 9 月 6 日。
② 芳菲（周毅）：《李娟来信》，《文汇报》（沪），2009 年 6 月 27 日。

和死还有什么两样呢。——当然,我可以试试,尽量试试。"①过一阵子,她寄出新著《沿着无愁河到凤凰》,胡展奋惊叹,她根本就没有"试"过,尤其是不会放下手中之笔。

"山中难有芰荷卖,闲采野花供观音。"这是周毅题赠很多朋友《沿着无愁河到凤凰》扉页上的话,表达了她在解读黄永玉笔下凤凰艺术世界过程中所得到的感悟和开示,寄托着她远离现代化大都市尘嚣喧闹的理想生活日常。红菱碧荷无所有,山中自有野花馨香清供。

周毅的文采情思是一种生命在燃烧。临近人生终点,她满怀感恩之心,珍惜每一寸光阴。路边翠柏嫩枝上的蜗牛,住宅小区僻静处的芭蕉,枝枝叶叶,万物苍生,她都心生欢喜,欣于所遇。最后,她用恬静的微笑为自己的人生画上句号。

2020 年 3 月 12 日写迄　沪上春雨

4 月 11 日修改　时在庚子

---

① 胡展奋:《周毅的笔》,"南方周末"微信公众号(穗),2019 年 10 月 24 日。

第三节　历史兴衰与文化选择

塞罕坝的兴衰枯荣①

今年 7 月,我有塞罕坝之行,所见所闻所感,颇多难以释怀之处。这是当今世界上最大的一片人工林场,每一棵林木花草的背后都有塞罕坝人的辛勤付出,每一寸土地植被的兴衰枯荣都折射着近现代中国社会历史的生命情思。

这里的夏季是春天

从上海到塞罕坝,至今行程不易。飞机或高铁都要中途转换,经过承德,再换乘汽车,穿越燕山余脉的峰峦叠嶂。最后一段大约 230 公里路程,需要行驶三四个小时。好在沿途植被茂盛,满眼青翠。天越来越蓝,云越来越白,车窗外的空气越来越清爽宜人。

导航仪上持续移动的光标显示着,我来到了河北与内蒙古的边界地带。地理上位于中国大陆第二与第三阶梯分界线,地貌上是燕山、阴山余脉慢坡与蒙古草原接壤处。塞罕坝,蒙古语"美丽的高岭",当地人习惯称其为"坝上"。无论是上海、北京还是属于"坝下"的承德,都是盛夏酷暑时节,而"坝上"林地里的气温只有 15℃ 左右,给人温暖如春的感觉。

汽车从高速公路下来,时间还早,就直接拐进林场公路,慢慢地进入林地里。我和同行者从车里走下来,置身林海,情不自禁地放低说话的声

---

① 本文首发"上观新闻"微信公众号(沪),2021 年 9 月 18 日,题为《历代皇帝曾赶尽杀绝这里的动物,新中国三代人终于拯救了这片高寒地带》。

292 | 文化价值观

音,静下心来,屏持呼吸,一种轻丝丝的甜意将我浑然拥抱起来。成片的落叶松,树龄50年左右,与我相当的年龄,树干只有我腰身的一半粗。树干挺拔,直耸天际。沿着树干,我抬头仰望,那是一片被枝叶剪裁过的天空,精美绝伦,令人遐思。树下林地里是一望无际的杂草和苔藓,点缀其间的有丛丛灌木。林场职工告诉我,这是花椒,那是刺五加,远处金黄色的草本植物是金莲花——塞罕坝最有代表性的花草。草木深处,星星点点的是各种各样的蘑菇。它们都是野生的,是森林地表的伴生物,算是大自然对森林人的一种默默褒奖。

走在栈道上,我悄悄地摘下一片花椒叶,揉碎了,放到鼻子下嗅一嗅,一股辛辣清香扑鼻而来。我近乎被熏醉了!

不记得天气预报是怎么说的,我在林地里感受的是一阵蒙蒙细雨,薄雾缭绕,一阵清风徐来,阳光如箭。没有南方夏季树林里的蝉声,只有偶尔传来远处的鸟鸣,更修饰得塞罕坝森林里的幽深和雅静。

林地与林地之间,公路两侧大约百余米的防火隔离带,都种上了庄稼。成片的马铃薯热热闹闹地开满了白色和紫色的花,像是夹道欢迎到访的客人。花叶丛中,仿佛有蜜蜂在阳光下坚守岗位。蓝天白云,雨雾山岚,森林草场,湿地栈道,夏日里的塞罕坝完全是一片绿色清凉世界。

木兰围场岂止是猎场

林子高深了,外来人置身其间,难免不挂念可能出没的野生动物——那些久违了的人类的远亲们。

同行的河北民族师范学院高俊虎老师,身材高大,膀阔腰圆,爱好摄影,经常来往于坝上坝下。他介绍说,目前塞罕坝森林里的野生动物只有麋子、狍子、野猪、狼等种类,大型猫科动物还没有。我们同行者中,有人闻此脸色变得红润多了。

禽鸟的种类却是越来越繁多,最珍贵的黑琴鸡,俗称黑松鸡,名列国家二类保护动物。每年 4 月，天气刚刚挣脱严寒，草木从枯萎中萌生微微绿意，黑琴鸡们就纷纷聚集在几处固定的打斗场。威武雄壮，羽毛鲜亮的雄鸡们，张开乌黑油光的羽毛，袒露出雪白的扇形尾翼，头部两块对称的鸡冠，红彤彤，明晃晃，像旗帜，似警灯。它们浑身都充满着一种英雄气概，舍我其谁，视死如归，嘴里喋喋不休地叫唤着一种戏剧舞台上老生武生般怒发冲冠时的咿呀说词。先到场的雄鸡，迈着台步，合着节拍，绕场一周又一周，迎接着随时到来的另一位男神的挑战。其基本规则是淘汰赛，一对一的拼，一场一场的斗，一天一天的打，打得天昏地暗，血肉模糊，最后决出的胜者是当年种族繁衍的王者。所有的雌鸡们毛色朴素，一派小家碧玉的样子，都全程冷眼旁观着这场残酷血腥的打斗，并心悦诚服地接受着王者的选择。

其实，动物的生存状态是森林植被质量水平的重要考量标准。

这是一个失而复得的绿色清凉世界，迄今 340 年时间里，大约 180 年兴盛，100 年衰败，60 年修复生机，走过了自清初至近现代以来兴衰枯荣的历史轨迹。现在的塞罕坝生机再现，是新中国怀抱里，一个甲子，三代人，在高寒地带植树造林护林 140 万亩，约占我国大陆国土面积的万分之一。2017 年，塞罕坝林场荣获联合国环境保护最高荣誉"地球卫士奖"。

把这万分之一国土的兴衰枯荣，放在三个半世纪的风雨历程去审视，所谓"康乾盛世"，其实恰恰是塞罕坝衰败的深远根源。

公元 1681 年，距离清朝建都北京 37 年，康熙皇帝平定了"三藩之乱"，巡察塞外，将这块"南拱京师，北控漠北，山川险峻，里程适中"的漠南蒙古游牧地设立为皇家猎苑"木兰围场"，满语"哨鹿围猎场所"。意在锻炼皇族子弟的战斗意志；绥靖怀柔蒙古，维护多民族国家的团结统一；遏制沙俄侵略北疆地区。每年端午过后，皇帝移驾承德避暑山庄，待到中秋再浩浩荡荡开进木兰围场，举行耀武扬威的秋狝活动。整个围场划分为 72 围（亦说 69 围），事先安排御林军进入周边围区，拉网式包抄，将其中野兽驱赶到山谷地带,然后让皇帝和皇子皇孙们弯弓射杀或举枪射猎。这种政治走秀式的血腥猎杀,在漂亮的统计数字背后隐藏着外强中干的精神危机。

自康熙二十年(1681)至嘉庆二十五年(1820)的139年间,康熙、乾隆、嘉庆在木兰围场肆武绥藩围猎共计88场次(亦说92场次)。其中康熙秋狝38次,乾隆39次,嘉庆11次。雍正、道光作为皇子皇孙曾参加过,在位时都没举行木兰秋狝。随着木兰秋狝仪式频率的减少,每次获取猎物数量种类不是随之增加,而是迅速递减。康熙五十八年(1719)自称:"朕自幼至今,凡用鸟枪弓矢获虎一百三十五、熊二十、豹二十五、猞猁狲十、麋鹿十四、狼九十六、野猪一百三十二、哨获之鹿凡数百,其余围场内随便射获诸兽,不胜计矣。"①乾隆时期围场区域大型动物数量已经明显减少,乾隆十一年(1746)有官员奏报,"每围牲禽稀少,数围仅枪刺二虎"。② 嘉庆时期围场生态资源更加恶化,嘉庆七年(1802)首次举行木兰秋狝,"鹿只已属无多"。次年"遍历十围查看……鹿只甚觉寥寥",不得不"姑允蒙古王公等所请,停止行围"。嘉庆九年(1804),"详查各围场鹿只甚少者四十余处",超过一半以上的围区都已经无兽可猎了,只好"仍著停止"木兰秋狝。③

木兰围场地区脆弱的自然生态,经受不起如此铺张奢靡的血腥政治走秀。连年一网打尽式的围猎,动辄千万计兵卒随员进驻,每一次秋狝都是对围场自然生态的严重破坏。当初设立围场的目标,也差强人意,并未如愿。让满族子孙享受清供制度,其政权维护特定利益群体的狭隘性根深蒂固,子孙们注定会一代不如一代。至于巩固北部边防,恩威并施,看康熙二十八年(1689)签订的中俄《尼布楚条约》便可知。代表特定群体

---

① 《清实录·圣祖实录》。
② 《清实录·高宗实录》。
③ 《清实录·仁宗实录》。

利益,故步自封,闭关锁国,用虚假繁荣自欺欺人,用"文字狱"严重斫伤着民族精神脊梁,近三百年专制统治没有创造出任何推进人类社会文明进程的思想理论或科学技术成果。

1681年,与康熙设立木兰围场同时,俄国设立莫斯科科学学会,次年德国莱比锡出版世界首份学术期刊《博学学报》。1684年至1707年康熙六下江南,1709年在北京修建圆明园。在此期间,德国人莱布尼茨创建微分法和积分法,英国人牛顿发现万有引力和运动三定律,荷兰举办世界首届现代贸易展览会,英国创立伦敦证券交易所,法国皇家图书馆首次对公众开放,德国柏林开设公共图书馆,俄国彼得一世隐姓埋名考察西欧诸国,北美殖民地创立耶鲁大学……"围场模式",其实正是清朝社会统治的形象写照。在一个围场式治理且不断内卷的满清王朝外围,是一个日新月异、如狼似虎的现代西方世界。当木兰围场野兽日渐稀少的同时,其森林植被也日渐凋敝,岌岌可危。

道光四年(1824),外敌入侵,天灾不断,农民起义频繁,清廷宣布秋狝作废。同治二年(1863),内忧外患中的清政府首开围禁伐木,以缓解财政短缺。经过光绪二十八年(1902)和三十年(1904)更大规模伐木垦荒,截至1916年的53年间,木兰围场累计开围放垦130.3万亩。塞罕坝原始自然生态遭到严重破坏,森林、草场、河流面目全非。1933年2月,日本侵占热河,对塞罕坝森林资源疯狂掠夺。加之山火不断,到1949年塞罕坝森林资源已是荡然无存。

有一种精神叫担当

我住宿在赛罕湖宾馆,门前就是一片湿地草场。湿地里大约5公里的木栈道,把七星湖串连起来。天有多蓝,水就有多清。我在热热闹闹的鸟语花香中早起,穿上运动装,围绕栈道步行一圈,心底里为自己欢呼。

此前我因脚伤,近半年没有足部运动。没想到邂逅这每立方厘米近

10 万负氧离子森林湿地环境,我竟然和同伴们走下栈道全程,不觉得劳累,反而是神清气爽,令人神往。

有人说,如今的塞罕坝是河的源头、云的故乡、花的世界、林的海洋、鸟的乐园,又见美丽的高岭,更是精神的高地。

在这万分之一的国土上,历史没有眷顾新中国。而是用伤痕累累、满目疮痍,加上风沙肆虐、直逼首都,给新中国带来严峻的生态环境挑战。这里毗邻浑善达克沙地,与北京直线距离仅有 180 公里,海拔 1 400 米左右,北京市区海拔 40 米左右,如果塞罕坝地区沙源不能有效控制,就像站在房顶上向院子里扬沙尘。

在塞罕坝展览馆,我见到一张熟悉的面孔。他是延安时期的模范县委书记惠中权,毛泽东曾为他题词"实事求是,不尚空谈"。1960 年时任国家林业部副部长,他提议在河北北部建立大型机械林场。经过严密的考察论证,两年后,林业部决定将原属于承德地区的塞罕坝机械林场,原属于围场县的阴河林场、大唤起林场,合并重组成一个"中华人民共和国林业部承德塞罕坝机械林场"。其主要任务是建成大片用材林基地,改变当地自然面貌,保持水土,为改变京津地带风沙危害创造条件,研究积累高寒地区植树育林经验。

这些任务在一般环境下不足为奇,在当时的塞罕坝却是异常艰巨的使命。这里有气象记录以来,年平均气温为摄氏零下 1.3℃,极端最低气温零下 43.3℃,年均零下 20℃ 以下低温天气 4 个多月,年均积雪期 7 个月,年均无霜期 64 天。能创造奇迹的只有人,有理想、有组织,讲科学、讲奉献的人。原属承德三个林场的 242 名干部职工,1962 年从全国 18 个省市大中专学校抽调分配来的 127 名毕业生,他们成为塞罕坝林场的第一代建设者,平均年龄不到 24 岁。那是青春热血与冰天雪地的搏击,理想信念与苦难现实的较量。在交通阻隔,举步维艰,粮食匮乏,缺医少药的条件下,第一代建设者们付出了常人难以想象的牺牲代价,经历过狂风沙暴、冰冻雨凇、赤地干旱的煎熬和考验,他们的平均寿命只有 52 岁。他们的精神是新中国的脊梁。

一棵一棵的小树苗经过他们的双手,在荒漠的土地上扎根,成活,拔节,成林。三代塞罕坝人用生命接续的方式,把荒漠沙地改造成了森林湿地,建造成了国家森林公园,铸就了"牢记使命,艰苦创业,绿色发展"的塞罕坝精神。他们在塞罕坝这片土地上,默默创造了人与自然生命共同体、中华民族命运共同体的成功典范。

吃祖宗的饭,断子孙的路,那是耻辱。偿还历史的欠账,留给未来最大的绿色空间,那才是本事。听老一辈塞罕坝人说话掷地有声,我心存无上崇敬。

神仙为什么爱昆仑①

——昆仑山的文化寓意与旅游开发价值

昆仑山是神仙集聚的地方,"仙之人兮列如麻"。但是有人愿意来,有人不愿意来。老子西出函谷关,孔子西游不入秦。

昆仑山主要住了两类神仙,其一是以西王母为代表的神仙族群,最重要的经典就是"瑶池",还有蟠桃园,以及众多仙女们。这些传说自古有之,具体描述见《山海经·大荒西经》。随后的《十洲记》和《上清外国放品青童内文》等著作也沿袭这个说法。其二,根据《封神演义》记载,三清之一,阐教教主元始天尊的道场玉虚宫也坐落于昆仑山。这些神仙全部来自于封神演义整理的民间说法。首先是阐教的一些牛人,玉虚十二门人:广成子、赤精子、太乙真人、文殊广法天尊、普贤真人、慈航道人、黄龙真人、道行天尊、清虚道德真君、惧留孙与玉鼎真人,最后的一名有一说为云中子,也有另一说为灵宝大法师,而还有按照《封神演义》中的说法,认为应该是南极仙翁。

相对于神仙来说,仙宫和神兽也在中国古籍中常有所闻。前秦王嘉《拾遗记》卷十,记载仙宫分为九层。第三层"有禾穟,一株满车。有瓜如桂,有奈冬生如碧色,以玉井水洗食之,骨轻柔能腾虚也";第五层"有神龟,长一尺九寸,有四翼,万岁则升木而居,亦能言";第六层有"五色玉树,荫翳五百里,夜至水上,其光如烛";第九层,山形逐渐变窄小,下有数百顷

---

① 本文为作者应邀参加 2016 年 8 月 15 日在青海举办的"昆仑文化论坛"的发言提纲。

芝田蕙圃,群仙在此打理。旁边有十二座瑶台,每座有千步宽,都以五色玉为台基。最下层有"流精霄阙,直上四十丈,东有风云雨师阙,南有丹密云,望之如丹色,丹云四垂周密。西有螭潭,多龙螭,皆白色,千岁一蜕其五脏。此潭左侧有五色石,皆云是白螭肠化成此石。……北有珍林别出,折枝相扣,音声和韵。九河分流。南有赤陂红波,千劫一竭,千劫水乃更生也"。在这样的环境中,"群仙常驾龙乘鹤,游戏其间"。西王母也常常在昆仑山宴请诸神,而且她对人间一些向道之人还给予帮助。

这些传奇传说的历史文化内涵是什么?以孔子为代表的儒家文化,关心的是尘世社会伦理。颜回居陋巷,人不堪其忧,回也不改其乐。在尘世间安贫修养,染疾而终。孔子不语乱离怪神,他的精神世界是受现实社会所支配的,思考的是人与人的关系。

以老子为代表的道家文化,关心的是人与自我、人与自然、人与社会的关系。道,很具体,很人性。从道家学说,演变为道教神仙,是中国传统文化特有的超越精神。

今天我们研究这些传奇传说,发掘其现代价值取向,是在人类后现代社会,重新设定人与自然的关系,人与自我的关系,以及人与人的关系。在此基础上,我们建构对于未来世界的中国故事,中国话语。

来自低欲望社会的文化选择

此次新冠疫情影响之深广,如果视为对人类现代文明的一种警醒警示或警告,那么,最近二十年来日本出现的"低欲望社会"现象,就值得我们从一个全新的角度去关注和研究。从"草食男"到"佛系青年",随着日本经济转入低速发展时期,这些具有崭新文化特征的社会群体渐次出现,一个被称为"低欲望社会"来到世界的眼前。有经济学者对此痛心疾首,甚至悲观失望。有人文学者站在人类文明进程的立场,审视这些新型社会群体的生活方式选择,认为这未尝不是一种文化自觉选择,一种可能开创后现代化人类社会可持续发展的新路径。

一、从"草食男"到"佛系青年"

"草食男",亦称"食草男",是借用动物分类法调侃称谓当下日本部分年轻男性的情感特征和生活状态。2006 年日本作家深泽真纪在其网络专栏文章中最初使用这个新造词,迅速流传开来,到 2009 年,"草食男"成为当年日本流行新语之冠。

相对于"肉食"类动物的生猛野性,"草食男"显得外貌温和清冷,顾长消瘦,骨子里有谦谦君子气质。他们对于情感较为被动,在不确定对方是否对自己有好感前不会做任何跨界的举动,如果有生理需求也会克制自我。当他喜欢上一个人的时候往往会十分认真,小心谨慎,通常都会暗恋很久之后才会表白。在恋爱和交往过程中,他们更喜欢任何环节上的 AA 制。他们不喜欢过于主动和强势的女生,遇到穷追猛打、不厌其烦的热烈告白,会在心里默默打叉,然后慢慢地淡出你的生活圈,直到你再也见不到他。面对陌生人,他们有礼貌,话不多,比较慢热,很少一见如故,只有朝夕相处后才有可能成为至交好友,偶尔表现出热情与开朗。

据日本媒体调查统计,在18—34岁之间的日本未婚男性中,"草食男"约占40%以上。这些血气方刚的男青年里竟有将近一半厮守处子之身,他们对未婚性行为感到厌恶。"他们谢绝购物,不热衷旅行,对恋爱这种事丝毫不感兴趣……"他们"不想有责任","不想承担责任","不想扩大自己的责任",即使进了公司也不想出人头地,将结婚视为重荷,将买房贷款视为一生被套牢,"这些想法成了日本年轻人的主流想法"。① 他们喜欢宅在自己偏狭的空间里,自成一统,不管春夏秋冬。

"草食男"的队伍日渐扩大,2013年前后日语中又出现新词"盐颜男子"和"女子系男子"。前者是指那些五官清癯,皮肤白皙,衣着颜色偏淡,给人感觉随时就能写出一首清新诗歌的小帅哥。后者是指类似女生举止的男生,他们喜欢用化妆品和美颜用品,穿着利索清爽,总是眨巴着无辜的大眼睛,喜欢自拍,过着最简单的物质生活。"别人喜欢不断提升自己的阶层则由他去好了,本人绝不妄加评论,只要我自己最低限度的生活有所保障就可以——这类人群的心理便是如此,觉得自己目前的生活并无什么不当,并且也不想随别人一同再提高。"②不评论,不盲从,不奢求,事不关己高高挂起,我行我素,独善其身,成为越来越多日本青年的生活态度。

2014年日本出现更新的新词"佛系青年",被视为"草食男"进一步演化的结果。"草食男充斥亚文化的各个角落,接着内心女性化的草食系衍

---

① ［日］大前研一:《低欲望社会:"丧失大志时代"的新国富论》,第231页,上海:上海译文出版社,2018年9月版。

② ［日］三浦展:《下流社会:一个新社会阶层的出现》,第8页,上海:上海译文出版社,2018年9月版。

化到外观女性化的女子系,接着日本男性进一步衍化,变得凡事无欲无求,喜欢一个人待着,不去恋爱。"①这些被称为"佛系男儿""佛系青年"的日本青年,他们有自己的生活方式和价值观念,是日本开始进入低欲望社会的产物,必将伴随着这种社会形态长期存在。

二、经济低迷时期的人性觉醒

形成"佛系青年"现象的原因是多重复杂的,是日本泡沫经济崩溃后环境下的一种自我减压、明哲保身的生存策略,是大量生产、大量消费的现代化生产方式和生活方式走向尽头的人性觉醒与文化自省。

从经济统计学数据上看,日本经济近 20 年来持续低迷,多个年头 GDP 为负增长,带来一个史无前例的"低欲望社会"的出现。人们在泡沫经济时代,因为投资股票或房地产等方面而背负高额债务的惨痛教训,催生出惩羹吹齑的社会心态。"如今的日本,人人丧失了欲望不说,还对将来抱有不安。"低婚率,少子化;高寿命,老年化;低消费,多储蓄,成为日渐普遍的现象。"日本现在是不分男女老幼,都在抑制欲望拼命存钱,以此想把对将来的不安降至最小化。"②

如果说能不能消费是经济问题,敢不敢消费是信心问题,那么想不想消费则是文化问题。日本学者通过大量实证研究发现,这种"低欲望社会"的出现并蔓延,"日本社会正处于一个剧烈转变的时期"。第二次世界大战结束后,1950 年代日本经济开始恢复发展,至 1970 年代中期,"超过 60%的国民认为自己属于中流阶层"。大约从 1996 年以后,这个社会"中流阶层"的人数开始减少,"下流阶层"的人数逐年增加。1994 年时龄 20—24 岁的男性自认为属于"下流阶层"的为 26.5%,1999 年该人群时龄

---

① 陈言:《从九州男儿到佛系男生》,《光明日报》(京),2018 年 1 月 24 日。
② [日]大前研一:《低欲望社会:"丧失大志时代"的新国富论》,第 2、3 页,上海:上海译文出版社,2018 年 9 月版。

25—29 岁自认为属于"下流阶层"的为 34.4%,2004 年该比例进一步攀升为 39.8%,十年时间增加了 13.3 个百分点,社会"下流化"趋势明显。1990 年代至 2000 年代出生的青年人,这种社会阶层两极化趋势更加突显。截至 2005 年,"整个社会分化成了这样两大类人群:只有少数人对将来收入增多仍怀有期望,而大多数人却对将来收入增多毫无期望"①。"上流阶层"人数基本保持不变或略有增加,"中流阶层"日渐减少,"下流阶层"明显增多。所以,有学者更悲观地认为,这种阶层分化已呈现固定化的趋势,也就是说那些丧失未来期望的人群将永远不再拥有期望。

对未来不再抱有期望的人群,他们生活在城市社会,彼此都宅在单元楼结构的物理空间,每个人都具有强烈的自我意识和鲜明的个性。"如果在经济层面的因素上再加入'追求自我主张'这个价值因素,那么不可否认的是,这将进一步加剧未婚率上升、少子化等现象,给这一业已全社会化了问题雪上加霜。"②

人的本质是社会关系的总和,所有的冷漠都源于某种误解、误读和误会。对"低欲望社会"的是非研判,对"佛系青年"的褒贬阐述,同样存在着自说与他说,经济学与文化学阐释之间的巨大差异。

三、他们在探寻别一种后现代化生活

未来已来,正从流行中走来。

面对"低欲望社会"和"佛系青年"现象,传统发展经济学者们忧心忡忡,认为这将导致一个"人人皆贫的国家",缺乏"人口红利","国家的正常运作将难以维系"。年轻人文学者则乐观其变,认为这是一个化繁为简,静水流深,乏善可陈的简朴中蕴含着丰富质素的文化自觉现象。

---

① [日]三浦展:《下流社会:一个新社会阶层的出现》,第 81 页,上海:上海译文出版社,2018 年 9 月版。
② 同上书,第 142 页。

据日本政府发布的《国民生活舆论调查》显示,2010 年时龄 40 多岁的人对目前生活感到满意的为 58.3%,30 多岁的人感到满意的为 65.2%,20 多岁的年轻人感到满意的为 70.5%,其中包括占青年人口较大比例的"草食男"和"佛系青年"。"叫嚣这属于贫富间的两极分化,并且认为现在的年轻人非常悲惨的,也就只有那些上了年纪的日本人了。其实随着时代的变迁,人们的价值观念自然会发生变化,幸福的形态也会有所不同。"经济低迷,消费不振,"并不一定是件坏事,只要利用得当,也能够用来提高人们的幸福指数"①。

如果说工业化、城市化、国际化构成了人类社会现代化的基本特征,那么大量生产,大量消费,大量资源消耗,就成为现代社会的基本生产方式与生活方式。从生存竞争,弱肉强食的人生观、世界观来说,一个时代或一个国家的现代化发展空间似乎是无限的;从人类命运共同体、自然生命共同体的观点来说,代际之间与国际之间的发展都是有限的,必须维持更大时空维度的平衡发展。在民族国家的全球性竞争格局中,所有主权国家都会按照国家利益最大化目标组织现代化生产,并形成政治正确、经济发展、意识形态稳定格局,其结果是迫使大家眼睁睁地看着最坏结果的发生。"只要让他们获得新发现、赢得巨大利润,大多数的科学家和银行家并不在乎要做的是什么事情。"②当世界越来越变成一个"地球村",任何民族国家都不能不顾及其他民族国家的存在与发展。

早在 1876 年,恩格斯在《自然辩证法》一书中针对资本主义生产方式,就警醒人们:"我们不要过分陶醉于我们人类对自然界的胜利。对于

① [日]本田直之:《少即是多:北欧自由生活意见》,第 46、166 页,重庆:重庆出版社,2015 年版。
② [以]尤瓦尔·赫拉利:《未来简史:从智人到智神》,第 25 页,北京:中信出版社,2017 年1 月版。

每一次这样的胜利,自然界都对我们进行报复。"①一个世纪后,1972 年"罗马俱乐部"发表《增长的极限》,提出"零增长理论",如果世界按照现在的人口和经济增长以及资源消耗趋势继续发展下去,那么我们这个星球迟早将达到极限,并进而崩溃。1983 年联合国成立"世界环境与发展委员会",稍后发表报告《我们共同的未来》,正式提出"可持续发展"概念。人类社会的生产方式与生活方式,互为因果,相互策应,彼此推动,其中最大的变量因素就是人,尤其是人对自己生活方式的选择。1970 年代由高福利社会带来的"英国病",1980 年代影响欧洲主要国家,催生出类似"草食男"和"佛系青年"的亚文化现象,英国的"青年震荡",瑞典的"冰壶一代",德国的"也许一代",西班牙的"没没一代",后来在欧盟的统一市场环境努力下逐步得到缓释,创造出北欧"品质国家"新模式。

日本"佛系青年"用自己的生活方式对现代化发展模式说"不"。他们发现,那种拼命挣钱花钱,拼命生老病死的"加速生活"时代已然结束,现在正转入一个"减速生活"时代。将过度竞争和长时间工作的物质主义从日常生活中剔除,学会断舍离,选择一种尊重自我、尊重差异、敬畏自然、敬畏生命的零压力生活状态,是一种同样可以让人怦然心跳的人生体验。生活在多元化的时代,不必被他人的价值观所左右,拿自己的价值观与其他人比较,一点意义也没有。他们相信,购物只能满足暂时的欲望,只有经验和体验可以让人终身受益,幸福是靠自己发现出来的。这是一种被动生活中的主动人生选择,是一种可能引领新生活方式的文化自觉选择。

2020 年 5 月

---

① ［德］弗·恩格斯:《自然辩证法》,《马克思恩格斯文集》,第 9 卷第 559—560 页,北京:人民出版社,2009 年 12 月版。

后　记

华东师范大学是我的母校,在母校出版社出版图书,有如游子在外,栉风沐雨,因缘际会,得以捧出多年心得,呈现母亲面前,诚恳接受检验。

我想起平生第一本学术著作完稿后,兴冲冲地找到当时居住在师大一村的王晓明老师家里,委婉表达希望导师赐序的意愿,得到的训示是:不要轻易出书,要给自己立下规矩,一本书就是一座山,凡是从这条路上经过的人都绕不过,必须翻越此山。信如是,我们毋须请别人作序,也不要为别人作序,道义担当,文责自负。近三十年来,我谨记导师教诲,恪守不违,每本书的写作都不敢虚置一词,浪掷一语;每本书的出版,都再三思索,郑重其事,不问著作等身,但求著作等心。此书亦然。

文化的本质是价值。文化价值的根本问题,是话语权,是价值意义的分配权和决定权。曾经一百余年(1840—1945)的落后挨打,国家蒙辱、人民蒙难、文明蒙尘,带来的后果是被迫承认器物不如人、制度不如人、文化不如人。沉默啊,沉默,不在沉默中爆发,就在沉默中灭亡。彻底的自卑激发起绝望的反抗。经历过洋务运动、戊戌变法、辛亥革命,换来的依然是帝制复辟,军阀混战,五四新文化运动就树立起彻底反传统的大旗,敢破敢立,大破大立。一百年的屈辱自卑,需要一百年的激进奋斗去填补,甚至矫枉过正。特别强调的自信与主动,其实正是源自对曾经的不自信与不主动的纠偏。所以,在此百余年的历史进程中,文化始终都是在被严重挤压的逼仄空间里,非常态地倔强生长着。

且看生活空间吧。从小康社会到殷实人家,住房成为城市家庭最大的商品买卖。被称为最近 40 余年来上海高档别墅住宅群落的松江佘山地区,比比皆是的所谓英伦、法式、北欧、地中海、美式、日式、港式、泰式建筑,偶尔也有所谓中式传统别墅,很少见到足以体现当代中国人自己风格的建筑样式,健康大方、功能完善,有内涵品质、有价值理念的居住空间。其所暴露的问题,就是物质上达到中产阶层的殷实人家,其生活方式远远没有找到属于中国人自己的文化价值,没有建立属于自己的生活意义,更没有自己的精神家园。传统被一次次地砸烂了,现实是拿别人的昨天前天作为自己的今天,没有心灵的安顿,也就失去了家园的根本。当代中国人需要价值和意义,才能建构精神家园,才有可能找到真正属于自己的家。这是我多年来苦苦思索文化价值观的缘由之所在。

文化主权观、主体观、价值观之"三观",与文化民生论、创新论、交往论之"三论",前者侧重对文化本体属性的审视研究,谓之"观";后者侧重对文化效能功用的梳理辨析与研究阐释,称之"论"。许慎《说文解字》说:"观,谛视也。从见雚声。"《春秋·穀梁传》庄公二十三年说:"常事曰视,非常曰观。"所以,"观"以看本质,"论"以辨功能。

大道至简,日用而不觉。道法自然,是自我生命本来应有的样子。此古汉语之"自然"非现代汉语之"自然"(nature)。作为古汉语单音节词的"自然"是自我本然,自由自在,自信自足的生命存在状态。本然故我,自然天成,处身社会,就难免人间烟熏火烤,面目狰狞,俗冗侵扰,乃至被异化神化妖魔化。处身山脚下,无从知晓半山腰里的境况,更难洞察山顶上的星光云彩。但并不等于说,半山腰或山脚下的人生就没有价值意义,而应该是各美其美,美美与共。最需要的是生命的定力,生活的活力,生存的毅力。在物质资源越来越丰富的生活中,最需要的是对自己说不,践行断舍离,明白哪些是必须,哪些是毋须,从而保持必要的矜持和留白。能够计白当墨,就可以抑扬顿挫,韵律天成。

文化的本意,是人以化文,文以化人。文化价值重建,绝非纸上谈兵,坐而论道可以成就，而是生命养成，生活炼就，生计使然。说到底，文化价值观见诸人的生活方式和生产方式及其衍变。疫情期间，我与学生共勉：且行且观，且行且思，且行且论。疫情稍缓，只要可以现场教学，我总是挤出时间带大家研读经典。《易经》六十四卦，没有绝对的好与不好，核心要义是"天行健，君子以自强不息"，"地势坤，君子以厚德载物"。不奢望天下好事尽归于我，天有风云雨雪，人有悲欢离合，君子不抱怨不放弃，自我革命永远在路上。有所成就，得意之时要善于归零，视过往为序章，事业处于顺境要多留余地，失意之时千万要自己瞧得起自己，保持慈悲情怀。以出世的心态从事入世的工作，修炼并保持一颗自由而有用的灵魂，努力修炼自己，力求做到"知者不惑，仁者无忧，勇者不惧"。

中华文明依托农耕社会，追求的是此岸生活。人生的起点不可选择，但是终点是完全可以修为的。钱谷融先生生前多次叮嘱，生活得好是最高的学问，生活得好是最大的学问。为此，我苦苦思索几十年。最后，先生以自己的人生圆满启迪着忝列为学子学孙的我，这个生活得好，就是亿万斯民的小康社会与殷实人家，就是天地之正道，人间之大道。士志于道，行于义，归于仁。二人为仁，将心比心，其底线标准在于"己所不欲勿施于人"，其上线标准在于"己欲立而立人，己欲达而达人"。你是什么人，就会选择什么生活。你有什么生活，就有什么文化。

文化很神奇，文化也很日常。文化很高大上，文化也很平凡俗。凡俗里的崇高，日常里的神奇，乃是文化的正常形态。

朱鸿召

2022 年 11 月 20 日　沪上双樟园